U0444977

東京名勝高輪
蒸氣車鉄道之全圖

樱雪丸高清日本史 9

明治时代

脱亚入欧

樱雪丸——著

重庆出版集团 重庆出版社

图书在版编目（CIP）数据

明治时代. 脱亚入欧 / 樱雪丸著. -- 重庆 ：重庆出版社，2022.1
（樱雪丸高清日本史 ；9）
ISBN 978-7-229-15827-9

Ⅰ. ①明… Ⅱ. ①樱… Ⅲ. ①日本—近代史—明治时代—通俗读物 Ⅳ. ①K313.410.9

中国版本图书馆CIP数据核字(2021)第089229号

明治时代：脱亚入欧
MINGZHI SHIDAI： TUOYA RU'OU
樱雪丸　著

丛书策划：李　子　李　梅
责任编辑：李　子　李　梅
责任校对：朱彦谚
装帧设计：九一设计

重庆出版集团
重庆出版社　**出版**
重庆市南岸区南滨路 162 号 1 幢　邮政编码：400061　http://www.cqph.com
重庆升光电力印务有限公司印刷
重庆出版集团图书发行有限公司发行
E-MAIL:fxchu@cqph.com　邮购电话：023-61520646
全国新华书店经销

开本：890 mm×1240 mm　1/32　印张：9.125　字数：266 千
2022 年 1 月第 1 版　2022 年 1 月第 1 次印刷
ISBN 978-7-229-15827-9
定价：55.00 元

如有印装质量问题，请向本集团图书发行有限公司调换：023-61520678

版权所有　侵权必究

八代目團十郎
菊次郎
一勇齋國芳画

目录

CONTENTS

第一章 野心再起

伏见鸟羽之战，最终以新政府的胜利而告终。而幕府军这边，虽然有人想继续顽抗，但怎奈十五代将军德川庆喜先行一步坐上了撤退的轮船，于是各幕府势力也只能纷纷往东撤退了。

公元 1868 年 3 月，睦仁天皇拟定了五条誓言，并在京都昭告天下：

广开议会，万事决于公论。

上下一心，盛展经纶。

官武一体，以至庶民，各遂其志，毋使人心倦怠。

破除旧有之陋习，以天地公道为基。

求知识于世界，以大振皇基。

同时又宣布，将要彻头彻尾地在日本这个国家进行一番变革，使其成为不输欧美西方的强国。

就这么着，明治维新开始了。

不过考虑到此时德川幕府依然健在，因此维新之前还是有必要“安内”一下的。

当月，明治政府军开始东进，一直打到江户城前。在幕府代表胜海舟的斡旋谈判下，4 月 11 日，江户城大开城门，德川幕府 265 年的基业就此终结。

开城之后，新政府作出保证对旧幕府的官员概不清算，除去两位：一位是之前已经俘获的新选组局长近藤勇，另一位则是曾经在幕府负责经济的勘定奉行小栗忠顺。

近藤勇要被砍头这事儿其实很好理解，这位大哥多年来在京都拉的仇恨实在太多，新政府这边基本上每个人都有自己的挚爱亲朋是死在新选组手里的，不杀着实难平心头之恨。

至于小栗忠顺被杀的原因就很玄了，因为当时疯传说他知道德川藏金的下落，然后这哥们儿被抓起来一番拷打后却又死都不肯把这笔巨款埋在哪儿给说出来。

值得一提的是，截止到 2021 年，这宝藏都没被日本人给挖出来。事实上学界普遍的认知是：压根儿它就不存在。

4 月 25 日，德川幕府旗本、新选组局长近藤勇，被斩首于东京的板桥地区。

8 月，明治天皇从京都迁都至江户，并将其改名为东京。

但此时此刻，德川幕府的势力依然没有完全覆灭。东京往北的会津藩、仙台藩乃至北海道，都还算是幕府家的产业。

所以一批仍不愿意降服明治政府的德川家臣们，比如新选组副长土方岁三等人便一路北上，先是投靠了会津藩的松平容保。然而幕府终究是大势已去，即便松平容保把会津藩十三四岁的孩子们都组成白虎队派上了战场，可到底是敌不过集全国之力的明治朝廷。最终在 9 月的时候，会津藩所在的鹤之城开门投降。

打到这一步，土方岁三他们仍是不肯认输。继续率部往北走，这一路就直接到了北海道。

然后在那里，榎本武扬、土方岁三、大鸟圭介等原德川幕府家臣们成立了一个共和国——虾夷共和国，然后靠民主选举的方式，选出榎本武扬为“总裁”。

这是日本迄今为止唯一一次尝试共和国制度，虽然也就巴掌大的一块地跟玩过家家一样，可每个人心里都清楚，这里是北海道，这里已经是退无可退的地方了。再逃，就只能去俄罗斯了。

明治政府显然并不准备让他们有片土容身之处。

1869 年 5 月 11 日，此前已经进军抵达北海道的明治政府军对虾夷共和国最后的据点五棱郭发起了总攻。

历时数小时后，土方岁三战死，榎本武扬宣布投降。就此，这场史称戊辰战争的烽火到此结束。日本全境归统在了明治朝廷一家之下。

天下重归太平之后，明治政府开始正式着手内外双开的维新改革。

对内，1871 年，日本宣布废藩置县即江户时代数百个诸侯藩国全部废除，改为由中央政府直辖的县。

对外，同年，由朝廷重臣岩仓具视带领的考察团出发，考察西洋列强，以作为自己将来学习的素材。

但与此同时，对外扩张的野心也在相当一部分的明治重臣心中萌生。

1873 年 10 月，维新三杰之一的西乡隆盛提出侵略朝鲜半岛的战略想法，但因为包括岩仓具视在内的另一干重臣的坚决反对，使得这个议案没有得到通过。

为此，西乡隆盛等一批征韩派在明治六年（1873 年）以辞职相要挟，却不料岩仓具视如数批准，于是明治政府的朝堂之上，顿时出现了十席四空的盛况。史称明治六年政变。

结果到了明治七年（1874 年），朝堂之上那群剩下的人又旧事重提，说要出兵海外。

只不过这一次的目标不再是朝鲜了，而是中国的台湾岛。

之所以打台湾，倒也不是没有理由，事情得从明治四年（1871年）开始说起。且说那一年的十月，一艘琉球船因遭到了飓风的袭击，被吹到了台湾海岸。之前我们曾经提到，琉球被萨摩藩给打下来过，所以原本是中国属国的它同时也向萨摩人称臣，而每年的年贡也分成两份，一份给中国，一份给萨摩。这次的这艘船就是运送年贡的。

且说船漂到了岸边，船员们瞅着这风大浪高的也没法再开，天上又下着暴雨，四下一合计，决定就在当地找个地方待两天，等风雨过了再说。这群人共有66个，他们一边走一边看看四周有没有民居之类的地方，结果人住的没找着，神住的倒是看到了。这帮人来到了一个土庙前，并且欣喜地发现庙里挺热闹，有一堆人在里头像是做法事的样子。琉球人很高兴，觉得既然有人，那么商量一下也就有住的地方了。这群人也没多想，一起手拉手，满脸堆笑地冲进了土庙。

然后正在做法事的当地人看到了这群不速之客，脸上的表情异常惊异，纷纷一边站起身子一边朝着琉球人走来，神色很凶，一点也不像“有朋自远方来不亦乐乎”的样子。琉球人心知不妙，连忙大声解释说自己不是可疑的人，就是想进来讨个地方住，但没人理他们，因为听不懂琉球话。这66个人里好歹还有那么几个会汉语的，于是便又用汉语大声说了一遍。可当地人似乎依然不为所动的样子，其实也正常，因为他们听不懂汉语，他们是台湾的原住民高山族。

当时的高山族民风彪悍，人人尚武，出门走个亲戚腰间也会别着一把砍刀，属于标准的未开化民族，像琉球人这样莽莽撞撞地跑到他们的神堂里来，还叽里咕噜不知道说些啥玩意儿的，通常下场只有一个死字。这次也不例外，那群高山族人噌噌地抽出各自的家伙，朝着手无寸铁的琉球人就追杀了过来。

略过少儿不宜的血腥内容，我们直接来说结果：66 个琉球人被砍死了 54 个，其中有 4 个是日本人。剩下的 12 个在当地汉族人的帮助下先经福建省然后又回到了琉球。

消息很快就传到了东京，当时举国哗然，因为大家对于高山族、汉族都没什么概念，只知道这是大清下属台湾岛人干的好事儿，而且就在事发前不久，外务卿副岛种臣还去北京跟北洋大臣李鸿章签署了《日清修好条约》，现在笔墨未干就发生这等惨案，岂不让人感到胸闷？于是外务省提出了强烈抗议并严正交涉。

清朝也知道这事儿确实是自己做得不对，便对日本人说那你们什么时候就抽空来一次北京吧，我们面谈。

明治六年（1873 年），副岛种臣再赴北京，来到了总理衙门跟时任总理各国衙门行走的毛昶熙进行了一次会谈。

两人寒暄过后，便直入正题。副岛种臣问毛昶熙这事儿打算如何处理，谁知因为事先沟通问题没做好，以至于毛昶熙并不知道里面还死了日本人，便非常奇怪地反问道：“琉球也好，台湾也好，都是我大清的藩国，即便那琉球给你们日本纳贡，可也不是日本的领土，怎么说这也是我们大清内部的治安事件，要抚恤受害人或者是惩处凶手那都是我们自己的事儿，与你们日本人何干？”

于是副岛种臣赶忙拿出了证据，证明被砍死的 54 个人里有 4 个系日本土生土长的老百姓，然后又追问怎么办。毛昶熙很明确地表示既然死了日本人了，那我们也一概赔偿，这个没问题。但副岛种臣却并没有就此罢休，明确提出要求严惩凶手。

毛昶熙当场就回绝了，表示你这纯属扯淡，杀你们的是当地化外生番，平时就来无影去无踪也不登记在册，而且还是那么多人一起动手砍的，你让我找谁去？

副岛种臣则口口声声称自古欠债还钱杀人偿命，既是你大清的人干的，自然要由你大清去缉拿凶犯以示公道，并且还说：“如果贵国认为生番杀人可以置之不理，那就由我国来问罪岛人如何？因为我们两国是友好邻邦，所以特地来跟你说一下。免得你们说我们不讲道理。”

一方说抓不到凶手，一方死活就要凶手，结果毛昶熙烦了，随口就来了一句：“这生番系我化外之民，你只要能找得到凶手，问罪什么的随便你。”

正是这句不经过大脑思考说出来的话，最终埋下了祸根。

不过当时倒还没看出什么不对劲儿的地方来，副岛种臣见毛昶熙这副德行便表示那就下次再说吧，而毛昶熙则说大清欢迎您，下次再来，拜拜。

这事儿就算这么过去了，而且一过就是大半年。到了江藤新平被斩首之后的第三天，也就是四月十五日，副岛种臣在会议上突然建议说向台湾发兵，理由也想好了，是为“无主番土”平定不稳定因素。

其实毛昶熙说的无主，指的是那些未开化的少数民族，断然没可能说台湾岛，可就因为话不是特严密，给副岛种臣抓了个把柄。他在阁议中发出提案，说应该尽快调集军队，去台湾教训一下那些生番。

头一个反对的是木户孝允。这哥们儿在明治六年（1873 年）政变的时候因有事所以没出现在现场，但他自始至终是反对出兵海外的，不管是台湾也好朝鲜也罢。

岩仓具视这几天正好有公干，所以没参加会议。

三条实美一听说又要讨论是不是打别的国家了，连忙声称突然病重，在家请起了病假。

于是，整个明治政府中央核心里，说了算的只剩下两个人了，一个是木户孝允，还有一个是大久保利通。因为后者在之前的那场征韩政变中充当了主力军的角色，所以地位较之前者更高一点。

不过不管怎么说，这两位在之前都是反对出兵的，理由大抵一样，他们一致认为日本现有的国力还不足以跟外国势力进行军事上的抗衡，等国家建设得富足了，富国强兵了之后再说。现在事隔不过一年不到，日本断然是没可能建设得有多发达，自然，观点也应该是不会变的。可偏偏意外就发生了，大久保利通表示，自己支持对台湾的出兵。

在大久保心目中，原本的确是打算等国家富强了再学人家西方列强搞搞扩张，弄两块殖民地之类，但很快，他就发现等不及了。废藩置县、兵制改革，仅这两样就让全国失业的士族人数达到了40多万，之前我们说过，其实他自己也很明白，西乡隆盛之所以提出所谓的征韩论，就是为了让这些失业人员重操旧业，通过战争发展相关产业，以带动国内的经济。可大久保利通在当时依然选择了反对，因为他不敢冒险，他生怕扩张没成反倒引火烧身，偷鸡不成蚀把米。可现如今显然不行了，去年的政变搞得一大群公务员辞职，这些人回到自己家乡个个都是说了算的人物，比如江藤新平，他就领导了佐贺失业士族闹腾了好一番，弄得中央政府焦头烂额，虽说是镇压下去了，可难保不会有第二个第三个江藤新平。如果再这样下去，明治政府很有可能就要颠覆在这些失业士族的手里，与其让自己人给闹翻船，还不如就这样对外扩张赌一把呢。

综上所述，大久保利通由一个反侵略者变成了一个支持侵略的人。

但木户孝允依然坚持己见不肯放弃。他表示，姑且不谈什么失业士族，国富民强之类，就以政府颜面而论，也是不该支持侵略的。要知道，你半年前刚刚明确反对征韩，为了这事儿还弄得鸡飞狗跳，政府高官疯了一个，走了一群，还来了一场叛乱，闹得辛辛苦苦就是为了不发动海外战争，可现如今才过了多久，就突然转变风向支持起侵略来了，这不是往自己脸上扇耳光吗？

结果两人对立了起来，但大久保利通的论调更得地方官员们的支持，所以在他的游走下，天皇最终在请求出兵台湾的折子上盖了戳。

木户孝允闻讯之后愤然辞职回了山口县老家。

明治七年（1874 年）四月，在陆军中将西乡从道——西乡隆盛他兄弟，之前在寺田屋事件中出现过的那位——的带领下，3600 余名日本兵坐着幕府时代遗留下来的小军舰开赴台湾。这是很值得我们记住的一件事儿，因为它是近代日本发动的第一次对外侵略战争。

当年五月十日，日军于射寮（今台湾省屏东县内车城乡射寮村）登陆，然后开始行军。其实当时的原住民也就是高山族分布得非常稀散，所以这帮家伙一连走了一个多星期都没碰到一个人影，直到十八日早上，才遇到了高山族人零星的抵抗。在之后的 3 天里，双方进行了小规模军事冲突，互有伤亡。

二十二日，熊本镇台参谋长佐久间左马太率部 150 余人抵达石门（今台湾省屏东县牡丹乡石门村），这里也就是那几十个琉球人和日本人被杀的村子。佐久间参谋长要求进村搜查凶犯，当然原住民们没答应，于是双方展开了激烈的交战，其中因原住民人数众多且十分顽强地抵抗，所以装备精良的日军一时间无法前进一步，一连好几个小时双方都处于僵持状态。在这种情况下，佐久间左马太派出了精锐小部队，攀登上了附近的峭壁，然后从上向下展开射击。这招相当有效，很快原住民们只有挨打的份没有还手的力，故而纷纷死的死逃的逃，连当地的酋长阿鲁骨父子都中弹身亡。经此一战，台湾原住民的抵抗情绪大跌。进入六月之后，日军分三路开进，除了零星抵抗外，各地高山族部落基本上是望风而降，没费多大功夫，就占领了大片的土地。

日本出兵台湾的消息传到了北京，清廷朝野震惊。大家纷纷表示这年头真是没了王法了，不仅英法俄美列强来欺负我们，这日本人当了咱多少年的孙子，现如今居然也敢太岁头上动土反将起来了，实在是不给他点苦头他就不知道厉害。

五月下旬，北京方面先派出船政大臣沈葆桢赴台，以巡阅之名主持台湾海防和对各国的外交事务，紧接着，李鸿章又调拨了淮军十三营约 3600 余人开赴台湾，准备跟日军大干一场。双方的军事实力对比一下子就来了个大逆转。

要说两国实力相比的话，本来中国就在日本之上，正所谓瘦死的骆驼比马大，再加上当时的大清已经搞了十多年的洋务，虽说没啥特别大的起色，但各种新式武器大炮军舰还是装备了不少，打打日本人从客观上来讲还是相当富余的。

最严重的问题还不在清朝那边。同月，日本陆军省军医头头，也就是军医院院长松本良顺跑来见大久保利通，说因为台湾的气候潮湿温暖，非常容易滋生传染病，现在已经病死将近六百人了，再接下去估计死的人会更多。大久保利通相当奇怪，便问良顺说不是派了军医随军了吗？怎么还死那么多人？松本良顺说你别扯了，没错，我们是派了军医，有 24 个呢，但你知道吗？其中 22 个是汉方医，也就是所谓的中医，对于这种没见过的传染病根本就是束手无策。剩下的两个倒是西医没错，可他们能力不够，就算会治也不见得能治愈。反正情况就是这样了，你自己看着办吧。

松本良顺前脚刚走，大隈重信后脚又来了，说大久保哥，我们这次军费消耗了600万日元，大藏省已经准备把桌子椅子都给当了去换钱了，您看这皇宫里有啥值钱的东西，咱要不偷点出来卖了换军费?

当时的600万日元折合今天大约48亿人民币，要知道岩仓具视他们出国考察才用了100多万，这大限重信就急红了眼还要想法子抹掉日历上的一个月来填补，这600多万估计就得把一年当半年过，要用上外星的历法了。

大久保利通傻眼了，他既没想到清政府居然行动如此迅速，这说来人就来人，也没料到己方居然也出了那么多这样那样的问题，所以一时间也不知道该咋办，差点就跟三条实美一样犯病了。不过好在他脑子转得还算快，觉得目前这战还没有完全打开，胜负尚未揭晓，所以干脆就趁着这个时候找清政府和谈，然后要几个钱作为自己那死掉的4个日本人的赔偿费，大事化小小事化了就行了。

然而，这事儿的难度其实也是相当高，因为对于形势的分析和判断，李鸿章和沈葆桢早就心里有数，面对急急忙忙从日本赶来的全权特使大久保利通，他们的回答是：要么继续打，要么快点滚，至于赔偿金，一分钱没有。

大久保利通有点想哭的感觉，但显然李鸿章并不是一个相信眼泪的人，所以只能另外想辙。想着想着，他就想到可以约请第三方势力介入调停，这样的话就方便多了。于是，他便找来了当时的英国驻华全权公使威妥玛，千求万求，且承诺了种种英国在日本能得到的好处之后，对方终于答应强势介入一把，当一回老娘舅。

这个威妥玛当时在中国已经生活了有30多年，精通中文，声望极高，对于他的掺一脚，纵然是李鸿章也不得不给面子。就这样，在英国人的调停下，中日双方终于达成协议，并且在九月的时候签订了《北京专约》，内容总共也就三条:

1. 中国方面承认日本的出战行为是出于一种为了保护自家国民的“义举”动机，所以不应该再对其进行额外的指责。

2. 对于之前被杀掉的那 4 个倒霉的日本人，清朝政府决定给予人道主义赔偿，具体数目为 10 万两白银，同时，对于日军在台湾期间所修缮的道路和建造的房屋，也决定出钱购买，具体数目为 40 万两白银。

3. 这事儿到此结束，从今往后两国谁也不必再提起了。至于台湾的那些未开化民族，清朝方面有义务对其进行有效管辖，设法约束，不能再让其伤害无辜。

条约签完，清朝拿出了 50 万两银子交到了日本人的手里，晚清时候 1 两银子似乎最高也不过等于人民币 200 多元，50 万两的话也就是 1 亿人民币。

话说台湾岛的那些事儿被抹平之后，日本国内掀起了一股要求对外扩张的小高潮。一些人觉得这明治维新不过短短几年，居然就能公开跟大清王朝叫板了，不仅如此还把人家给逼得主动赔钱，那真是“大快人心”，于是很多人就开始叫嚣说先打朝鲜再打大清国，等打完了干脆再来个称霸全世界。当然，对于这种事儿，大久保利通他们心里头自然是非常不屑的，觉得那群家伙真是不当家不知柴米贵，这次跟大清开战得了 50 万两白银是没错，但付出去的远不止这个数，纯属一笔不折不扣的赔本买卖。但不管怎么说事情总算是搞定了，这李鸿章的淮军若要真开过来，那估计就是吃不了兜着走的下场了。大久保利通他们一面抚着胸口，一面又继续该干吗干吗去了。

1875 年（明治八年）2 月 13 日，明治政府下了太政令，说是每个日本国民必须要有自己的苗字，这是义务。

苗字就是姓。这个问题我们前面也提过，在日本，除了武士和公家这种统治阶级之外，其他的老百姓比如农民、商人等都是没有姓的，因为这姓在当年的日本属于身份的象征，一般人是得不到的。不过现在既然维新了，四民平等了，告诉全世界日本是文明国家了，那么这种凌驾于广大劳动人民头上的玩意儿是自然不允许再继续存在的，况且，大家只有名没有姓，一个村子 200 个人，叫一声太郎能站起来 180 个，这也不方便管理啊。所以，早在明治三年（1870 年）的时候，明治政府就发布了太政令，允许平民拥有自己的姓。这是一种权利，大家都能有姓的权利。命令发布之后，中央政府还特地安排人手来到农村偏远地区设置了苗字工作办公室，以便服务广大要求拥有苗字的群众。本以为大家会踊跃响应天皇号召，争当和国际接轨的可爱的日本人，却不想五年下来，前来取姓的人是寥寥无几，广大农民朋友之前怎么过日子，现在还是怎么过日子，之前叫啥，现在还是叫啥。

究其原因其实也就两个字——麻烦。

在起初的时候，农民们都觉得挺高兴，感到皇恩浩荡阳光普照，自己祖祖辈辈当了几百年的泥腿子，现如今也终于能够与武士大人们平起平坐，拥有一回苗字了。但很快大家就觉得不对劲儿了，因为自己从来就没有过苗字，在潜意识中也不存在拥有苗字这样的意识，所以冷不丁地让自己取上这么一个，一时半会儿还真想不出来。时间一长大伙就觉得麻烦了，心想反正这是权利，那就姑且当我放弃这个权利吧。所以，这事儿就这么被搁置了下来，一耽搁就是五年。

眼看着时间一天天地过去，维新维了八年，可大多数日本人依然连个姓都没有，所以很多外国人还是把日本当作半开化国家来对待，明治政府终于忍无可忍发布了后续命令：之前我们说的那个太政令，要求全体国民在限期内必须自己给自己取一个姓，然后报告给当地的村干部。当然，你实在想不出来的，可以让村干部帮你想。在日本，村长之类的职务有一个专门的名词，叫庄屋。至于居住在城里的商人、手工业者，则去附近的寺庙里告诉方丈你的姓是啥。不去的法办。

老百姓们一看上头动了真招，那也是无奈，只能连夜冥思苦想，好给自己取一个能够留传给子孙后代的苗字。当然，因为大家的文化层次有着巨大的差异，所以想出来的苗字也是各不一样。如果简单形容日本人当年取苗字这事儿的话，那我想应该是跟现在我们在网上为自己注册用户名差不多吧。你现在上网发帖聊 QQ 能看到各式各样的网名，雅一点的叫什么清夜一阵风，俗一点的叫宇宙大英雄，还有非主流的火星文和各式外语，其实当年日本跟这差不多，除了因规定不让用外语以及尚不存在的火星文之外，什么都用上了。当然了，这“网名”也不是这么好起的，很多农民绞尽脑汁也想不出来，只能拜托村长帮自己想一个。村长一般都是由当地德高望重的老人担任，上了岁数反应也没那么快，哪可能一下子编出这好几十甚至上百来个姓呢，要知道人家自己的姓可能都还没着落呢。可又不能不给想，因为这是上面派下来的硬性任务，情急之下，也就只能随便编编了。

当然，在刚开始，毕竟考虑到这玩意儿得跟着人一辈子不算，还要传宗接代，所以尽管随便，众村长倒也不敢乱来，而是尽量根据一些靠谱的东西为农民们想苗字，比如根据地名啊，职业啊之类，通常有以下几种：

一般最常用的，自然就是以田为姓了，毕竟田是农民的根本，大家吃饭穿衣娶妻生子都指望它了，所以用着这个做苗字的就特别多了，比如田中、山田、本田、金田等，当然也包括佐野、野比、田村、大村之类的姓。

还有就是根据当地的地名，比如加贺国（石川县）的农村，很多老百姓都取了加藤的姓，佐贺国则大家都叫佐藤，近江国（滋贺县）的自然就叫近藤了。

再有就是以物为姓，比如根据桥，就有桥本、高桥、大桥等姓；或者比如根据树，就想出了泽木、青木、木村之类的苗字；还有小林、大林是根据森林而来；川上、古川因河流得名等。

要么就是根据职业，比如日本首相犬养毅的苗字犬养，取自于养狗职业；《名侦探柯南》里那位关西侦探服部平次的苗字服部，则说明他祖宗以前是负责做衣服的，如此这般还有很多，这里就不一一列述了。

基本上当时的苗字都取自于这四大种类型，但还是有很多村长和很多农民，在想破了头之后，都没能编出一个像样的姓来，眼瞅着截止日期一天天临近，只能想出另一个办法——瞎编。于是，一连串千奇百怪的姓就此出炉了。

农民太郎想了很久没想出自己究竟叫啥好，可眼看村长就要上门来验货了，情急之下，问自己老婆，今天几号了？老婆说今天四月一号，太郎一拍大腿——好！老子就叫四月一日太郎。

农民次郎闭目思索三天三夜仍未果，睁开双眼赫然发现村长正冲着自己微笑，于是他也微笑着对村长说，我想出来了，从今天起，我叫一次郎，姓一，名次郎。

村长某甲对村民三郎说，我们这里是远江国（静冈县内），所以你就姓远藤吧？三郎说不，这也太大众化了，俺们村不过100人，居然有77个远藤，这么没个性你让俺以后咋混？村长有些为难，说那你想咋办？三郎一挺胸脯表示道，我的姓一定要比那帮孙子都大气！村长很无奈，说比远江大的……好像也就日本了。三郎一拍桌子，说好，今天我就叫日本三郎了！

除此之外，怪姓还有很多，比如鸭脚（这个姓是根据银杏树叶而来），比如猪股（猪大腿），再比如御手洗（厕所），等等。

不过不管怎么乱，怎么闹，怎么瞎编，总之在短短数月的时间里，日本总算是人人都有了姓。当然，后遗症也是非常严重的。

众所周知，世界人口第一且是使用汉字为姓氏的，是我们中国，中国自古就有百家姓，随着时间的推移，姓的数量也不断地增加，截止到现在，包括蒙古族、满族等少数民族在内，姓氏数量已经达到2万余种，但跟日本比起来那就压根儿不算啥，他们的姓氏据不完全统计在32万种左右，我们只不过是人家的一个零头。所以这样就产生了一个很大的麻烦，那就是大家在职场中会遇上很多从来就没碰到过的姓，而且也不会读，可若是念错了别人的姓那就是很失礼的事情了。于是，印名片的人发财了。据说在日本上班时间发生频率最高的事情就是交换名片，每天同时有4万多张名片被交换。

在这些姓氏中，数量排在前两位的，一个叫佐藤，一个叫铃木。既然说到了，我们就来简单聊聊这两个姓吧。

佐藤这个姓的正规起源，是源于一个叫藤原秀乡的人，这家伙在当年乃是赫赫有名，因为那个大名鼎鼎敢和天皇叫板的平将门，就是死在他的手上。后来，秀乡的子孙藤原公清被朝廷封了一个叫左卫门尉的官职，便给自己改了姓叫佐藤，打那以后，一些官职中带“左”或者“佐”字的藤原氏，也纷纷叫上了佐藤，这个姓就这么繁衍开来。

铃木的起源很多人都以为是一种什么树，或者有的就直接觉得是摇着铃铛到处走的意思，其实并不是这样。铃木的祖先是位于今天和歌山县内的穗积氏，在那个地方，穗积的读音和铃木的读音是一样的，所以久而久之，也就衍生出了铃木。它的含义跟字面上一样，是稻谷堆积起来的意思，隐喻农作物丰收。

话再说回来，在搞定了姓之后，日本的国际声望一下子提高了不少，列强们也纷纷表达了对日本的赞赏之意，说是人人有姓，个个有名，这日本也算是向文明开化又进了一步云云。正当明治政府诸君正打算再接再厉再搞点改革，朝鲜半岛那边出事了。

且说自打当年征韩论破产之后，朝鲜国内也出现了一些变故，那位激进的反日老大爷大院君失势了，取而代之的是高宗的老婆闵妃和她的家人闵氏一族。他们老闵一家跟大院君比起来那是亲日了很多，所以当时日朝两国的很多事情都能通过外交途径解决，日本国内的征韩热潮也因此消退了不少。当然，这显然并不就意味着朝鲜全体人民都打算跟日本人民保持友谊、开拓进取了。大院君虽说是走人了，但老爷子的支持者依然遍布整个朝鲜，这些人对于日本这个邻居，依然持有一种非常抵触反感的情绪，比如位于釜山境内的东莱府（今釜山广域布东莱区）长官就是这么个人。在一次和日本驻釜山外交官的交涉中，东莱府设宴邀请理事官森山茂。森山自打明治二年（1869 年）设立外务省的时候便已经是外交官了，属于老资格人士，对于朝鲜方面的宴会自然不敢怠慢，穿了正装带了随从，搞得整整齐齐地开赴饭局。临了走到大门口，被看门的给拦住了，说你是谁啊。

森山茂一边拿出请柬一边自报家门道，我是日本驻釜山理事官，我叫森山茂。

然而对方的反应却很让人意外，就四个字：不认识，滚。

正巧清国的外交官也奔着饭局来了，刚好路过瞅见了，于是便顺手发扬了一把中华民族见义勇为热心助人的美德，跟那朝鲜看门的说这人我认识，确实是日本国的外交官，而且人手里头还有请柬不是？你就放他进去吧。

这人调过头来还跟森山茂打圆场，说那就是一看门的，您别和他一般见识，咱里面去，唠唠嗑。

说着，他一边拉着森山茂，一边就要往里走。

也不知道这天这位朝鲜门卫到底是吃了什么坏了心情和大脑，尽管有请柬为证有外人说情，可他就是不肯放森山茂进去，闹了半天森山茂终于火大了，转过身就往家走，一边走一边还碎碎念，说不就是一顿饭吗？老子还不吃了，以后你再请老子也不来！

事件发生之后，按说东莱府多少也该派个人去解释一下，安慰安慰，赔个礼道个歉啥的，毕竟是自己不对。可东莱府长官在知情之后，非但没这么做，反而还倒打一耙，向朝鲜朝廷汇报说，是日本人失礼在先，要求驱逐釜山境内的所有日籍人员，同时还擅自中断了两方尚且处于进行中的一些外交事务。

他之所以这么做，是因为他是个反日派。事实上也不光是他，当时朝鲜国内几乎大多数都是逢日必骂的主。

这主要归功于日本多年来对朝鲜的贼心不死以及以大院君为首的仇日派的洗脑教育。

森山茂对此当然很不爽，他也给自家政府写了信，说希望他们能过来干涉一下，而干涉的具体方法是最好弄个军舰过来唬唬人什么的。

同时，森山茂在信里还指出，至少釜山一带，仇日情绪已经非常高涨了，随时有可能爆发反日流血事件，所以为了广大日本侨民的安全，你们的军舰最好赶紧来。

消息送到东京之后，中央政府各路高官立即召开碰头会，讨论保护侨民以及外交官森山茂一事。

主持会议的是太政大臣三条实美，他主要想先听取外务省的意见。

这会儿外务省的一把手又换人了，新的外务卿叫寺岛宗则。

此人出身萨摩藩，是一个乡下武士的次子，4 岁的时候被送到一户医生家里当了养子，并被取名松木弘安。他的养父叫松木宗保，是当时有名的和洋通吃的大夫，所以从小松木弘安就接受了相当良好的教育。他 8 岁就开始接触荷兰语，10 岁跟着养父去了长崎，开始学习英语，15 岁精通汉语、日语、荷兰语以及英语四国文字，并且还学习了天文、地理、西洋兵法以及造船术。

由此可见，这人可谓是一个天生的外交人才。

学成之后，松木弘安回到了家乡萨摩，并给自己改名叫寺岛宗则，寺岛这个姓，是他们家很久很久以前的一个远房祖宗的姓，或许是觉得帅气，便拿来用了。

明治维新之后，寺岛宗则被任命为神奈川县的县令，这里值得一提的是，因为当时刚刚维新不久，等于是一个国家新建立没几天，所以很多外交上面的事务还未曾完全展开。事实上，整个日本跟外国人发生联系最多的地方，并非是外务省，而是国际港口横滨港口的所在——神奈川，所以寺岛宗则这个神奈川县令本质上就是日本的外交部长。

不过他上任后的第一件事却并非是和洋人打交道，而是搞起了县内的电信建设。具体说来是架起从横滨到东京的电信，好让两地通电报。

其实这也是做给外国人看的，好让他们明白，明治政府的维新西化决心是有多么大。

只是老百姓不太给面子。

那会儿的日本人比较迷信，大家伙一看这电线杆子一根根竖起来，电线一条条地在自己头上架起来，不由得开始害怕。因为民间有一个普遍的说法就是，这些安在脑门上的电线，能够吸收天上劈下来的雷，然后再时不时地劈回人间，非常危险。

于是，一些平日里经常干坏事害怕遭雷劈的哥们儿就慌了，为了免遭横死，他们便动起了搞破坏的脑筋。曾经有一次神奈川电信局好不容易架起了几十条电线，却在一夜之间被人爬上杆子悉数砍断。

忍无可忍的电信局工作人员找到了县令寺岛宗则，说："这差事实在太苦了，你架几条他们砍几条，眼看着就要撸袖子拔电线杆了，再这么下去，这电报事业多半就要中道崩殂。干脆，还是甭干了，让别的县去吃这螃蟹吧。"

寺岛宗则听后就笑了："如果连神奈川都干不了这事，那么你觉得全日本还有哪个县能干？"

手下很不以为然："如果不能干，大不了就不干，等过两年老百姓变聪明了再说，反正我们日本没电报的日子也很久了，又不差这两年。"

寺岛县长摇摇头："不行，这电报必须尽早弄出来，越快越好。"

手下相当无奈："大人，您也不是不知道，这帮刁民，你架多少，他们就砍多少，一点面子也不给，你让我们怎么尽早弄出来？说老实话，他们砍，警察会来抓他们，所以这也算了，可关键是大家觉得老百姓对于我们现在的工作不太理解，总认为我们是特地驾着电线在坑害他们，就连我们家的爹妈都说，让我们别干这么多缺德事儿，要遭报应的。这样一弄，大家工作起来还有什么劲儿啊？"

"你的意思是说，因为得不到老百姓的认可，所以也就不太想做？"

"是的，大家都是这个意思。"

寺岛宗则的脸色一下子变得严肃了起来："这种想法以后都不准有。"

手下被这种脸色给吓住了，一时半会儿不知该说什么。

"你们都给我记住了，如果说，把电线给砍断是老百姓为了保护自己的使命的话，那么我们政府的使命，就是把这砍断的电线再给接起来，不管接多少次！因为我们是政府！"

在本着这种全心全意为人民服务的思想指导下，全体电信人员又回到了自己的工作岗位，把那被切成一段段的电线又给重新接了起来。当然，寺岛宗则也不是一个蛮干的人，与此同时，他也组织起了电报宣传队，走街串巷地宣传电报的好处，让老百姓们能接受这种新生事物。

在他和广大电信工作人员的不断努力下，日本终于在明治二年（1869 年）开通了国内第一条电报线，是从横滨到东京的。

因为这条线，寺岛宗则赢得了"日本电信之父"的美誉。

也就是在当年，因为外务省的事情渐渐多了起来，上头觉得再让寺岛宗则窝在神奈川似乎已然不太合适，于是便把他调离原有岗位，安排到外务省当了外务大辅，也就是外交部副部长。四年后，因业绩突出，外加外交能力出类拔萃，所以，寺岛宗则被提拔当上了外务卿。

寺岛宗则干外交，有一个原则，那就是尽一切可能把外交和军事分开。简单说来就是能靠谈判解决的，就用谈判解决；谈判不能解决的，我也不跟你打，想办法坑死你完事儿。

现在，面对森山茂的来信请求，他很淡定地表示，应该回信提出批评，必须要让森山茂认识到自己是搞外交的，不是玩枪炮的，别动不动就想到拿军舰去吓唬人。外交场上的事情，就得靠外交来解决。

对此，三条实美点了点头，准备照办。

眼瞅着森山茂的请求就要被驳回，正在此时，站出来了个爱管闲事的哥们儿，说森山大人说的没错，是应该派个军舰去吓唬吓唬那些个朝鲜棒子，不然这群孙子不长记性。

说此话的叫川村纯义，也是萨摩出身，时任海军大辅，军衔海军中将，是当时日本海军的二把手。

顺便一说，NO.1（排第一）的那哥们儿叫胜海舟，对于这人，我的定义是日本数百年来罕见的“大毒舌”以及近代日本史上百里挑一的“高品质贱人”。

川村二把手的乱入，使得会场上顿时一片小骚乱，寺岛宗则非常不悦，表示此乃我外务省的事情，关你海军何事?

川村纯义却是一副大义凛然的样子，说你还是不是日本人，眼看着同胞在国外丢人，还幻想用外交手段解决？太软蛋了吧。

于是这两人就这么吵上了，而其他的各部堂官也乐得看一回热闹，纷纷抄手围观了起来。

吵了大概一个小时，最终仍没分出胜负。于是三条实美只好出场和稀泥，表示你们一个要打，一个要谈，干脆取个折中，派两艘军舰去釜山看看情况，不跟朝鲜人动手，就光和他们谈谈。

寺岛宗则当然是不愿意用军舰去搞外交，可毕竟也不能驳了三条实美的面子，于是只得表示自己没意见，而另一边的川村纯义则摩拳擦掌，说三条公您就瞧好了吧，我们海军保证完成任务。

三条实美以为他那是单纯的工作热情高涨，于是也笑脸相迎，说好好干，别给我们日本丢人。

当年五月二十五日，两艘日本军舰云扬号和二丁卯号先后驶入了朝鲜釜山的草梁。面对突如其来的军舰，朝鲜方面很困惑，还不知对方为何而来。而日本方面倒也坦诚，表示自己是听到了森山茂外交官在外交上碰到了瓶颈，所以前来搞辅助工作。

负责接待的朝鲜官员当时就指出，让军舰前来辅助外交工作，古往今来闻所未闻，实在难以相信。为了确保你们没有别的意思，能否让我们登上舰船亲自看看？

日本人非常爽快地答应了请求，并且为了表达自己确实不是来搞军事胁迫的，还特意弄了一个欢迎仪式。

仪式搞得很隆重，气氛也很热烈，大家高兴之余，日本人对朝鲜人说，你们要不来看看我们军舰的训练？说完也不等对方答应，就点起了炮。顿时海面上阵阵巨响，几乎整个釜山都能听见，不管是岸上的老百姓还是军舰上的朝鲜官员，都被吓了个半死。

当然，虽然日本人恐吓了别人一把，但对于外交却丝毫没有帮助，双方的交流依然处于中断状态，搞到最后连森山茂也觉得没啥好继续的了，便登上了二丁卯号决定暂时先回日本拉倒算了。

而云扬号则在六月二十日从草梁出发，开始了为期 9 天的海路测量。在测量过程中，路过咸镜道，碰巧看到陆地上有民房着火，于是舰长井上良馨（和井上馨不是一个人）带领全体官兵下船扑灭了这场大火，受到了当地不少朝鲜人民的赞誉。

海路测量的工作一干就是 3 个月，到了九月二十日才全部完成，于是井上良馨下达了返航令，云扬号朝着长崎方向起锚驶去。

没想到意外也随之发生了。

且说这云扬号在经过汉城（今首尔）边上一个叫江华岛的岛屿时，因船上的淡水和粮食已所剩无几，故井上良馨下令靠岸去弄点吃的喝的，以便继续赶路。

在快要抵达江华岛时，井上舰长带了 20 余人坐着小船打算上岸，但正在他们缓缓驶向陆地的当儿，突然之间，岸上的炮台毫无预兆地轰鸣了起来，一发发炮弹射向了日本人。井上良馨一看大事不妙，连忙一边组织大伙用随身携带的步枪进行还击，一边赶紧朝着停泊在不远处等候的云扬号划去。好在朝鲜炮兵技术不太好，估计都是多年只背锅子不打炮的主儿，所以尽管炮弹一发发地飞过来，可没一发打中的，而这帮日本人也侥幸落了个有惊无险，没有发生任何伤亡的结局。

井上良馨火大了，他决定反击。不过由于当天天色已晚不利于作战，所以日本人只能在海上歇息了一天。第二天一早，井上舰长果断下达出击令，目标是江华岛上朝鲜人修筑的第二、第三炮台。

因为日本人是初来乍到，对地形不太熟悉，再加上那两个炮台前的海流也比较急，而且还附带漩涡，所以云扬号只能远远地对着炮台放炮射击，并不敢近距离搞大动作。不过这招对付炮都打不准的朝鲜人还是绰绰有余的，不到数小时，第三炮台就被轰成了半废墟。而修建在江华岛边一个附属小岛上的第二炮台，也被日军的一支奇袭小分队给摧毁了。

二十二日，云扬号对江华岛的主炮台第一炮台发起了进攻，跟前一天一样，在远处一阵炮轰之后，朝鲜炮台连反击的余力都没有便化成了一堆废墟，接着，井上良馨派出一支 22 人的小分队突击登陆，对江华岛的主要塞永宗城发动攻击。小分队先是在城下放了一把火，接着强行冲进了城里，朝鲜守军见状一哄而散，混乱之余，有 35 人被杀，16 人被俘，伤者数百。而日本方面则在付出了伤亡 2 人的代价后，顺利攻占了城池，还缴获了大炮 36 门，各类粮食物资无数。在把战利品拖出城门后，他们又在城里放了一把火，随后撤退回了军舰上。

二十三日，因为战利品很多，所以大家一整天都在充当搬运工。

二十四日，船上的淡水不够了，日本人去岛上找了水源，然后大伙一起当了一天的挑水工。

以上，史称江华岛事件。

事件发生后，日本内外震惊了。

国际舆论对于这种侵犯他人主权不说还公然到人家土地上杀人放火的行径展开了激烈的谴责，纷纷认为日本是一个恃强凌弱搞炮舰外交的恶劣国家，对于江华岛一事，更有一些人将其认定为侵略。望着如雪花片儿一般堆积在桌子上的谴责公文，外务卿寺岛宗则的头嗡的一下就大了，他连忙找到了三条实美，声称你拍板你负责；而三条实美自然是不敢负这个责任，便又找到了川村纯义，说你提议你负责；川村大辅看了看谴责文，又想了想，两手一摊，说那就准备打仗吧。

三条实美当场就气得恨不能一个耳光抽上去，但一想论打架似乎不是人家的对手，于是只能强压怒火冷静下来，先派人联系了尚在海外晃荡的云扬号舰长井上良馨，让他把事情的经过拟一份报告交上来再说。

井上良馨的工作效率倒是很高，九月二十六日收到的命令，九月二十九日报告书就写完了，然后他让人送去了东京。结果不看不要紧，一看三条实美差点没一口鲜血喷出来。

这份报告书上错误不断，不光是地名、人名的纰漏很多，就连作战的时间都被弄错了：明明是从九月二十日开打，一直打到二十二日永宗城沦陷共计 3 天，这些东西在外国人的报纸上都能看到，可井上良馨却大笔一挥道整个战斗过程仅用 1 天，而事情的起因经过也没能好好写明白。于是三条实美捂着胸口再下了一道命令：重写。

十月十八日，第二份报告书送了过来，这次要比上次进步了很多，至少时间、地点、人物都还比较靠谱。根据报告书上面的说法，是井上良馨他们在进行正常测量的时候遭到了袭击，不得已还了两下手，属正当防卫，顶多算防卫过当。要说什么侵略侵占之类，那就是小题大做了。

拿着报告书的三条实美马上找到了寺岛宗则，要他拿个主意，而寺岛外务卿则立刻派人去了一趟长崎，通知已经回国的森山茂，让他以临时代表的身份再回朝鲜，进行外交斡旋，主旨包括两点：第一，尽全力保护在朝日侨的人身安全；第二，在交涉过程中，尽可能避免两国开战。

当月下旬，森山茂抵达釜山草梁，当地的情况要比他预想中的好很多，各处日本的商业区居住区都还算安全，尽管四处流传着要放火袭击日本人的谣言，倒也迟迟不见朝鲜人动手。见此情况，森山茂立即开始和朝鲜政府展开接触，结果发现他们和日本方面一样，也是压根儿没有开战的意思，相反，在挨打之后，还主动派兵保护日本侨民。松了一口气的森山茂一边继续搞外交，一边把情况如实汇报给了东京方面。

对此，寺岛宗则做出了判断：朝鲜人怕了。

明治九年（1876 年）一月，明治政府正式任命黑田清隆为全权大使，率外交团赴朝鲜交涉。

黑田清隆是萨摩人，时任北海道开拓使，就是北海道经济开发区管委会主任。不过除了开发北海道之外，他也身兼外交职务，那就是严防对日本北方领土虎视眈眈的沙俄帝国。

所以，此人也算是一个相当了不起的外交家。

而黑田清隆的对手，则是朝鲜简判中枢府事申宪。

双方的交涉地点就在江华岛。

出发之前，三条实美向黑田清隆转达了寺岛宗则的两项意见：第一，虽然要大搞炮舰外交，但绝对要避免向实质性战争发展的情况出现；第二，借此机会跟朝鲜缔结条约，当然，是以日本利益为重的不平等条约。

其实，寺岛宗则本人还亲自找过黑田清隆，亲口说了第三条他没让三条实美转达的意见，那就是缔结的条约，未必要占朝鲜那边多大的便宜，但一定要能够起到挟制朝鲜背后宗主国大清王朝的作用。

黑田清隆会意。

再说他们一行人抵达江华岛后，东道主朝鲜方打算先给日本人来个下马威，在对方刚一下船的时候，申宪就向他们提出，要求限制随行人员的武器携带以及随行武装人员的数量。

对此，黑田清隆采取了无视的态度，并且还表示，如果一定要限制，那干脆就先把我这个全权特使给限制了吧，老子回家去了。

一看对方根本不吃自己这一套，朝鲜人也只能无奈地作罢了。

二月十一日，谈判正式开始。这第一步，自然是双方把事情给说清楚，至少得达成一个共识。

首先发言的是黑田清隆，他认为朝鲜人的做法显然是非常过分的，哪有人家开了个小船跑来讨口水喝你就对着人开大炮的？当然，至于日本人为什么开着军舰跑到别人家领海上搞测量之类的事儿，他肯定是忽略不能讲的。

对此，自知打不过人家的朝鲜人也只能服软了，说自己国家正在搞闭关，搞攘夷，除了大清和日本这两位好邻居之外，其他国家的船只只要敢越境，一律轰无赦。这次是炮台士兵看走了眼，错把日本军舰当成了西洋船，这才导致了悲剧的发生；如若不然，朝鲜士兵是断不会向一衣带水的好邻居下手的。

同时，申宪还指出，尽管是一场错在自己的误会，但毕竟朝鲜士兵保家卫国的出发点是好的，不应该受到什么过分的惩罚。

在双方交流完各自的看法之后，便进入了洽谈阶段，也就是民间俗称的讨价还价。根据申宪原本的想法，日本应该会效仿之前和清朝台湾事件那样，要求赔礼道歉再弄俩小钱。果然，黑田清隆还真提到了这个问题，他表示自己虽然理解朝鲜方面的心情，也能理解那些开炮的爱国士兵，但外交上的道歉还是必须的。

申宪当即点头表示认可，然后又说黑田大人你大老远来一趟也不容易，还有啥要求就一并提了吧。

我们两国签订一个条约吧，黑田清隆顺理成章地说道。

尽管这是明治政府一开始就定下的计划，但对于朝鲜人而言却是相当出乎意料的，原以为说个对不起再给几个钱就能完事儿了，却不想还要跟人签什么条约。

于是申宪表示，道歉可以，赔钱也没问题，但这条约就算了吧，大家都是千百年来的老邻居，关系好得紧，全世界都知道，干吗还要签条约呢？显得多生分。

但黑田清隆却不依不饶，他振振有词地说，你也太看不起我们日本了，以为我们千里迢迢跑来就是为了讹俩钱花吗？把我们当滚刀肉了不成？我们是为了友谊而来的，要知道，日朝两国虽然自古以来就是全世界都晓得的好朋友，可现在已经不再是从前了，已经是新时代了，新时代有新时代的规矩，这条约就是新时代的象征，所以还是请朝鲜诸君跟我们缔结一个吧。

申宪不敢擅专，只能宣布暂时休会然后一级一级地去请示上级。

当时的朝鲜国内，较之多年前已经大有不同。那位顽固的保守派大院君失势了，取而代之的是高宗的老婆闵氏和她的家人闵氏一族。这闵家人比较开明也比较亲日，所以对于缔结条约一事，他们持赞同的态度。

于是在二月中旬，双方再度回到了谈判桌前，正式开始讨论起了两国的条约细则。

大家从两国国名如何记载，派遣至对方国家使臣人数、资格，以及开港数量、最惠国待遇等相关事宜进行了热烈的讨论和磋商。在谈判过程中，朝鲜因为是初来乍到不懂近代外交的奥妙，所以更看重的并非是实际利益，而是“国家体面”。

比如在一开始，申宪就告诉黑田清隆，条约开头，朝鲜的国名不能写作朝鲜。

黑田清隆很纳闷：你不叫朝鲜，难道还想叫海鲜?

申宪则将肚子一挺，大手一挥，器宇轩昂且铿锵有力、掷地有声道：“叫大朝鲜国！”

黑田清隆搞了那么多年外交愣是没碰上过这样的主儿，只能一脸无奈地表示你就算叫宇宙大朝鲜国也无妨，我们日本绝对满足，所以这就暂且别管了，还是来看看其他的吧，比如那个领事裁判权什么的……

申宪一听能叫大朝鲜国了，那是满心欢喜，当场就对黑田清隆说，哥们儿，如此一来我们朝鲜也算晋升到大国级别了，你真是让我挣足了面子。投桃报李，我也不亏待你，这么着吧，你刚才说的那什么领事裁判权之类的玩意儿，我看也不必详细讨论了，咱就依了你吧。

虽然黑田清隆顿时觉得很没成就感，但还是趁热打铁、趁傻行骗，表示既然如此，那我们就再进一步，在条约里写上那么一条，日本承认朝鲜是和日本地位同等的独立自主国家，如何?

申宪没有多想便同意了。

就这样，当年二月二十七日，日朝两国正式在江华岛签署了《日朝修好条约》，也叫《江华条约》，条约总共十条。在此，我们把其中重要的部分挑出来说一说。

开头第一条，日本和朝鲜互相承认对方是拥有自行主权的独立国家；第二，双方各自在对方首都建立公使馆，派遣公使驻留；第三，要求釜山开港，除此之外，再选两个港口进行开放。在开港之地，日本人有权对当地的土地和房屋进行租赁，朝鲜政府不得干涉；第四，因为朝鲜周边海域比较危险，为了保障过往船只的安全，应允许日本方面对其进行自由测量，当然，得到的资源数据也该和朝鲜方面共享；第五，实行双边自由贸易，只要不是什么诈骗啊强买强卖啊，一切交易行为两国政府都不得干涉；第六，日本人在开港之地若有犯罪行为，则交给日本的官员用日本的法律进行审判，朝鲜方面不得干涉。

以上条款在之后的几年里断断续续修修补补了好几回，但基本纲要却不曾变过，而江华岛事件也因此条约的签订而告一段落。

这份条约的签订，意味着闭关锁国的朝鲜打开了国门，还是比较具有积极意义的——至少从表面上来看确实如此。

比如朝鲜的宗主国大清在得知了这消息后，就表示了支持，尤其是北洋大臣李鸿章，虽然没有看过条约的详细内容，但却表达了高度赞赏之情，认为这是朝鲜走向文明的第一步。

其实老爷子心里头跟明镜似的，他非常清楚《江华条约》的本质就是一个坑，一个日本挖给大清国，或者说是直接挖给自己的坑。因为朝鲜历来是大清属国，而日本却是一个独立的主权国家，你朝鲜人现在自称自己和日本互相承认对方独立主权了，那岂不是等于在宣布脱离宗主国大清？

可这又是个哑巴亏，毕竟都已经19世纪了，都新时代了，你李鸿章李大人也不好明着说我不允许你追求独立不允许你追求自由，那不成，那是违反国际道德的。虽然这玩意儿似乎从来也不曾有过，但你做那个啥怎么着也得立个牌坊吧？就算不立牌坊……那至少得穿一身衣服吧？

所以李鸿章在明面上只能说好，独立得好，走进新时代，做得好，太好了，老夫喝了蜜似的满心欢喜。

当然心里面是肯定不爽的，不过也就是不爽而已，他不担心，更不怕。

兵来将挡，水来土掩，毕竟是历经过千军万马、大风大浪的人，这种伎俩，还不足以牵挂在心。

不过，日本那边的胃口则是愈来愈大了。

搞定了朝鲜之后，明治政府又重新把目光转向了国内，继续弄他们的改革维新。

第二章 废刀令

1876 年（明治九年）3 月 28 日，明治政府发布禁刀令，禁止除大礼服穿着者、警察以及军官之外的任何人佩刀上街。所谓大礼服指的就是国家级别的礼服，一般你不是什么高官名人且没碰到特定的场合是不让你随便乱穿的。

这就是日本近代史上非常著名的“废刀令”。

顺便一说，这个废刀令的起草者叫森有礼，是日本初代文部卿，同时也是一桥大学的创始人。

其实关于佩刀问题，日本政府在 1870 年（明治三年）就开始制定各项规矩了，比如那一年就发布过不许庶民带刀的政令，第二年，明治政府又宣布，全国的士族可以不带刀上街。

这是一个非常客气的说法，因为武士上街带刀已经成了一种如同应尽责任般的习俗，而现在官方表示可以废除这个习俗，那么潜台词自然就是“请士族诸君以后上街就别带刀了”。可偏偏那帮子日本武士纯属蜡烛属性，不点不亮。面对敬酒，他们选择了装傻充愣，当它不存在，上街时跟原来一样，还是挎着那一长一短两把武士刀。既然如此，上头也就只能请他们吃罚酒了。

1875 年（明治八年）12 月，陆军卿山县有朋写了一份特别长的奏折给了明治天皇，说自古以来武士带双刀出行的根本目的是防身杀敌，可现在已经搞了全民征兵，而且还设立了警察制度，所以就不需要个人来行侠仗义为民除害了；况且带了个刀四处晃悠很容易增长社会的逞勇好斗之风，对治安大大不利。故而，无论从哪个方面看，都应该把这个带刀制度给废除了。

这时候岩仓具视已经回来了，因为大久保利通等人不断地上门请求其出山，看在大家诚心的分上，他表示自己的心理阴影已经差不多都治疗痊愈了，所以就再度出马，为国家做点贡献。

面对山县有朋的请求，岩仓具视非常果断地大笔一挥：批准。

废刀令一出，举国哗然。

因为这等于是从法律上废除了武士这么个玩意儿，所谓“武士的国度”，就此崩坏。

武士刀对于武士的重要性我们就不必多说了，此令一出自然引起了全日本许多武士的不满甚至是愤怒。要说本来在废藩置县的时候，全国的武士就算失了业，虽然有来自政府的一些经济上的抚恤，可这都只是一次性的，活脱脱的杯水车薪，一下子就吃光用光了。许多武士为了生计，不得已放下尊严去干一些曾经被他们认为是下贱人才会干的活：有的人去摆地摊；有的人去拉黄包车；还有的人什么也不会也没啥力气，只能每天混吃等死。这些一下子落入底层的武士每日郁郁寡欢，唯独能够抚慰他们那颗受伤的心灵的，就是出行时永远佩带在腰间的武士刀。每当看到两把刀的时候，他们就会想起自己也曾经是一个堂堂正正的大爷，是一个武士，国家的主宰者。可现在，明治政府将他们这聊以慰藉的最后一丝精神寄托都给剥夺了，怎叫人不愤怒?

除了地位、打扮特权之外，武士的经济特权也被废除了，这就是我们刚刚提到的武士去拉黄包车那段的主要原因，现在来详细说说。

这玩意儿其实有个专业名词，叫作秩禄处分。

秩，就是秩序；禄，就是俸禄。这两个字连一起，其实就是发工资的那些事儿，而处分就是处理、了结，整个短语的意思其实就是了结、中断了工资俸禄，而这处分的对象，指的是旧武士。

且说在废藩置县之后，武士们都一下子失了业，不过为了确保当时的社会稳定，明治政府并没有将所有武士每年的俸禄给一起了断。虽说确实有一部分人在废藩置县之后就没了收入，但对于另一部分人而言，上头采取的是一种“不用你工作，但工资照样发”的手段，说白了，就是国家把这群人给养了起来。为此，光是每年付给这帮家伙的俸禄就高达黄金 150 万两以上，几乎占了当时明治政府财政总收入的三成。

这样一来大藏省第一个就叫起了苦，毕竟人家是当家的，知道柴米贵，再说了，都已经失业在家的人却依然要给发工资，怎么看怎么都有点不合理。

最好的办法就是断了这群人每个月的“铁杆庄稼”，可问题是谁敢？要知道那帮人活了一辈子、跩了一辈子，腰间的刀也挎了一辈子，贸然行动引起什么乱子，那可不是说着玩儿的。

于是大藏省只能继续每年把财政收入的三成拿出来交给这群大爷，自己忍气吞声做孙子。这种情况一直持续到了 1873 年（明治六年）。

这一年日本发生的事儿很多，之前我们都有说，什么明治六年政变、岩仓使节团回国等，同时，还有一桩大事也是在这年发生的，那就是日本征兵制度的正式建立。

这个制度终究还是沿用了大村益次郎的想法，采取了“全民皆兵”的招募方式，但凡符合标准的，不问出身一律能够加入军队，保家卫国。

如此一来，武士就等于是彻底没用了，那群整天待在家里的士族已经不存在什么“拿工资是否合理”这样的说法了，而是根本就没有理由再这么一个月一个月地吃白饭了。终于，明治政府到了一个必须得面对如何取消那群人白拿工资这件事儿的地步了。

当年的 12 月，政府出台了太政令，宣布开始发行秩禄公债，具体内容是，但凡士族愿意进行“秩禄奉还”，也就是肯把自己工资还给政府的，一律奖赏一笔钱或者一堆大米，数额相当于你年薪的 4~6 倍；如果你拿着这个钱愿意搞自主创业的话，上头还能给你其他优惠政策。当然，这个奉还工资纯属自愿，不愿意的也不强迫，只不过从即日起，政府又多了一项税收，叫作禄税，你每年拿的工资得纳税，作为国家军费开销，换句明白话讲，就是变相扣工资。

然而，由于这套政策讲求的是“自愿”，所以在开始的时候大家几乎一律选择了自愿不奉还，除了有几个工资实在太少，想一次性拿一笔钱去做生意一夜暴富的人之外，基本上是没几个人肯拱手让出自己吃了好几代的铁杆庄稼。

可就是这帮拿了钱的人日子也不好过，因为武士从小接受的就是“行商低下”的传统思想教育，导致他们根本就不具备经商头脑，以至于拿到钱之后，被人骗了、投资亏了、做生意完蛋了之类的事情层出不穷。原本还有几个工资的他们一下子变成了穷光蛋，万般无奈之下也就只能去卖苦力，而这些人也就成为了一个个血淋淋的反面教材不断提醒着其他武士：看，这就是秩禄奉还的下场。

既然没人肯自愿，那么自愿的政策就成了擦屁股的纸。所以在 1874 年（明治七年）的 11 月，政府宣布去年的那个政策说过就当做过，从此作废，取而代之的是发行相当于每个人俸禄一半的秩禄公债。举个例子来说，你一年的俸禄原来是 100 石，那么从现在开始，每年就发给你 50 石的现大米，另外 50 石则根据当年物价折算成金钱数额用公债来抵，当然公债公债，是不能换成等额现金的，而是每年给你发点利息什么的。不过，如果你想创业，投身国土开发或农林事业的话，公债在投资的时候可以当现金用。

该政策实行了一年不到，大藏省又开始叫苦了。大藏卿大限重信表示，对于这 15% 的财政支出，仍然无法负担。为了避免自己被逼无奈而再度发生抠日历的悲剧，还是请上头的几位大神再来一个政策，一次性把这群人的铁杆工资给完全废了吧。

当时说了算的有三个人：岩仓具视、大久保利通和木户孝允。其中岩仓具视表示这事儿不能乱搞啊，搞得不好就要出问题了，所以等过两年再说，你们大藏省就再勒紧裤腰带坚持一下吧；而木户孝允则坚决反对，作为一名曾经的武士，他非常能够理解大家先是没了阶级特权，又失去了佩刀特权的心情，现在你连人家赖以生存的工资都要给夺走，简直就不是人能干出来的事儿。更何况，现在局势那么紧张，阶级矛盾如此尖锐，如此大刀阔斧地乱来，万一引起民变怎么办；最后轮到大久保利通了，他拍了拍大限重信的肩膀：哥们儿，我支持你，废了那群孙子的铁杆庄稼。

这话一出当场所有人都惊了，纷纷表示大久保大人你胆子真大，我们要向你学习。因为当时日本的情况正如木户孝允所说的那样，处于一个非常微妙的时期，眼看着废刀令实行之后全国士族的心情就快要到达沸点，谁也不知道再把所有士族的收入给通通掐断之后会发生什么。唯一能够肯定的，就是这招一出绝对是火上浇油，不可能是雪中送炭。

但问题是你不这么办的话那该怎么办？眼睁睁地看着国家每年用财政收入养着这群啥事儿都不干的大爷吗？费钱倒还好说，关键是劳动力的流失。明治维新开始不过七八年，百废待兴，正需要大量人力去建设祖国，可现如今一群读过书练过剑、身宽胳臂粗的大老爷们儿躲在家里吃干饭，长此以往，国家就该被他们给耗垮了。

综上所述，这群人的工资一定要废。当然，废了的话就肯定要做恶人，这个恶人谁来做就成了个大问题。毕竟大家都是武士出身，谁也不愿意得罪同胞，更何况当年大村益次郎的教训还历历在目，谁也不想早上走着出门，晚上平白无故地多了几个窟窿还是被人抬着送回来的。

结果还是大久保利通站了出来："他们的俸禄一定要取消，如果因此发生什么状况，一切由我来负责。"

一见这种情况，大家又纷纷表示说大久保大人您是艺高人胆大，我等自愧不如，以后有机会一定向你看齐。当然，肯出来分忧一起担待的，一个也没有。

1876 年（明治九年）9 月 7 日，明治政府发布太政令，宣布从即日起，废除一切士族俸禄，一律用一次性的公债代替。利息基本分为 5% 和 7%，这笔总额为 1 亿 7000 多万日元（相当于现在的 1 兆 8 亿日元）的巨额公债，一直到 1890 年（明治二十三年）才全部得以还清。

这个秩禄处分要比废刀令狠得多。废刀说到底也就上街的时候样子难看一点，武士跟民工的打扮没法区分而已，可秩禄这么一处分的话，那就连饭都没得吃，武士搞不好过得连民工都不如。

于是，武士同志们的怒火再一次被点燃了。

不过，大家知道，光是气得双脚跳，在私底下骂遍山县有朋、岩仓具视等人的祖宗十八代那是纯粹没有任何意义的，必须要团结起来干点什么，彻底打破这个不尊重武士的社会，让它重新回到之前那个武士的国度才行。

1876年（明治九年）10月24日，原肥后藩藩士太田黑伴雄和同伴斋藤求三郎等人一起，组织起大约170人结成了一个叫作“敬神党”的团体，在熊本地区抄起了家伙造起了反。

当天深夜，一伙人杀入熊本镇台的司令官种田政明家中，将正在熟睡的种田司令从榻榻米上拖了起来，一阵乱刀剁成了肉酱。接着，熊本县的县令安冈良亮家也被叛乱者冲杀了一阵，他本人和种田司令一样，死在了群刀之下。然后，熊本方面的好几个公务员都先后遭此厄运，断送了性命。与此同时，另一伙敬神党的别动队趁乱冲入明治政府在九州设立的镇西镇台司令部——熊本城。在一阵猛烈的攻击之后，他们顺利地将揉着眼睛还处于半睡眠状态中的守城士兵给逐一干掉，之后又经过了一夜的奋战，最终完全占领了熊本城堡。

但是，仅仅过了几个小时，天才蒙蒙亮，收到消息的镇压军队就到了。

明治政府方面开始了全面反击。在激烈的交战中，斋藤求三郎饮弹而亡，太田黑伴雄也身中数弹，负了重伤。交战数小时之后，敬神党力战不支，不得已全体撤退。在逃跑途中，自知伤势太重没几天好活的太田黑伴雄切腹自尽，敬神党残余见状一哄而散。因为敬神党也自称神风连，所以在历史上这事儿也被叫作神风连之乱，这场动乱就这样仅过了一个晚上便被顺利镇压了。

顺道一说，带领军队前来镇压的，是熊本镇台的一个参谋，他当年年仅26岁，名叫儿玉源太郎。

搞定了神风连之后仅仅三天，还没等明治政府喘上一口气，位于今天日本福冈县的地方再次发生了叛乱。当由原秋月藩藩士组成的秋月党听说了熊本那边的壮举之后，立刻上下沸腾，大家几乎是齐刷刷地表示，为了声援熊本的众好汉，现在也该轮到我们福冈人出场了。

10 月 27 日，在原秋月藩藩士今村百太郎、土岐清以及户原安浦等人的带领下，400 多人蜂拥而起，举兵造反。

第三章 造反有理

造反派们一路高歌进发，目标是当地一座叫明元寺的庙宇。在那里，他们抓到了一名前来劝阻的警官，叫穗波半太郎。其实这位穗波警官是福冈县的片警，听说自己的辖区有人闹事儿，特地前来劝阻，结果却没想到是自投罗网被人生擒活捉。

不过，对于怎么处理这位警察，秋月党们的意见还是众说不一。很多人都觉得毕竟大家好歹是一个地儿混大的，平日里抬头不见低头见，你身为警察前来劝阻我们也是职责所在，真要把你怎么着了也不太好意思。

就在这个时候，今村百太郎大喝一声：“这个警察必须得杀了祭旗！”说完，带着手下几个人冲着被捆绑着的穗波半太郎疾步走去，一边走一边拔出了各自的刀，接着就听到几声刀拉肉的声音和一记惨叫，穗波半太郎就这么成为了日本历史上第一个因公殉职的警察。

祭了旗之后，大军就该开拔去替天行道了。按照今村百太郎同志的计划，他决定带着大家去小仓，跟旧小仓藩的藩士们合兵一处，人多力量大且好办事。

小仓藩就是当年小笠原家做老大的藩，跟幕府关系铁得很，对新政府也有着诸多不满，所以在废刀令颁布之前，他们那里就组成了小仓党，性质跟秋月党也差不多，带头的是一个叫杉生十郎的家伙。

然而，当百太郎带人赶到小仓，找到了小仓党之后，却感到对方似乎有点冷淡，对自己提出的武装暴动计划相当不感兴趣。再一看，发现杉生十郎不在，便问他人去哪儿了。对方回答说，十郎同志因为太激进，不得人心，所以在你们来的前几天就被夺权了。现在小仓党的领导都是稳健派，大家主张和平演变，跟明治政府交流交流，弄个游行上访啥的足够了，没必要打打杀杀，太血腥。

百太郎一看这话不投机也就不多说半句了，直接带着人就打算离开，可为时已晚，就在他前脚抬起准备离开的当儿，有人来报，政府方面的小仓镇台 4 个中队冲着自己开过来了。

秋月党人挺纳闷的，自己才到了小仓几天啊，居然就被政府军给知道行踪了，是哪位大侠那么厉害能掐会算啊?

不是有人会算，而是有人举报。事实上小仓党的激进派领导人杉生十郎不但被夺了权，连人身自由都被剥夺了，整天被关在小黑屋里除了一日三餐外再也没人搭理。之后，稳健派们权衡再三，觉得尽管自己没参与武装暴力，但如果知情不报很有可能受到牵连，到时候浑身是嘴也说不清了，于是便向当地有关部门举报，说秋月党来了，他们要在小仓搞暴动。

当年 10 月 30 日，小仓镇台正式抵达，向还没来得及逃走的秋月党发起了攻击。战斗持续了两个小时，结果也在意料之中，连刀都快被缴了的秋月党自然不是那帮拿着近代化兵器的职业丘八[①]的对手。在这短短的时间里，秋月党战死 17 人，被俘 150 人，头目土岐清、宫崎车之助等人相继自杀；而与之相对的小仓镇台，仅付

① 丘八即“兵”的拆字。

出了2人阵亡的代价。

率领政府军打赢这仗的，是步兵第十四联队的联队长，叫乃木希典。

尽管被人打了个一败涂地，但今村百太郎却依然没有放弃的打算。10月31日，他带着仅剩26人的残部回到了福冈，武装袭击了当地的一所小学，占领这所小学之后在校门上挂起了一块写着“秋月党讨伐本部”的牌子，然后以此为根据地，展开了一系列的恐怖袭击活动。当天，他们袭击了几处官员宅邸，杀了两名福冈县的地方干部，接着又跑到县里的一个酒库，放了一把火，将其焚毁。干完这些事之后，今村百太郎估摸着政府派来的镇压部队也该到了，于是宣布秋月党就地全部解散，大伙各自逃命去吧。

不过这种日子毕竟是过不长的。当年11月24日，逃亡中的今村百太郎被抓捕归案，12月3日，被执行了斩刑。

几乎就在福冈闹事儿的同时，山口县也大大地不太平了一把。那里是当年长州藩的领地，也是明治政府长州派高官的家乡，按说，这儿的人民理应对明治政府中的那些同乡高官全力支持的，可因为废刀令这玩意儿实在是太过分了，以至于老乡们也忍无可忍了。

10月28日，山口县约200人聚集在一起，自称殉国军，浩浩荡荡地向东进发。他们打算走着去东京皇宫门口上访。带领他们的，是原长州藩藩士前原一诚。

这个前原一诚其实来头不小，安政四年（1857年）的时候他就跟高杉晋作、久坂玄瑞一起在松阴门下念书了，吉田松阴被杀之后，他就游历四方学习兰学。

文久三年（1863年），前原一诚跟随高杉晋作在长州起兵造反夺权，事成之后，他就成了长州藩重臣中的一员了。明治维新后，他先后出任了参议以及兵部大辅等要职。在兵部上班的时候，他就坚决反对大村益次郎搞的那套什么全民皆兵，坚持认定武士就是武士，老百姓就是老百姓，阶级之间的差异绝对不能被打破。也因为如此，他跟其他一些松阴门下的老同学诸如木户孝允等对立了起来。闹到最后，大村益次郎死了，山县有朋主管兵部后第一件事儿就是罢免了前原一诚这个刺儿头。

回乡之后的前原一诚倒也安分，虽说时不时地骂骂明治政府，发发牢骚，说说吏治腐败、政策傻帽之类的话，但也没见他动过什么真格的。可在废刀令颁布之后，他看到全国风行造反，也忍不住集结了 200 来人，聚集在原长州藩藩校明伦馆，共同商讨大计。

跟他一伙的人里，有一个叫玉木正谊的家伙，这人是吉田松阴的叔叔玉木文之进的养子，其实他的本家姓乃木，也就是那位乃木希典的亲弟弟。当时，玉木正谊知道前原一诚要造反，便对他建议说让自己去一次小仓，把哥哥给劝诱过来一起干，然后和福冈的秋月党连成一片形成一个大块，这样岂不是更好？前原一诚很高兴，说你快去吧。

结果很不幸，正谊弟弟还没能到小仓，希典哥哥就已经率部把秋月党给镇压了。

看到哥哥的举动，正谊自知劝诱肯定是没希望了，便匆匆忙忙回到了山口。与此同时，前原一诚也加快了招兵买马的速度，准备凑集上千人先占山口县，然后再一起去东京，亲自面见天皇，向他递交请愿书，要求清除那些盘踞在中央政府的人渣败类。

就在他们集合大力，广发英雄帖的当儿，山口县县令关口隆吉派人上门了，来者对前原一诚说道："关口县令知道你们要闹事儿，不过前原大人您怎么就不想想，这秋月、熊本才多少天就失败了，您要是造反，那还不跟他们一样啊？所以听一句劝，还是散了吧。”

前原一诚非常爽快，对来人说OK，我们其实就是同学会聚餐，根本就没啥别的意思，一吃好晚饭大家就各回各家了。

望着放心而去的那位山口县官员，前原一诚也长长舒了一口气，立刻叫来了手下道：“看来这事儿很可能已经被上头知道了，那你赶紧吩咐下去，让他们做好准备，山口县我们就不占了，直接去东京！”

于是就出现了我们刚才提到的10月28日的那一幕。

这支队伍自29日一早便从明伦馆出发一路向东走去，刚开始的时候还是挺顺利的，没有人来阻挡，因为没人知道他们想干吗。沿途的围观群众堆了好几百人，看了一整天的热闹。前原一诚他们于30日抵达了今天山口县萩市的须佐。与此同时，前原一诚还安排了水路部队，让他们从海上东进，按照计划，海上那伙人应该在30日上午抵达位于岛根县的滨田。

但是前原一诚等到太阳当空火辣辣地照都没有他们的消息，一直到下午，一个惊人的情报传了过来：海上的那群人原路返回山口了。

事情是这样的，这伙人坐着一艘船准备去滨田，可在半道儿上的时候，不知怎么一个谣言就在船上传开了，说是他们在山口的家属都被抓了起来，受到了当地政府的各种虐待，不仅如此，就连大本营明伦馆都被山口方面的政府军给占领了。

这下大家都慌了，一想到自己大业未成居然先被人给抄了老家，而且连老婆孩子都被抓了，顿时就没了干劲。本来士气高涨要去东京上访的山口县士族们的情绪一下子低落到了冰点，很快就有人提出说，既然都已经这样了那还去什么东京，赶紧回家救老婆孩子要紧。这个提议立刻就得到了大多数人的赞同。就这样，大家调转船头朝着自己老家的方向驶去了。

再说走陆路的前原一诚一听到海路方面全员返回了，顿感失落万分，觉得才走了一天人就跑了一半，这要走到东京指不定还能剩下几个呢，干脆自己也打道回府，在家乡就地闹腾闹腾得了。

31 日，前原一诚率队赶回山口，刚入境，连水都没来得及喝上一口，他就下达了突击令，目标是县政府。关口隆吉此时正在为自己放出的谣言取得的巨大成果偷笑，冷不防见一群手抄各种长短器械杀气腾腾的家伙冲上门来，一时间也不知道如何是好，慌乱之中他做了一个正确的决定——逃。当时县政府上下拿家伙的也就十几个，杀过来的殉国军却有 100 多人，要想活命也就只得逃命了。

好不容易才逃得一条性命的关口县长连滚带爬地跑到了附近镇台的驻地，于是当天下午镇压部队就开了过来，双方在山口县萩市市中心的桥本大桥周边展开了激烈的战斗。在此过程中，乃木希典的弟弟玉木正谊因为冲得太猛而没有注意到迎面飞来的子弹，所以被当场打死。

战到傍晚不到，眼看情形不妙的前原一诚带着仅仅数名随从逃离了战场，走海路向须佐奔命而去。11 月 5 日，他被岛根县当地的英勇民警一举擒获，并扭送至岛根县县令佐藤信宽处接受审讯。

佐藤信宽开头的审问词还是比较老套的，问过了姓名年龄看了看性别之后，就说道：“你好歹也是个武士，理应知道忠君爱国，现在你起兵作乱，像武士吗？”

前原一诚笑了笑：“您错了，难道您真的以为最近这一系列的动乱，都是冲着国家，冲着圣上的吗？”

“难道不是吗？”

“当然不是了。我们这次起兵，只是针对那些在政府机构中为非作歹、贪赃枉法的官吏，却并没有丝毫要叛国的意思。”前原一诚两眼直视佐藤信宽，看得出来他似乎并没有撒谎。

“就算如此，你们的手段也太极端了一点吧？”佐藤信宽说道，“攻击县政府，险些就要杀死山口县令了，你是打算用武力肃清全国的那些所谓贪官污吏吗？”

“不，我并没有这个打算。说老实话，其实我也是个乡下人，虽说有个武士名号，但为了补贴家用，小时候抓过鱼，种过地，明白农家的辛苦。后来当了几天官，又回乡继续种地，才发现上头的生活太好，下面却依然是那么苦，不但农民苦，连武士的生活都没了着落，您不觉得这样还不如德川时代吗？所以我想带人上京，面见圣上实行劝谏，至少也要让他知道，老百姓们过的是一种怎样的生活吧。”

在确认了前原一诚并不是针对朝廷的叛逆后，佐藤信宽又问道：“就算让你见到了圣上，那也并不意味着你的劝谏是有效果的，到时候你打算怎么办呢？”

“效果什么的我并没有想过，我只是想面圣劝谏而已，一旦达成了这个愿望，就算去死我也心甘情愿。”

听完前原一诚的话后，佐藤信宽长叹一声，然后微微一笑：“你能在岛根被抓，那真是走大运了呢。”

前原一诚没明白，愣愣地望着对方。

“你的意思我都已经明白了，既然如此，那我就决定亲自护送你去东京，想办法给你弄一个面见圣上的机会。”佐藤信宽从位子上站了起来往外走，“毕竟大家都想为这个国家做点什么，爱国人士是不会为难爱国人士的。”

前原一诚很高兴，他满怀希望地住进了岛根县拘留所等待着好消息。

但很快，这个希望就破灭了。因为反叛的人实在太多，各地都有，所以中央政府直接下达了命令，表示不管是从犯还是要犯，都别送东京来，直接送同原籍宣判，该放的放，该关的关，该杀的杀，总之，别来东京。并且，他们对前原一诚还给予了特别的关照，特地嘱咐佐藤县令，说是一定要把他送回山口县进行处罚。

佐藤信宽一开始拒绝了，他表示此人无罪，应该让他上东京面圣。中央政府给的答复自然是“不可能”三个字，并且再三下发红头文件要求佐藤县令服从上级命令，遵照组织安排，引渡犯人。眼看着胳臂拧不过大腿，无奈之下佐藤信宽也只能照做了。当年的11月13日，前原一诚被送到了山口县内，等待着最终的处理决定。

12月1日，结果出来了，判处前原一诚死刑，于12月3日斩首执行。对此，他并没有任何表示，因为这个结果早就在自己的预料之中了。

12月2日晚上，正当前原一诚准备睡觉的时候，狱卒突然跑来通知他，说是有人来看他了。当前原一诚看清了那位缓步走到牢门前的来人，不由得吃了一惊：因为那人是之前被殉国军一阵突袭杀得逃出县政府的山口县令关口隆吉。

前原一诚很奇怪：“你为啥会跑到这里来？”

关口隆吉没有说一句话，而是招了招手，后面便走出来个人，拿着两个酒碟，一个酒壶。关口隆吉一声不吭地在碟子里倒上了酒，然后通过牢柱的间隙送到了前原一诚的面前：“我敬你一杯。”

前原一诚大笑起来，爽快地接过酒杯一饮而尽，说道：“这真是让人高兴呢，简直比东京第一美女来为我斟酒都要高兴。”

关口隆吉一句话也不说，只是默默地又为前原一诚续满了杯。

这看起来很奇怪，因为一个险些被杀的人居然会去给一个要杀他的人饯行，着实让人不能理解，但事实上也算是情理之中。

因为他们并没有私仇。前原一诚要杀的并非关口隆吉，而是山口县县令，偏巧后者坐在这个位置上罢了。之所以要杀县令，那是因为他觉得这是他的一种“救国”方式，而山口县方面之所以要镇压他，自然也是为了保护国家和地方的稳定。

于是我们又要重复之前说过的话了，前原一诚和关口隆吉其实是一类人，他们都是真心地在为这个国家考虑，只不过在救国爱国的道儿上，两个人碰撞出了激烈的火花，而关口隆吉的火花比较大，仅此而已。

牢房内昏暗且安静，一个人不断地倒酒，一个人不断地喝酒，一直到酒壶里的酒倒出了最后一杯，关口隆吉不知何时已经泪流满面。

“你喝了这最后一杯，我就要走了，明天自己一路走好啊。”

“嗯。”前原一诚仰头一饮而尽，然后爽朗地笑了起来，“以后的事情，就交给你们了。”

12 月 3 日，前原一诚和殉国军的 7 名主要骨干一起在萩市被斩首，时年 43 岁，同时，有 48 人被判拘禁，14 人被开除士族，贬为平民，其余的则都无罪开释。

且说，就在前原一诚的殉国军闹腾的当儿，东京周边也响应了一番。10 月 29 日，也就是殉国军抄家伙的第二天，有一位仁兄在东京思案桥，也就是今天东京中央区日本桥地区，聚集了十几个人，每个人都是满脸横肉。他们手持各种家伙，看似是要干一票大的。

这起事件的主角叫永冈久茂，是原会津藩出身的武士，出生在会津若松城下的武士町里，17 岁进入日新馆学习，性格开朗活泼，而且能言善辩，人称秀才。戊辰战争爆发后，他作为会津藩的代表，跑到越后（新潟县）跟长冈藩的家老河井继之助取得了联系，并且担负起了劝说长冈藩加入奥羽越列藩同盟的工作。说来也巧，那时候在越后战场的一批新政府活跃分子里，就有前一天造反的那位前原一诚的身影。

由此便很好地证明了一句话：昨天的敌人很可能就是今天的战友。

再说长冈藩沦陷后，战场很快就转移到了会津，而会津显然也没能支撑多久。在9月中旬的时候，战况几乎已经明了，会津藩基本上算是败局已定了。

但即便这个时候，永冈久茂依然不肯放弃。正巧会津寅布投降后，榎本武扬的舰队打那儿路过，于是永冈久茂提出自己去借兵和新政府军再战，结果当然是没被允许，为此，他还写下了一句诗，叫“涛声到枕欲天明”，以此表达自己的悲哀遗憾之情。

会津藩败降之后，永冈久茂随着松平容保去了斗南藩，同时跟随的还有其他的广大会津藩藩士，大家伙一起等于是被集体流放到了青森县过起了苦日子。在斗南，永冈久茂担任了处理政务的小参事这一职位，主要负责什么农作物开发种植之类的事情。废藩置县后，他被任命为青森县内的一个地方小官，当了没多久便觉得没啥意思，于是辞官不干了，然后南下来到东京，在当地开了一家叫作评论新闻社的报馆，打算依靠言论来和这个曾经让自己吃尽苦头的明治政府作对抗。所以这家报馆会经常写出一些让明治政府感到特别胸闷气短的文章，比如有一次在说到日本外交的时候，永冈久茂亲自口诛笔伐：“萨长两藩借着王政复古的名号推翻了幕府，掌握了政权，却并不为老百姓办事，而是因私欲、私利而堕落，在外交上也沦为了外国人的奴隶。”

为此，明治政府觉得相当痛苦。换你你也痛苦，有个人开了个报馆专业骂你，天天骂你，以骂你为工作，为生活，任谁谁都痛苦。可既然维新，又向天下承诺过“广开言路”，而且永冈久茂除了骂骂新政府之外，并没有什么大逆不道的言行，故而也不能抓他打他。想来想去，只能派伊藤博文和井上馨等人出场，隔三岔五地去拜访报馆和永冈久茂本人，目的是讨个饶，说哥哥啊你就别骂了，这年头谁也不容易，就忍耐忍耐，很快我们就能建立和谐稳定的明治新社会了。接着他们又表示说，大哥你这么能说会道，看穿世事，干脆来我们政府当个公务员吧，也好亲自指点江山一番。

对此，永冈久茂拒绝了，表示自己不去明治政府当官。但似乎是因为人家上门上得那么勤，每次又是大包小包的，拿人手软，再去骂也不好意思了，所以在很长的一段时间里，评论新闻社的报纸都没有出现什么针对政府的过激言论。

大家都很高兴，觉得这下天下太平了。

其实并不是这样。

当永冈久茂看到伊藤博文等人上门拜访时，感到非常痛心。因为他本能地认为这是一种“收买”行径，对于历经过江户幕府统治的武士而言，收买别人和被别人收买都是不允许的，这就是那时候的道德标准。当然伊藤博文等人显然也没想那么多，他们就觉得既然你那么能说就来我们政府机关说个够，也好对国家建设有点帮助，至于带礼物上门那就更平常了，谁去别人家串门是空着手的?

因为这样的一种误会，永冈久茂产生了一个新的想法，那就是这个社会已经礼崩乐坏到极点了，光靠写几个豆腐块发两张报纸是不足以将其重新引回正道上的，必须要通过一次革命，也就是武装暴动来拯救国家，拯救大众。

于是，1876 年（明治九年）10 月 29 日，永冈久茂带了几个人行动了。大家伙先是在思案桥上集会，然后在桥上走来走去高呼爱国口号，终于引起了周围人的注意。经群众举报，警察赶了过来，对领头的永冈久茂表示，你们这么做是扰民行为，快点散了吧，不然我要抓人了。

永冈久茂一听要抓人，以为事情败露了，高喊一声："同志们动手！"

这个倒霉的警察就被人一刀砍倒在血泊之中。

一看见了血，永冈久茂知道事情闹大了，干脆一不做二不休挥手道："既然如此，那我们就正式开始行动吧！"

按照他的计划，这 13 个人将南下千叶县，先攻占县政府，再袭击当地的佐仓镇台。事成之后一路北上，赶到日光稍作停顿，并且在当地招兵买马扩充人手。最后率领部队一鼓作气冲到永冈久茂的老家会津，占领若松城当作根据地，跟明治政府来一场持久战，以响应昨天在山口县闹事的前原一诚。

结果就是一个警察倒下去，千万个警察冲出来。就在满怀豪情壮志预备大干一场的这 13 位老兄还没来得及走下思案桥时，一大帮子片警、刑警接到群众报案，知道了有人暴力袭警，纷纷赶到现场。双方打过照面，也没啥好多说的，拉开场子干了起来。

现在的日本警察给人的感觉就是很弱不禁风，前不久还有个报道，说一个警察估计是吃错了药或者是穷疯了，居然当街玩起了警匪一家亲，干起了拦路抢劫的勾当。可结果就在他作案成功拿着包逃跑的时候，却被两名路过的群众见义勇为地给擒获在地。而那两个人不过是区区高中生罢了，也没受过什么训练，不是啥空手道冠军、柔道冠军之类，就是普通的高中男生。

想想，警察能被高中生给按住，这警察当得还有啥意思啊。

但明治那年头可不一样，那时候的日本警察都是从以前幕府时代各藩的剑道高手中挑选出来的精英。比如我们很久以前介绍过，当年暗杀井伊直弼的刺客团里，就有一个叫菊池刚藏的，就当上了警察；而那位赫赫有名的新选组三番队队长斋藤一，后来也成了东京警视厅一名光荣的警察。虽然警察队伍中不可能人人都是斋藤一这样的极品人物，但也差不了多少，所以在一阵刀光剑影、血肉横飞之后，13 人中包括永冈久茂在内的 4 人当场被抓获，其余 9 人四下逃窜，但都被先后捉拿归案，其中逃得最远的那个一口气跑到了新潟县，但依然被乖乖地逮了回来。

被抓的当天晚上，永冈久茂就被关押了起来，然后在第二年的 1 月 12 日因为伤势过重而死在了牢狱之中，年仅 38 岁。

一连串的反叛事件把明治政府弄得措手不及，军队整天开来开去到处镇压，疲于奔命，但好在形势还不算太严峻。在这四处燃起的叛乱之火中，明治政府依然能看到些许未来的亮光。

第四章

西南战争

1876年（明治九年）11月25日，福泽谕吉的《劝学篇》第17部，也就是最终篇正式出版发行。

这书从1872年就开始写了，一写就是好几年。在第一部的开头，福泽谕吉写道：万物由天生，人类亦如此，然则天从未有生过天生的人上人，也从未生过天生的人下人，既然都由天生，那么万物都是平等的。

这种轻快的语调以及浅显易懂且容易深入人心的道理很快就受到了广大日本人的欢迎，这套书的销售量一下子就飙升到了20万册，同时也有很多书中的内容被当时的中小学选入了教材。算上盗版的话，基本上100个日本人里就有一个人拥有一本《劝学篇》。

在该书中，福泽谕吉阐述了人民大众应该独立、自主、解放、自由、平等的主张，并对于一些持续了很久且依然在日本很有市场的封建陋习进行了深刻的批判。尽管书中的言辞尖锐，但关于书名他却并不打算用什么很强势的词语。

因为在他看来，教育虽说不是什么放任自由的事情，但也谈不上强制，为教育者只能对受教育者进行谆谆教诲。所以，为了表明他是“推荐”“劝说”别人去学习，并接受自己看法的这种观点，这本书的名字最终被定为《劝学篇》。

因为篇幅问题，所以我们实在没可能把这 17 本书一本本讲下来，所以就挑其中一些主要的简单说一说吧。

贯穿这部书全篇的，除了平等之外，还有一个词，那就是独立。

福泽谕吉这一辈子，把独立看得很重，不管是国家的独立还是作为国民的个人独立，他都觉得是一件特别重要的事情。比如在书中，他就明确指出，一个人只有独立了，才有可能去修身、齐家、平天下，而作为一个国家来说，如果它的国民们各个都能独立，那么这个国家必定是独立富强的。

在关于学问这个话题中，尽管福泽谕吉依然有着自己的看法，但还是没有脱离“独立”二字。比如在提到做学问的目的的时候，他就明确表示，做学问的目的不是成为知识分子，而是利用学到的知识促使国家独立，只有这样，学问才能发挥自己真正的作用。而对于维新之初日本出现的一些盲目全盘西化的提倡以及趋势和做法，福泽谕吉也指出：学习西方绝对不能是一味地单纯模仿，而是要能够在他们的基础上进行独立创新，这样于国于民才有好处。

这本书存在的一个最大的意义应该说就是“开民智”。一大批看了《劝学篇》的日本人记住了自由、民权等词汇，同时也因上文提到的，他的文章进了小学的课本，所以也给广大的日本青少年留下了深刻的印象。这帮人带着这样的印象，走出了校门，走进了社会并且以此来改造社会、改造制度，这里边就包括了我们曾经提到过的“日本骑兵之父”秋山好古。

这一年的 12 月，在日本有一批人感到特别高兴，那就是三菱商会的全体员工，因为在这一年的这一月，他们每个人都多拿了一份数额为5日元的额外工资。那时候5日元很值钱，相当于现在的5万日元都不止，所以拿到这笔钱大家自然都是非常高兴的。

这是三菱商会的会计局局长庄田平五郎想出来的。他向公司提议，为了提高员工的生产积极性，在岁末的时候给每个人发相当于一个月工资的额外补助。

1893年（明治二十六年），三菱又把这个岁末补助扩大到了一年两次。

在日企混的同学们请记住这位庄田局长，因为他开创的这个制度，正是后来几乎被所有的日企都沿用了的一年两次奖金制。在今天这已经是日企的一种特色了，基本上十家里面有九家半是这么干的。

刚才我们说了文化也说了经济，现在说完了，那就继续来说叛乱——最大的也是最后的叛乱。

2月15日，大久保利通正在看报纸。此时在明治政府中，三条实美依然是象征意义大于实际意义的太政大臣；岩仓具视则在搞华族学校，教育贵胄子弟，这个我们以后说；而木户孝允则生病了，正躺家里休息。所以，整个中央政府唯一能够说了算的，只剩下大久保利通了，换言之，此时大久保利通就是日本国政的实际操盘手。

这时候突然就有人跑他跟前，说大人又有人造反了。大久保利通非常无力地表示这年头造反的实在太多了，都不是什么新鲜事儿了，不造反那才是新闻呢，所以你要淡定，别那么慌张。接着又问说："哪儿造反了，仙台还是北海道呀？"

"报告大人，是鹿儿岛那边起兵了。"

大久保利通心说我的天，居然连我的老家也反了，这日子还让不让人过了？

接着他赶忙又问："是何人带的头？"

"是西乡隆盛大人。"

要说大久保利通的心理承受能力那可真叫得上是一个好，这事儿要搁三条实美身上估计当场就该又疯了，但大久保利通却很沉得住气，正襟危坐，两眼定定地望着前方，半天没能说出一句话来。手下生怕利通不在沉默中爆发就在沉默中变态，慌忙摇了摇自己的领导："大人，大人，您没事吧？"

许久，大久保利通露出了欲哭无泪的神情，缓缓地开了口："居然……居然连他也反了……"

这可真是天大的事情。要知道，其他人比如什么前原一诚、永冈久茂之类的反了也就反了，他们这种人说难听点官当得再大也是小角色，什么会津藩什么松阴门下，都一样，这明治政府办公室一下班出来一群人一块砖头敲过去砸死十个六个是松阴门的，根本不值钱。再说这西乡隆盛是什么人？维新三杰之一。换句话讲，就算说明治政府的江山是他打下来的，那也没错。

可这就奇怪了，哪有自己打下江山后再来造反推翻这个江山的？莫非是吃得太饱没事干？

西乡隆盛的确每餐都吃很饱，而且也很胖，身高 1.8 米，体重 220 公斤，放到今天绝对是相扑选手的不二人选。但他还不至于胖到没事找事来减肥的份儿上，所以，对于他为啥这么干，那就有必要好好探究探究了。

话说 1873 年（明治六年）征韩论战失败后，西乡隆盛递交辞呈回到了老家鹿儿岛。要说当时走的人远远不止他一个，什么板垣退助、江藤新平之类的也都辞了职，之后打台湾的时候，木户孝允也走了人。但后来除了江藤新平造了一把反之外，其余的高官基本上都回到了明治政府继续当官。这些人回来的方式几乎也相当"清一色"，都是被“请”回来的，就是说中央政府觉得没了你们不行，或请几个使者备下厚礼，或者为了节约钱直接来一道“圣旨”任命你做个啥官，总之千方百计地把这些大爷请了回去继续干活，因为谁都知道，要是没了这些个人，那刚成立的明治政府就该转不动了。当然，这仅限于高官，那些普通的小官公务员的，爱走不走，反正有的是人顶缺。可唯独西乡隆盛走人之后，就纯粹是每天窝在家里，要么就是带着一条猎犬漫山遍野地赶着兔子跑，实在无聊了就去泡个温泉啥的，日子倒是过得挺舒坦，可就是没人来请，这不得不说是相当奇怪的。个中原因，我们放在后面再说。

不过因为他是萨摩的骄傲，所以走到哪儿都能受到各界各地的热烈欢迎，上到县令大山纲良，就是当年寺田屋出场的那位剑豪；下到街边摆地摊倒卖进口货物的打桩模子，但凡看到西乡隆盛无不恭恭敬敬客客气气地称呼一声西乡老先生，就差一个德高望重来形容了。所以我们也能明白这么一件事儿，那就是为啥之前江藤新平来找他一起合伙造反被拒绝了，换你过着这种神仙般的日子也是不肯造反的。不过，就在这舒适的环境中，西乡隆盛丝毫也没有忘记家乡人民。

事实上，前面我们曾经说过，自打西乡隆盛下台后，一群原本在明治政府里做公务员的萨摩出身者也跟着一起纷纷辞职走人，其中血气方刚的年轻人特别多，大家一起回到了家乡，这鹿儿岛县内的无业游民数量就这么噌噌地往上蹿了起来。大伙都是年轻人，又没啥工作，而且在东京当惯了干部也不肯种地，于是就这么一批批地在家蹲着。蹲久了自然得出去转悠，转着转着，大家又都是年轻人，难免有个磕磕碰碰，打个架啥的，再加上无业，日子过得苦，偶尔出现个一小撮人偷鸡摸狗也不意外，如此一来，这治安就算是彻底恶化了。

对此，西乡隆盛感到非常痛心。他觉得长此以往，国将不国，于是便自己出资再拉了一些赞助，在鹿儿岛办了个私立学校，也没起啥特别的名字，就叫鹿儿岛私学校，然后把那些萨摩二流子给一股脑儿地招了进来。对于学校的管理方法，西乡隆盛说得特别明白，他表示这帮子人当年野惯了，又当过一阵子大爷，所以绝对不能让他们继续松松垮垮下去，要实行军事化管理，不但行动要听指挥，每天还得进行刀枪训练，跟真正的军人没啥两样；同时，学校还配备了许多当年一流的硬件设施，比如来福枪、大炮等；不仅如此，软件设施也没落下，学校的老师们都是当年萨摩藩的风云人物，比如铁炮教练是被胜海舟誉为“不亚于大久保利通”的村田新八，其他的比如桐野利秋、筱原国干等人也应邀加入了教师队伍，放下武士刀搞起了教学育人。对于这所学校，县令大山纲良也给予了极大的支持，不仅批地皮给经费，还默认了他们搞的那些军事训练，甚至在学校开学典礼的时候亲自去参加并且发表了重要讲话。在鹿儿岛各方面的支持下，学校越办越好，规模越来越大，搞到最后，不但办学，还组了个党，叫私学党，党员包括西乡隆盛在内的所有私学校的教师以及学生。

私学党成员里，学生毕业了往往进入鹿儿岛县的警视局当警察，老师则同时兼任县内各区的区长。一时间，整个鹿儿岛县半数以上的区长都是私学党，整个县也基本处于一种孤悬中央政府统治之外的半独立状态中。

就在私学党横霸鹿儿岛的时候，也就是明治政府颁布废刀令的那会儿，全日本都燃起了熊熊的造反之火。对于这种把自己作为武士的最后特权也给剥夺的行径，鹿儿岛县内也是怨声载道，特别是学校的师生们更是对明治政府骂不绝口，几乎是天天骂，饭前骂一次睡前骂一次，风雨无阻。所以当前原一诚雄起的那会儿，整个鹿儿岛都很沸腾。而此时西乡隆盛正在泡温泉，接到报告之后，他对身边的随从桂久武指示道：“你现在赶紧让人到下面去看看，如果发现有年轻人因为前原他们造反而感到特别高兴的，要及时阻止这种情绪，万一挡不住的话，你赶紧回来报告我。”说着西乡隆盛连温泉也不泡了，从池子里站了起来向岸上走去，“现在这个节骨眼上都乱个毛啊，北面跟俄国的外交都没有搞妥，国内再这么弄，是不是不想混了？”

桂久武下去调研之后，马上就回禀了西乡隆盛，说大人事情有点不太对，年轻人们不但有高兴的情绪，有的甚至还想响应一把，咋办?

西乡隆盛有点着急了，但私学党有上千人，大家兴高采烈如同过节，你也没本领去挨个让他们不高兴呀，现在唯一能做的，也就只能是静观其变了，说难听直白点的话就是脚踩西瓜皮滑到哪里是哪里。

在这种情况下，明治政府的上层也觉得有点不太对劲了。因为他们眼看着私学党越做越大，几乎就有走出鹿儿岛，冲向九州的趋势了，所以他们决定一边严密监视鹿儿岛动向，一边派几个人去看看究竟咋回事儿，是不是真的想要造反。同时，生怕有个万一的陆军省也作了安排，决定将鹿儿岛县内的火药库中的弹药逐年运出，以防不测。

1877 年（明治十年）1 月，明治政府特派小分队共计 24 人来到了鹿儿岛县，他们的领头是一个叫川路利良的人。这人是萨摩出身，具体的经历也没啥好讲的，无非就是中下层出身，跟着西乡以及大久保闹革命，功成名就之后当了官。说白了明治政府里当官的几乎都是这种履历，一般长州的跟高杉晋作、桂小五郎等人，土佐的跟坂本龙马或板垣退助之类。所以在这里我宣布一下，但凡以后讲到新面孔，基本上只要不是什么特别厉害的角色，那么人物介绍我们就一律从简。这位川路利良，一句话说来，就是日本的警察之父。他曾经去法国考察学习警察制度，在留学期间，还搞出了一件有名的丢人事件。

且说某日川路利良坐火车从马赛去巴黎，在列车上突然就觉得一阵肚子疼，顿感便意尤浓，于是起身去了厕所，却发现里面有人。本来碰到这种事情在外面等等也就是了，可或许那天情况的确过于特殊，总之川路利良是憋不住了，情急之下他想了个辙，拿出了一张随身携带的报纸平铺在地上，然后就地解决。

要说这也是无奈之举，虽说挺丢人的可好在当时也没人看到，更何况人人都有这种紧急情况发生，也不能说他做错了。但接下来的事情就相当骇人听闻了，因为报纸包着便便实在是携带起来不方便，而且其味道特别，就算带在车上也肯定会被人发现，所以在这种状况下，川路利良当场果断地拿起那团东西大步走到车窗前，一扬手一挥臂，便便就此飞出车窗。

本来事情到这儿就算是完了，可问题在于他老兄运气奇差，这团大便居然偏巧砸到了一个正在铁路边巡视的铁道工头上。出来上班被大便砸了头，这种心情我想不用多说大家也该明白。火冒三丈的铁路工拿着这团便便直冲当地派出所，说是要追究这个无耻的日本人。

当天，川路利良就被叫去了警察局谈话，然后通报国内，外务省出面道歉，搞到后来连正在美国访问的岩仓具视都知道了，他去法国访问的时候还特地去看了看这位猛人。并且，在那几天的法国报纸上，铺天盖地地都是“日本人用大便砸人”之类的新闻，弄得全国同胞都很没面子。

现在，肯定会有人问这么一个问题：这法国人为啥能知道丢大便的是川路利良？就算他看到了作案的那一瞬间，可当时火车在高速运行，是绝对看不清脸的。

对此，我的回答只有两点：第一，当时坐那班火车的日本人，只有川路利良和他的同伴这一拨人；第二，那张用来包大便的报纸，是他从日本国内带来的日语报纸。

我们回过头来，再说这 24 个人几乎清一色都是萨摩出身，且是带着任务来的。他们表面上是衣锦还乡，看看老家的发展情况并代表明治政府探望老一辈革命家、诸高官的好伙伴西乡隆盛同志，但实际上，是来刺探鹿儿岛私学校的一些情况，看看那里的人有没有造反的预谋，顺便在私学校搞一搞离间，把学生们给分化一下，好让他们脱离鹿儿岛，心归中央政府。

且说抵达鹿儿岛之后，川路利良叫过跟着自己一起来的手下中原尚雄吩咐道："如果这次情况一旦有变，那么我们就抢先一步，先下手为强。"

中原尚雄有点莫名其妙，忙问怎么个下手法。

"将西乡隆盛给暗杀了。"川路利良目露凶光地说道。

暗杀西乡隆盛是大事，中原尚雄听完当时就害怕得心里七上八下，整个人如同吃了个苍蝇一般想吐可又不敢。

很多人其实都有过这样的经历，一旦知道什么了不得的事情后，明知道不能乱说，却总有一种想找人倾诉的欲望。最终中原尚雄没能忍住，告诉了一起去的谷口登太，然后谷口登太也没忍住……就这样，因为大家都没忍住，所以最终让私学校的人给知道了。

这么一来的话事情就闹大了，你在萨摩说要杀西乡隆盛就跟在美国说要杀华盛顿一样，这是绝对逃不出广大革命群众的手掌心的。所以没过多久，那 24 个人的住所就被广大的萨摩人民给包围了起来，一阵拳打脚踢之后，被擒了 23 个人——唯一跑掉的是川路利良，他在私学党冲过来之前就听得了风声，一个人逃回了东京。

抓住了一顿打后，鼻青脸肿的中原尚雄他们在萨摩人的棍棒皮鞭之下招供了一切，包括来萨摩做间谍、离间私学党以及暗杀西乡隆盛。口头说说不算，每个人还写了自白书，画了押，算是告诉大家这事儿千真万确绝对没假。

接着，不管是私学校的师生还是周围的围观群众都清一色地愤怒了，他们没想到这群吃萨摩米喝萨摩水长大的白眼狼，在东京混了个一官半职之后居然要回来刺杀自己当年的老上司西乡隆盛，如此不忠不孝，着实不能饶恕。更可恨的还不是他们，而是幕后的那些东京中央政府的高官，在当年打天下的时候，靠的都是西乡隆盛；现在天下打下来了，人走茶凉不理不睬也就罢了，可居然还来个过河拆桥，鸟尽弓藏，实在是过分得不能再过分了。

既然这样那还有啥话好说，干脆反了算了！

于是，私学党们把这抓来的 20 多个人绑成了粽子往小黑屋里一丢，回到学校拿起家伙集合了起来，这人数相当可观，有千儿八百。然后大家聚集在一起商讨对策，最后决定分两步进行：第一，大部分人抄起家伙出去运动运动，目标是鹿儿岛火药库，把那里一举占领了，这样以后杀人放火至少子弹不缺了。这个工作看起来气势不小，但其实压根儿就没啥技术含量和劳动强度，毕竟当时的鹿儿岛基本就是私学党的天下，他们去占火药库就跟你占你家卫生间一样简单，不过几天，鹿儿岛县内的各个武器库火药库就都被占领了。2 月 2 日，得到初步胜利的私学党们开始了第二步计划：派人通知西乡隆盛，想拉他出山做造反派头头。

这时候西乡隆盛在鹿儿岛的大隈山里打猎，听到消息之后半晌没能说出话来。

手下也想像之前我们说的大久保利通的手下摇大久保利通那样去摇一摇西乡隆盛，生怕自家老大一下子闷过去再也起不来，不过很快他就放弃了，因为西乡隆盛太胖，摇不动。

大概过了五六分钟，目光呆滞的西乡胖子艰难地张开了嘴："我的天，这下闯祸了。"

然后，他终止了打猎，立刻赶回私学校，想劝那帮家伙们停止这种愚蠢的行为。但最终没能奏效，同志们的热情都已经迸发出来了，大家一看到西乡隆盛更是热情四溢，纷纷齐声高喊口号，要他来做老大，场面极为狂热，一度差点失控。

现在说什么都晚了，武器库也抢了，火药库也占了，都已经举着武器欢呼反动口号了，这形势如同离弦之箭，再也不能回头。如此发展下去，反是肯定的，问题是自己该怎么办，如果表示不参与并且和这群人划清界限，那么东京方面的人会信吗？应该百分百是不信的吧，就算信，可这些参与的人都是自己学校出来的门生，自己也根本脱不了干系啊；就算脱得了，可哪有眼睁睁看着学生造反而在一边做甩手掌柜的校长？

想了半天，西乡隆盛一咬牙一跺脚：丫的要反大家一起反！

总的来说，他的谋反基本能被定性为逼上梁山的那种。不过既然反都反了，那就别后悔了，赶紧开战吧。

当下，西乡隆盛召开了军议，讨论造反后的路该怎么走，经过大家的激烈讨论，最终定下了上中下三个方案供筛选参考。上策是开着军舰直杀横滨东京，一鼓作气搞一场登陆战，占领中枢地带，大事成矣；中策是走陆路，从鹿儿岛北上攻略全九州岛，具体分两步走——第一步是攻占隔壁的熊本县，第二步是以那里为跳板攻占福冈、长崎等地，继席卷全九州后再图本州；还有一个下策，就是召集所有人马，穿好礼服带好家伙，堂堂正正地朝东京走去，光明正大地来到皇宫前，大声地问天皇以及中央政府各高官：你们为啥要派人来暗杀我们敬爱的西乡同志?

最后西乡隆盛考虑下来，觉得上策太急，下策太傻，还是中策比较好。

2 月 15 日，西乡隆盛正式宣布起兵反政府。19 日，收到了消息的明治政府立刻以天皇的名义下发了诏书，声称那群人都是不合法的朝敌。接着，天皇任命了有栖川宫炽仁亲王为征讨总司令，当然，因为这哥们儿纯粹是借着皇族的光转了个职，真正负责讨伐实际工作的，则是山县有朋和川村纯义两个，当天他们就开始整装点兵，准备从东京出发。22 日，西乡隆盛带着私学党以及临时招募的鹿儿岛各地旧武士还有精壮农民共计 2 万余人赶到了熊本城下。

当时的萨摩军由十个大队组成，我们下面简单地介绍一下。

首先是狙击队，这个队的主要责任是保护老大西乡隆盛，类似于敢死队，队长叫蒲生彦四郎；接着是负责后勤的运输部队，日本话叫荷驮部队，负责人是桂久武；再然后是贵岛队，队长叫贵岛清，这个队属于自由人队，就是哪里少了人了他们填上去，哪里有缺口了他们补上去。接下来就是七个正儿八经的作战大队：第一大队，大队长筱原国干；第二大队，大队长村田新八；第三大队，大队长永山弥一郎，这个人虽然是第一次出现，但其实资格很老，当年寺田屋事件的时候就是跟西乡从道他们躲在楼上，后来看在年少初犯的分上被赦免了；第四大队的队长是桐野利秋，算是我们的熟人了。第五大队队长是由一个叫池上四郎的人担任，这人从小就很聪明，所以还被公派到江户去游学了一阵子；萨英会战的时候，他还是一名光荣的西乡敢死队队员。顺便一说，池上四郎在征韩论战的时候，还被西乡隆盛派去朝鲜搞谍报侦察，在此过程中，他甚至还深入到了中国的东三省，这是日本近代史上第一次跨国军事侦察。第六和第七大队的大队长分别是越山休藏和儿玉强之助，而这两个大队又被合并起来成了一个联合大队，取名叫独立大队，大队长叫别府晋介。这个人是桐野利秋的堂兄弟，也算是萨摩的风云人物了。早在会津战争时期，他就跟着川村纯义参加了十六桥争夺战，并且勇率自己的小分队立下赫赫战功。明治维新之后，他出任了兵部省的军官，在征韩论战的时候跟池上四郎一起出国搞军事侦察。在刺探朝鲜军情后，他写信回国表示："韩国八道积贫积弱，如果真的要打的话，最多也就两三个小队足矣。"

以上就是西乡隆盛的全部家当了，基本上每个大队下面有十个小队，每个小队有 200 来人。

说完了萨摩再来说熊本，熊本城守将是我们都认识的熟人——原土佐藩藩士谷干城。这位老兄当时担任的是陆军少将，熊本镇台司令长官，负责地区的防务。同时在城里的，还有好几个重量级人物：参谋长，桦山资纪中佐，后来在甲午战争日本海军的胜利中起到了重要的作用；副参谋长，儿玉源太郎少佐，日俄战争中的大功臣；步兵第十三联队队长，川上操六少佐，日后的日本陆军参谋总长，和儿玉源太郎以及台湾的第二任总督桂太郎一起被并称为"明治陆军三羽乌"。

虽说都是狠角色，但也盖不住对方人多，当时汹涌而来的萨摩军有 2 万余人，而城里总共不过 4000 人，要是出城迎战那肯定得被对方三下五除二干掉，所以唯一的办法就是龟缩城内，一边固守一边等待援军。

早在 2 月 19 日，萨摩军还没开到的时候，谷干城就做起了准备工作。他先是放了一把火，把城下的建筑给烧了个精光，接着又在方圆十几里的地方找粮食，找到了之后能运走的统统运走，不能运走的一把火全部烧光。

22日早上，第五大队的池上四郎来到了城东一条名为白川的河边，架起了大炮，在毫无通知的情况下，突然下达了开炮的命令。

随着这声炮响，日本明治维新之后最大的也是最后的内战——西南战争，正式拉开了帷幕。

一看到池上队发动了进攻，负责正面攻击的桐野利秋也立刻响应，率队从城的东南方发起了进攻，不过因为对方防守得很拼命，所以桐野的第四大队拼死拼活一上午，都没能前进一步。在此期间，熊本守军伤亡惨重，桦山资纪都被炮给轰了一下差点就离开人间了，但尽管如此，大家却依然一步不让，死死地守在自己的阵地上。

另一方面，在熊本城的西侧也迎来了筱原国干和村田新八这两个人的部队，但跟其他人一样，他们苦战了一上午，连一块城砖都没能啃下来。

22日一上午，2万萨摩军毫无建树。

包括西乡隆盛在内的几乎所有萨摩军官都觉得很邪门。要知道，暂且不论人多人少，就说这萨军的战斗力，在当时的日本也是一等一的，而且在此之前大家都是专门玩杀人放火的职业丘八，而自己的对手则是借了“全民皆兵”这个风头被从下面征上来的老百姓兵，这群人以前从种田到摆地摊，干什么的都有，就是没几个杀人的。所以在开战当初，村田新八等人还相当嚣张地说过：“一群老百姓懂个毛打仗？看老子两小时就拿下这座熊本城。”而桐野利秋就更跩了，跟手下说：“这种地方，老子拿着竹棍敲两下他们就投降了。”

结果这牛吹大发了，吹破了。所以当天晚上的军事会议上，新八和利秋一句话都不说，低了头整了一个罗丹的“思想者”，态度特别诚恳。

其实大家都很郁闷，一群干了好多年的职业丘八被比自己人数少上 1 万多的刚出道混的老百姓给打成这德行，任谁都想不通。

不过，形势倒也不算一片漆黑，依然是有好事儿发生的。由于废刀令这玩意儿得罪的人实在太多，以至于九州的很多士族一听说西乡隆盛举兵造反，都纷纷响应，连夜拉帮结伙地跑到熊本城下投靠。比如原熊本藩的同志们就组成了熊本队、龙口队和协同队，人吉藩（熊本县人吉郡）的组成了人吉队，总共先后有 12 支这样的队伍赶了过来，人数达到 1 万多。这 1 万多人自己给自己起了个名字，叫党萨队，就是以萨摩为党的意思。

大大扩充了队伍的西乡隆盛非常高兴，当即下令召开军事会议，讨论下一步该怎么走。在会上，西乡隆盛表示，现在人多了，富裕了，所以没必要大家都挤在这熊本城下单恋一枝花了，可以先分出一部分兵力北上，攻打长崎和马关，再留一部分人下来继续围熊本城，这样一能节省时间，二能给明治政府造成“遍地开花”的心理恐慌。同时，一直风闻明治政府的讨伐军已经开始南下，现在北上的话正好能够来个拒敌于家门之外。对于这个建议，大家深表赞同，于是当天下午就决定留下 3000 人继续围城，其余的部队开始转移，其中第五大队的第二小队村田三介部和第四大队的第九小队伊东直二部组成先头共同北上，向小仓进发。

另一方面，明治政府也调遣了九州各地镇台南下救援熊本城，走得最快的，当属小仓镇台的第十四联队，也就是乃木希典的部队。这哥们儿在 2 月 18 日还没开打就已经受命起程南下了，其实按照他原来的设想，是打算抢在萨摩人之前赶到熊本城，然后入城一起参与防守来着，结果走半道儿上就远远望见了熊本城方向升起的硝烟，心知有变的乃木希典当即下令停止前行，就地休息，然后独自考虑起了对策。

在这里我们先简单介绍一下当时的地形，让大家能大概知道哪儿是哪儿。话说在萨摩人包围的熊本城的北面，有一个高地叫向坂，向坂北面有一块平地，叫植木。而植木的东北面有两个地方，靠近它的叫千本樱，离得稍微远一点的，叫田原坂；而植木的正北面，是一个叫作山鹿的地方；从北到南，山鹿、田原坂和植木这三个地方组成了一个钝角三角形。在山鹿的西面，有一座叫木叶山的山，这座山再往西有个地方叫高濑。

第五章

乃木希典

且说这时候第十四联队有三个大队，乃木希典南下的时候，为了达到快速移动的目的，只带了其中一个大队。而在进入熊本境内后，他又实行了分流，让自己带着第一、第二两个中队走西边的高濑，而第三中队多人从东面的山鹿行军。

所以不管怎么看，乃木希典现在最好的选择就应该是撤退，跟其余的那几个中队大队集合在一起，整顿再作打算。但这位老兄的性格有点问题，说得好听一点叫作认真，说得难听一点就是死心眼。他觉得上头是让自己来救援熊本城的，现在一枪不放直接回家，属于违背军令，不是新时代日本军人应有的行为，所以在想了大概一刻钟之后，乃木希典果断下令全军继续前行，打算带着这两个中队跟萨摩人打游击战。

22 日傍晚时分，三个小队在植木会师，然后乃木希典从中挑选出 200 精锐，继续南下，打算从西南方向对萨摩人发起突袭。而另一方面，正在移师北上的萨军也得知有这么一支不怕死的小分队正往自己这里靠拢过来，于是便派出了先头部队村田三介部、伊东直二部以及第四大队的第五小队永山休二部共计 600 余人前去迎战。

因为就知道有敌人靠近，具体多少人也不清楚，所以村田三介等人也不敢轻敌，他们在熊本城西北面的向坂高地上布下了阵线，静静等候对手的到来。

当天晚上7点左右，村田三介部发现自己阵地前方出现了一支来历不明的军队，人数不多但移动速度却很快，他立刻作出判断：这是敌人的侦察部队。随着一阵枪响，战斗正式开始。不过因为对方纯粹是来搞侦察的，没啥战斗力，所以一看到萨摩人这副气势汹汹的样子便立刻背过身子打算逃走。村田三介自然不可能放弃这种痛打落水狗的机会，当下率部追击，一边追一边放枪，放到后来子弹都打光了，只能原路返回。而他旁边的伊东直二就比较猛了，这位老兄也是在追侦察队，然后一追就追到了乃木军位于植木的阵地上去了。在一阵激烈的交火之后，伊东队的子弹也打光了，于是小队长直二当即下令：把枪丢了，换刀！

接着，抄着砍刀的伊东队和从后面装上弹药重新上阵的村田队一起，高喊口号向乃木军发起了冲锋。要说这双方都在野地里，无依无靠没天险，老百姓出身的政府军就自然不是萨摩那群职业丘八的对手了，一时间他们兵败如山倒，一退就是数十里地。而之前在熊本已经打了一天，现在连一口水都没来得及喝的萨摩人也紧跟着又追了数十里。乃木希典看着对手如波涛汹涌一般连绵不绝打不死甩不掉都快要急得上吊了，可就当他一边逃一边解裤腰带打算勒脖子的当儿，突然惊奇地发现，萨军好像不追了。

乃木希典觉得很奇怪，但他来不及细想，忙不迭地趁着这个机会又拉着部队后撤了好几里，一直退到离开原先的植木战场有8公里的千本樱才止住了脚步，即便在这个时候大家还是没闹明白，这萨摩人咋就不追了呢？

不是不想追，是追不动了。人家打了一天跑了一天要再能撵着你十几里然后消灭你，那就不能叫萨摩人而该叫赛亚人了，还是超级的。

惊魂未定的乃木希典一边抚着胸口一边下令清点人员，看看损失。这一点不要紧，他惊讶地发现，一个叫河原林熊太的少尉不见了。

按说这战场上枪林弹雨血肉横飞的，别说少一个少尉，就是他乃木希典少佐亲自为国捐躯那也实属正常。可对于乃木希典来说，整个联队都能灭，唯独这个少尉不能消失。倒不是两个人之间有啥特殊的关系，纯粹是因为河原林的职务是军旗手，负责联队的军旗掌管事务。现在他人不见了，那面画着太阳光芒四射的军旗也随之蒸发了。其实，人倒是小事，一个联队有七八百个，随便死个人在战场上也是常事，死绝了他乃木少佐最多也就哭一下，但军旗可只有一面，而且乃木希典这个偏执狂始终认为这玩意儿象征着皇恩浩荡，是天皇对自己的信任，看到旗子就能想到天皇，就跟我们现在恋人分居两地买个对戒，看到戒指就想到爱人一样。

然后他就真的疯了，狂叫着要回到之前的植木战场寻找那面旗子，然后被手下一把拖住——这是肯定的，好不容易逃出来了你还打算带着我们再往火坑里跳?

乃木希典想了想，看似稍微平静了一点："那我一个人去，就是死，也要把军旗给扛回来。"疯了，真的疯了，人都死了你还怎么扛？诈尸啊?

第十四联队里有个姓村松的曹长一把拉住扛着枪挎着刀往兜里揣了几个饭团就要开路的乃木希典，一边往回拖一边哭喊着："联队长大人，不能去啊！不能去啊！"

听着这撕心裂肺的哭喊声，乃木希典却依然不为所动，表示自己一定要去。就在这个时候，外面跑回来个侦察兵，对乃木希典说，大人你也别去了，萨摩人已经自己来了。

原来，就在第十四联队甩开追兵单独逃命以及乃木联队长纠结于那面破军旗的当儿，萨摩援军共计 1800 余人对他们展开了继续追踪；而此时乃木希典手头上除了昨晚被打剩下的残军 100 来人之外，原先被他留在植木的老弱病残也一起跟逃了过来，所以总共有 700 人不到，是对方的三分之一多。现在要逃估计也来不及，乃木希典再也顾不上军旗不军旗了，只得硬着头皮开始在当地的木叶山布阵，准备迎敌。

23 日早上 8 点，政府军方面的侦察小分队在木叶山东边儿跟追过来的萨军相遇了。带队的是一个大尉，姓宇川，他一看这架势就知道自己打不过人家，连忙下令往山上逃。而在山上往下看的乃木希典也看到了这个情况，当下下令部队下山，由北向南一字展开布阵，准备迎接杀过来的萨军。

这天 8 点半，战斗正式打响。打到下午 1 点，政府军不行了。北阵线由乃木亲自指挥，情况还好一点，至少还在硬撑着；而南边阵地的指挥官是吉松秀枝，也是少佐，职务是第三中队的队长，他因为离萨军近，而且还是位于山口，所以挨打挨得特别厉害，几乎就要全军覆没了。

在这危急时刻，吉松秀枝连续数次派人向乃木希典求援，说大哥你给我几个人吧，不然就真的撑不住了。

结果从乃木那里传来的第一个回答是：没有回答。传令兵也没回来，估计半道儿上被人给轰死了。第二个回答很大众化，我们电影里经常能看到：坚持到底，就是胜利。吉松秀枝快疯了，他第三次派人过去求援，话讲得非常可怜，说是哪怕就给十个人也好。

这次援军很快就来了，就在吉松秀枝高兴万分的时候，他猛然发现不太对劲儿，怎么就来了一个？而且这援军长得好脸熟啊，再一看，原来是乃木希典本人。

“实在抱歉，全军已经没有余力再来支援你了，所以只能我过来，和你一起协同指挥。”

吉松秀枝浑身开始颤抖了起来——我估计是被气的；眼泪也流了下来——这估计是伤心的。然后他说道：“您是全军的指挥，不宜在此地久留，我一个人就行。”

最后吉松少佐把乃木联队长给送走了——把自己的马给了对方让他骑着走，因为乃木希典在一开始的时候是走着来的。

个人揣测，吉松秀枝当时一定是处于一种崩溃的心态，然后如同送瘟神一般把乃木希典给送走，就差对他说大哥我服了你了，仗都打成这样了你还敢出来晃荡到我的阵地上添乱，不给援军就不给呗，干吗还走秀啊？我晕！

下午 3 点左右，南阵地失守，吉松少佐战死。

傍晚时分，眼看着再也无法支撑下去的乃木希典下达了撤退令，目标是更西面的高濑。结果在路过木叶山脚下一个叫稻佐的村庄时，遭到了迂回至此的萨摩军的侧面奇袭。混战中乃木希典的战马被人一枪打中，他本人也被掀翻在地。就在这性命交关的时刻，身边的一个少尉挺身而出，替他挡了两发子弹，最终以自己的生命拯救了自己的上司。

不过最终时刻乃木希典的好运还是来了，因为原本紧紧跟在后面的萨摩人突然就停止了追击，他见此状连头也不敢回地继续朝北狂奔，一口气跑到了高濑，回头望去再也没有人赶来，这才稍稍安了心。

再说这萨军，原本追打着落水狗相当欢快，但结果突然传令兵就跑到村田三介这里，说大人上头有命令，让您原地休息。同时，伊东直二他们也收到了一样的军令。

几个指挥官非常听话地让队伍停住了脚步，然后一边原地休息一边等候进一步的指令，结果命令下来了，就六个字：传错了，您继续。

这道命令其实是发给永山休二他们一个部队的，但不知道是哪个环节出了差错，变成了让三个小队共同止步。说心里话大家都很胸闷，毕竟这么好的一个全歼敌人的机会就如此白白溜走，换谁都不爽。

说一句稍微有点夸张但绝非乱说的话，这道错发的命令，其实在相当程度上改变了这场战争的进程。如果当时真的继续追击下去的话，乃木希典势必全军覆没，而其他的政府军根本就还没做好战争准备，那就是一打一个准，搞不好战况就能从此改变了。

对此，后来一些西乡隆盛的粉丝为了给自家偶像增光添彩一下，便提出说，西乡隆盛是考虑到战线扩大后容易影响老百姓的生活，所以才下达了停止追击的命令。这个就比较扯淡了，西乡作为武士出身的职业军人，自然知道一旦战争开始，老百姓铁定过不上好日子，他要真那么“关心”百姓疾苦就不反了不是？

几仗打下来，收到报告的东京方面急了眼。他们觉得这新练出来的农民兵实在是磕不过那帮旧武士，要想依靠镇台打赢战争，唯一的办法就是在数量上压倒对方；可大军调动需要时间，估计还没等开到九州，西乡隆盛他们就已经打到大阪港了。

陆军省的大伙每天都很痛苦，大家每天开会的议题就只有一个：九州怎么办。但讨论来讨论去都没能有个结果，毕竟调兵要时间，调大量的士兵要大量的时间，一时半会儿根本赶不上，现在最要紧的就是能够找到一支部队，这支部队必须要满足两个条件：第一，人不能太多；第二，要能打。可是放眼此时全日本的各镇台，符合这俩条件的部队是不存在的。不过，活人终究还是不能被尿给憋死，某次会议上，突然有人一拍桌子：“有办法了！”

众人忙问啥办法。

“让警察去。”

这真是个好办法。要知道，当年日本的士兵有很多是从一辈子没拿过刀没见过血的老百姓里挑选出来的，可那些维护治安的警察，特别是东京的警察，每个都不是省油的灯，之前我们也有介绍过。可以很负责地说上这么一句，在那个年头，日本的警察要比当兵的能打多了。

很快，陆军省就议出了个章程：先派东京警视厅的警察随军作战，抵挡叛军。如果挡住了那最好，如果挡不住，趁着挡的这个空儿，再调大军开拔征讨。

其实他们多虑了，怎么可能挡不住呢？要知道东京的这帮警察对于远在萨摩造反的那群人只能用一个字来形容，那就是“恨”。

若问原因，其实也特别简单：东京警视厅的警察们，大多数都是会津出身的旧武士。至于他们是怎么从阶级敌人转变为人民卫士的我们等下再说。

会津跟长州之间的深仇大恨我们已经讲过，而他们跟萨摩的关系当然也不好。要知道幕末的时候萨摩本来和会津站一个阵营共同对付长州，结果愣是被长州那白花花的大米给收买过去了，临阵倒戈成了幕府的敌人。会津战争时期萨摩人虽说没像长州人那样干尽所有缺德事儿，可在城下杀人放火之类的一样也没少做，公然坐在椅子上接受会津人民心目中无上至尊好领导松平容保跪拜求降的，也是萨摩出身的伊地知正治。

综合上述的几个原因以及因篇幅问题还没说的几十个原因，会津跟萨摩之间的关系完全可以用苦大仇深来形容，所以当那帮会津的警察得知能够前去萨摩杀萨贼，顿时欢天喜地、呼声如雷动，还没踏上战场，就先谱了一曲军歌，开头开门见山就是一句大白话：

“我们是官军，我们的敌人是天地不容的朝敌。”这个心情我想大家应该是可以理解的。顺便一说，这首歌就是被传唱了百年的经典之作——《拔刀队》。

带队的有两个人，一个叫佐川官兵卫，一个叫山川浩。后者是我们的老熟人了，所以就不多说了，就光说说前面的那个吧。

第六章

会津人的复仇

佐川官兵卫出生在会津藩的一个中高级武士家庭里，他爹佐川右卫门是年薪 300 石的物头。物头就是队长，管一支 20 人的队伍，手底下还有一个副手，日本话叫小头。年少的官兵卫读书很好，刀枪剑戟、弓马铳炮几乎是样样精通无所不能，而且学问也不错，在藩内属于天才少年一类，地位直逼当时的大天才山川浩。不过他的性格较之山川浩却要来得暴躁很多，经常跟人吵架，每逢吵到高潮，还要动手跟人互搏，所以时不时地要被松平容保叫去批评，甚至有一次还被勒令在家反省，可这种性格却依然不见改变。文久二年（1862 年），松平容保上京出任京都守护职，佐川官兵卫随行一起。到了京都后，他担任了学校奉行，负责留京家臣子女的教育问题，同时还担任了由会津藩精锐组成的别选组队长，一边搞教育，一边和新选组一起维护京都地界的治安。

伏见鸟羽会战之时，官兵卫在战斗中迎着对手萨摩人的枪林弹雨就冲了过去，挥舞着手里的武士刀连杀数人，从此得了个“鬼官兵卫”的外号。会战结束后，他回到了老家会津担任了朱雀队士中四番队的队长。我们之前说过，朱雀队是会津藩当时战斗力最强的军队，而士中四番队又是公认的朱雀队里最强的小队，所以，可以很负责地说，佐川官兵卫带领的这个队伍，是代表着当时会津藩的最强力量。

带着这支最强力量的官兵卫辗转各地跟明治政府军对抗，尽管作战勇猛且取得了不少胜绩，可最终还是挡不住大势已去，最终，他的四番队伤痕累累地回到了会津城内参加守城战。

在明治政府军进攻的前几天里，官兵卫写好遗书，甚至连戒名都取好了，以示自己走着出去就没打算直着回来的决心。庆应四年（1868 年）八月二十九日，佐川官兵卫正式出阵，临行前他流着泪对出来送别的松平容保说道："如果我们没有取胜，那么这辈子我再也不会回来见大人您。"

说完这句话，他就真的出去拼命了。在会津宣布投降之前，佐川官兵卫一直在城外跟政府军死磕，从阵地战打到游击战，几乎是无一不用，样样都来。

当年九月二十二日，松平容保开城投降，并且下达了所有会津藩部队停止抵抗的命令。

尽管佐川官兵卫一百个一千个不愿意，尽管他说过不胜就不回去，但是最后却依然选择了服从，然后被关押了起来。因为截止到投降，他的工资已经上涨到 1000 石一年了，算得上是会津藩的高级干部，属于重要战犯，必须严加看管才行。

本来以为自己的性命就此终结，都已经作好切腹或者被切腹准备的佐川官兵卫，在蹲了一年多大牢之后，居然奇迹般地被放了出来。究其原因，还是因为这家伙太猛太有才，上头觉得以后能堪大用，舍不得杀。

虽说活是活了下来，但日子并不好过，斗南藩那地方我们之前也已经介绍过了，你若是觉得当时在那里能过得很幸福，那你绝对是有问题的。在这极北之地吹了四年的西北风之后，1874 年（明治七年）的某天，有人找到了官兵卫，说请你去一次东京，有位大人要找你。

佐川官兵卫觉得很奇怪，自己在东京虽说有几个认识的人，比如什么伊地知正治、板垣退助之类的，但跟他们非但不是朋友，反而还是敌人。而和广大萨长同盟出身的明治政府高官虽说没啥交情，可从感情上来讲，那都是不共戴天的，现在把自己叫过去干啥？不过现在自己什么也不是了，就是窝在冰天雪地里过苦日子的穷人一个，他们还能对自己干啥？抱着这种无所谓有无所谓无的态度，官兵卫随着来人去了一趟东京。

找他的不是别人，正是川路利良。

当时川路利良刚从法国留学回来，正在日本搞警察方面的改革。虽说当时日本已经有了警察，但制度很不完善，管理也极为混乱。原本是归兵部省管的，但才接手了没几天，内务省的人就叫了起来，说是既然军队管了警察，那还要警察干吗，不如直接就让军队来维护治安好了云云。在一阵吵闹之后，兵部省只得交权，从此警察归了刑部省，也就是后来的司法省。

川路利良回国之后，引进法国的先进制度，力排众议，上奏天皇表示警察作为执法者，不应该和司法机构混在一起，要么独立出来，要么就受辖于内务省。结果明治天皇对此非常支持，在 1874 年（明治七年）的时候下诏表示：警察制度改革的工作，就交给你川路利良君了。

同年，川路利良将所有的警察机构移至内务省，并且在东京设立了警视厅，并要求各县府也一起建立警察部，归警视厅所辖。当时的警察管的事儿很多，从杀人放火到你家开个小饭馆里面炒青菜的卫生状况检查，都由警察管。

事情一多，人手就不够了。可警察又是高强度的工作，不是一般阿猫阿狗都能来做的。在这个时候，川路利良突然想到，在那遥远的地方，有一群很闲很苦也很厉害的家伙，他们就是正在斗南修理地球的前会津藩士。

要说那群人是真的苦，特别是废藩置县之后，失业率几乎高达百分百。大家当惯了武士平时也没学过啥技术，为了不至于被活活饿死，只能集体转行当了农民。可这农民哪有那么好当的，斗南这地方本来土质就差，种不出什么好东西，再加上气候恶劣，人多地少，所以尽管会津人勤扒苦做，可到头来还是连个大米饭都吃不上。

说到这里就要插上一句了，废藩置县，武士失业，当时整个日本都这样，也不是说特别欺负谁亏待谁，但面对这个问题，日本的武士们的抉择不外乎三种，而这三种抉择的典型代表，分别是旧幕臣、萨摩武士和会津武士。

第一种旧幕臣，我们之前有说，在胜海舟的带领下，大家去静冈县当起了茶叶男茶花女，大搞种茶事业，虽说发了一笔横财的是少数，但至少大多数人的温饱还是能得以解决的。

第二种萨摩藩，我们现在正在说的，人家也不跟你多啰唆，你敢砸我的饭碗我就敢砸你的江山，老子反了！

第三种就是会津藩，他们的选择是忍耐。事实上，身处失业大流中的旧武士们，绝大多数选的都是这条路，咬一咬牙忍了下去，或在澡堂子给人搓背，或上大街拉黄包车，要么就什么也做不了、什么也不做安于贫苦地过上一辈子，总之一句话，活着就行。

其实日本人是一群很能忍的家伙。

OK，现在再把话题给拉回去。川路利良是个说干就干的人，他当下就派人去了一次斗南，准备把会津藩士们的头头佐川官兵卫给请来东京，共商大计。

话说战败之后，会津藩的家老被杀了一批，留了两个，其中一个是佐川官兵卫，一个是西乡赖母。西乡赖母其实也不是人家想留他，而是他自己逃了，跑到北海道参加虾夷共和国去了，然后又兵败被俘。因为这时候战争已经全面终结，所以明治政府那边也没怎么难为他，只是很普通地关了他的禁闭，一直到 1872 年（明治五年）又给他恢复了自由身。随后，西乡赖母来到了伊豆开了私塾，当起了老师，没多久日本搞教改，私塾都给关了，他又跑到神社里当神官，就这么过了一辈子。

由于老婆孩子在会津战争的时候都死光了，所以西乡赖母收养了会津藩士志田贞二郎的儿子为养子，取名西乡四郎。这孩子长大了之后成了一名柔道高手，于 1886 年（明治十九年）代表柔道道场讲道馆参加警视厅举办的武术大会并获得优胜，随后又在各种比试中屡屡胜出，一时间成为日本最强的武者。后来，他结识了一位我们中国人都比较熟悉的日本人——宫崎滔天。然后帮着他一起支持孙中山闹革命。

再后来，他死了。再再后来，有人以他为原型写了一本小说并拍成了电视连续剧。再再再后来，这部电视剧被引进了中国，在 20 世纪 80 年代红极一时，它的名字叫作《姿三四郎》。

其实西乡赖母运气不坏，在神社里每天只要念念咒语卖卖护身符就能混得很不错了，至少要比在斗南受苦受难的那帮人强得多。自然，与之相对，斗南藩的大小事务，便跟他算是绝缘了。在斗南说了算的是两个人，一个是原来就是家老的佐川官兵卫，还有一个是后来被任命为大参事的山川浩。大参事其实就是家老，因为是新社会，所以不好用旧幕府的称呼了，故而一律改叫大参事。

当然有人肯定会问，松平容保呢？松平容保去哪儿了？松平容保哪儿也没去，依然留在江户，只不过他不管事儿了而已，整天除了吃饭上厕所之外就待在自己的房子里谁也不知道在干吗。据身边的人说他每天都在回忆，回忆过去受到孝明天皇恩宠的那段风光日子。

总而言之，川路利良要想去斗南招一批会津出身的警察，最好的办法就是先搞定佐川官兵卫和山川浩。要说山川浩这个人太聪明，川路利良根本不是他的对手，可偏偏人家这会儿不在斗南，去陆军省当官了，举荐他的人，叫谷干城。

就是那个在日光口被山川浩折磨了个半死，好不容易赶在前头抵达会津城下，可又被对方用彼岸狮子舞给大大调戏了一把的倒霉家伙。不过正所谓不打不相识，这么一弄两弄的，居然打出感情来了，而且谷干城又是个胸襟比较广阔的人，故而在他进入陆军省之后，立刻向上头推荐了山川浩，说此人有才，堪当大用。就这样，山川浩成为了一名光荣的陆军军官。

对川路利良而言，这无疑是个好消息，因为这样一来，他要搞定的，就只有佐川官兵卫一个人了。

万万没想到，佐川官兵卫来到了东京吃了几顿好的喝了几杯上等的茶之后，非常不留情面地一口回绝了川路利良的请求，表示会津跟萨长合作，那不是不可能，而是绝对不可能，别做梦了。

川路利良连忙问：“为什么？”

“这还用问吗，川路大人？”佐川官兵卫觉得很搞笑。

“时代已经变了啊。有的时候看问题做事情的方法，也不能总按着从前了。”

“纵然时代会变，可是会津人的这颗心，武士的心，是不会变的。”佐川官兵卫目光坚定地注视着川路利良说道。

“你不考虑自己，也得考虑别人吧？”川路利良的表情倒是很轻松，“扪心自问，会津人这两年的日子过得怎么样？难道你还打算让他们这么继续苦下去吗？”

刚才还立场坚定斗志强的佐川官兵卫突然就没了声音。

只有亲身经历过斗南藩的日子，才能明白会津人过得是多么苦：地里种不出庄稼饿肚子倒也罢了，可上头因为他们是曾经的朝敌，所以从来都不把会津藩的人当人看，到了时候就会下来收租纳税。好几次会津人都跪在官府门前请愿，希望能够减免一些税金，但换来的，却是明治政府的枪托和鞭子。

事实上会津人的日子从来就没好过过。在以后的日子里，但凡日本碰到要打硬仗了，攻坚城了，大本营头一个就会想到会津人比较多的师团，在他们眼里，会津军团等于炮灰军团。这种歧视甚至可以说是虐待的情况，一直延续到了二战时期。

可以这么说，在明治时期，每一个会津藩出身的人，身上都有一部血泪史。

所以佐川官兵卫说不出话来了。再怎么说武士也是人，你高喊着武士道却没饭吃，那也就过个几天便饿死了，只有吃饱喝足穿暖和了，才能贯彻武士道，这是自然规律，没办法的。

“既然川路大人这么说了，那我就答应你。”

就这样，经过挑选，300 名会津藩原藩士进入了东京警视厅，干起了警察。

1877 年（明治十年）3 月，他们又来到了九州岛。

这群人抱着两个基本的想法：第一，论打仗绝对不能输给那些萨摩人，要让他们看看会津人的斗志；第二，当年的耻辱就要在今天报仇雪恨。

他们大展身手的机会很快就要到了，这里我们先放一放，等下再讲。

且说乃木希典退到高濑之后，和南下救援的政府主力军第一、第二旅团会师，然后就窝在那里不敢动弹了。讲到这里，就顺便简单介绍一下明治年间的陆军军制吧，不然很有可能造成分不清师团、旅团、大队、中队之间的关系从而闹混的局面。

明治年间最大的军制单位是镇台，后来也被叫作师团，一个镇台下辖 2~4 个旅团。旅团下面是联队，同样也是 2~4 个。联队下面是大队，大队下面是中队，中队下面就是小队了。

再说高濑是一块平地，被一条叫作菊池川的河分为两岸，要想过河，有两个选择：第一，游过去；第二，从桥上走过去。这 3 月份虽说不是寒冬但却依然冷，要这么赤条条地跳入大河还得带枪拎刀的实在有点不太现实，所以唯一的方法就是跨桥过河。桥倒是有，不多，有且只有一座，叫高濑之桥。

话说政府军会师之后，先开了个会，主要是讨论一下该怎么打。与会主要代表有四个：一个是刚刚逃过来且跟敌人有实战经验的第十四联队联队长乃木希典；一个是第一旅团司令官野津镇雄，他是萨摩出身；还有一个是长州出身的第二旅团司令官三好重臣；此外，第二旅团参谋长野津道贯也到场参加，他是野津镇雄的弟弟。

顺道一说，这位野津道贯其实相当有名，早在萨英战争的时候，他就已经崭露头角了，而在戊辰战争那会儿更是立下了赫赫战功，其中宇都宫城的陷落，这家伙就是首功。

可让人觉得奇怪的是，在会津战争中，野津道贯几乎是按兵不动带着自家的弟兄戳在城下看热闹。等战争打完之后，别人向当时萨摩藩管事儿的西乡隆盛参了他一本，说是怀疑这小子内通会贼。西乡隆盛虽说不信，但同样也觉得好奇，便把野津道贯给叫了过来，问他，为啥你在打会津的时候出工不出力啊？

野津道贯一本正经地回答说：“我这是在报恩。”

西乡隆盛很奇怪：“你报谁的恩？”

“大鸟圭介。”

西乡隆盛一下子不说话了，他说不出来是因为他在思索，思索野津道贯跟大鸟圭介之间有啥恩情可谈，可想了老半天还是没个结果，于是只能问道：“道贯啊，我怎么不记得你认识大鸟圭介呢？”

“确实，我跟他没见过。”

西乡隆盛一蒙：你们这是在谈网恋么？

野津道贯一边提醒西乡隆盛注意不要激动一边说道：“我现在打仗的本领，都是当年看西洋兵书学来的，而那些个兵书，全都是大鸟圭介老师翻译的，所以，我不会对有他在的会津城出手，这就是报恩。”

西乡隆盛释然了：“你做得对，有恩必报，方为萨摩男儿。”

除了打仗勇猛道德高尚之外，野津道贯还做过一件对日本影响非常大的事情，那就是当今日本的国歌《君之代》，就是这位老兄给选中的。

这事儿过了挺久了。在明治二年（1869 年）的时候，萨摩藩组成了自己的军乐团，然后在一次跟英国同行的交流中，英国乐队的队长对日本人说，你们日本有这样一支不错的乐队，可是就是没有国歌，太可惜了。当时的萨摩乐团归大山岩管，他听了英国人的话之后深感正确，觉得这都维新了，跟国际接轨了，若再没有国歌，就该给洋人们瞧不起了。于是，国歌研究小组就这么在萨摩诞生了。或许大家都会觉得很奇怪，怎么一个国家的国歌能让萨摩一个藩决定呢？其实也没什么好惊讶的，当时全日本人都在北海道跟榎本武扬打仗，谁来管你这国歌的事儿啊？再说了，那年头明治政府本来就是萨摩和长州把持着，而长州又没有近代军乐队，真的要认认真真地把国歌放到台面上来讨论，还不是萨摩人一句话说了算？

不过，萨摩的那帮家伙虽说打仗各个一把手，但让他们研究音乐，而且还是国歌这样庄严高雅的音乐，那根本就是抓瞎。讨论的时候各种各样的提案都被提了出来，比如大山岩就提议说，日本国歌应该是《蓬莱山》。且说《蓬莱山》这歌一般是用萨摩土琵琶弹奏的，好听倒是挺好听，可就是歌词的意境不对，说的是一派蓬莱仙境的美好景象，给人一种飘飘欲仙的感觉，要说用来当国歌其实不如说更适合玉皇大帝他们用。最重要的是，这蓬莱山它在中国不在日本啊，用这么个歌来当日本国歌，那叫什么玩意儿啊？

这个提议被否决之后大家又纷纷各抒己见。轮到后来做海军大辅的那个川村纯义的时候，这位老兄比大山岩更绝，他说干脆就用《祝言歌》吧，那个不但有日本气氛还挺好听。这话一说完全场立马肃静，大家盯着他直看，一直看得川村纯义都不好意思了，才说不行那就不行吧，干啥盯着人家看呢。

我来解释一下为啥盯着他看。

这《祝言歌》，说白了就是日本传统节日里唱的那种能够把气氛搞热烈起来的歌曲，带有欢快的语调和非常明显的乡土特色，换句话讲，这哥们儿的出发点很好，想让日本的国歌带有萨摩的特色，但主意太馊。要知道日本每个地方都过节，都有当地的《祝言歌》，这个暂且不说，这《祝言歌》的歌词也特别单调，基本上就是“祝贺大家节日快乐、今天我很开心、你过得好吗”这类，说得通俗一点，就类似于有人提议说，我们中国的国歌应该是《新年好》。

你答应吗？换成你，估计也肯定盯着那个提议的家伙看吧。

最后主持会议的大山岩宣布散会，明天继续。

当天晚上，野津道贯来到了大山家，对大山岩说，我有一个好提议，用《君之代》这首歌，你觉得如何？

《君之代》其实也是首老歌了，至少在10世纪就已经出现在了日本，歌词的主要内容是祝贺天皇万寿无疆永远健康。对于当时的日本而言，有内涵且有立意，确实是能当国歌的好料子。于是大山岩很高兴，说那我明天就把这首歌给报上去吧。

就这样，日本的国歌便成了《君之代》。

说了那么多主要为了两点：第一，侃侃日本的国歌，不能说了那么久的日本史连国歌都不提，忒不厚道了；第二，为了告诉你，野津道贯这个人绝对算得上是文武两道的19世纪全能人才。

四个开会的哥们儿一合计，觉得现在唯一可行的办法，就是以那座高濑大桥为据点死守之，拒敌于河对岸。

再说萨军自打击败了乃木希典之后，整个主力就开始朝北移动了。24日上午，第四中队的5个小队，第六中队的3个小队开始向北推进，接着，以第三中队的第七小队小队长岩切喜次郎为首的3个小队和熊本队的3个小队由南边的伊仓地带率先开进高濑。

且说这岩切喜次郎在当时也算是个人物了。之前我们曾经提到乃木希典联队消失的那面军旗和掌旗少尉，其实就是被他杀了人之后又夺了旗，一时间被萨摩人视为英雄。

当天，乃木联队作为先头，来到了高濑大桥，布起了一道防线。

25日，野津镇雄率第一旅团于菊池川北岸正胜寺内设下本阵，接着，他派出了一个中队的人马前去支援乃木希典。

为了能够赶时间且又不消耗太多的体力，大家决定坐车去——坐人力车，也就是我们俗称的黄包车，骆驼祥子拉的那玩意儿。其实是因为当时的日本还没普及铁路，所以用黄包车来运送士兵是一个很普通也很合理的办法。

下午2点，黄包车中队抵达目的地高濑大桥，跟乃木部顺利会师。4点，大伙远远看见一支军队由南向北朝自己开来。这正是萨军的先头部队，领队者岩切喜次郎。

乃木希典和萨摩人之间互相都已经算是蛮熟了，所以相遇之后也不用打招呼说什么初次见面请多关照之类的废话，大家直接端起手里的枪招呼对方就行了。双方就高濑大桥的归属展开了激烈的战斗。不过岩切喜次郎仗着自己兵多将猛，愣是一口气把乃木希典军给从桥上赶到了对岸。继而，跟在后面的熊本队也到达了菊池川，他们从河的另一边涉水渡过再从岸的另一边对乃木军发起了侧面袭击。本来人数就没对方多，现在又被人夹击，乃木希典很快就抵挡不住了。而在后面不动如山的野津镇雄见状，立刻又派出了4个中队前去支援，在经过两个小时苦战之后，这群人先是击退了熊本队，后又勉强压制住了岩切队的进攻势头，到太阳快要下山的时候，萨摩军眼瞅着再打也打不出什么结果来了，便退了回去。

当天晚上政府军高层再次聚集一堂开了个会，大家觉得这么缩着守大桥然后挨打实在没啥前途，干脆就攻出去得了。

第二天，也就是26日的大清早，政府军的第二旅团开始向前推进，并且跟之前差点被打散的乃木军合流。然后，他们发现萨摩人的阵线是迎面展开的一字长蛇，虽然人多但显得特别单薄，故而组织了1600人当下就发动了进攻。

当时萨摩人的布阵是这样的：从北到南分别是越山休藏队、熊本队和岩切喜次郎队，因为拉得长，所以比较散。战斗打响之后，先前被人欺负得惨得不行的乃木希典一马当先，带着500人没头没脑地就往越山队的阵地里冲了过去。与此同时，第二旅团的一个中队也从侧面向越山小队袭来，本来人数就没人家多，还被两面夹击，所以顷刻间，越山队就败走了。紧接着，第二旅团的另外1000人也强渡菊池川，上岸对熊本队和岩切队发动进攻，而之前击败越山队的那个中队也趁这个机会向熊本队的侧面搞起了突然袭击，结果就是熊本队先崩，岩切队再崩，一个退往植木，一个退往木叶。而乃木希典则因为上次被萨摩人追着打打出了仇恨心理，所以尽管越山队逃跑速度很快而且也没有中途停顿的意向，但乃木联队依然不依不饶地紧紧追赶了上去，一直把人家撵到田原坂，觉得对方速度实在太快，真的追不上了，这才罢手，就地休息。

那一天的傍晚，第二旅团三好重臣的指挥所里，突然迎来了乃木希典部的一个传令兵。打过招呼行过礼之后，传令兵对三好重臣说，自家的联队长有要事找他。

三好重臣觉得相当奇怪，便问是什么事。

“乃木联队长说，根据他的观察，认为田原坂这块地方乃是战略要地，将来如果有大战爆发，一定会在那里，所以请三好司令官未雨绸缪，先派兵过去驻扎，以防万一。”

三好重臣看了看地图，又想了想，说道：“没必要。从高濑这里到田原坂，路途遥远，而且中间的地带宽阔，要想两头兼顾的话，势必要大大分散兵力，这绝对不是明智之举。另外，为了防止萨摩方面的偷袭，你让乃木少佐不要那么孤军深入了，既然追不到敌人，就赶紧回高濑防守吧。”

上头既然这样命令了，乃木希典也不得不遵守。但不得不说上一句，这位仁兄其实也不是只会拼命，至少他的战略眼光不错，看地方看得很准，数日后，田原坂真的成了双方拼死必争的一块关键之地。

另一方面，西乡隆盛知道了高濑战事不顺，当下便下令从熊本抽调精锐部队前去支援。26 日晚上，萨摩主力部队开始向高濑前线进发，筱原国干、桐野利秋、村田新八等各率自己的部队从西南两方对政府军阵地形成夹攻之势。

27 日清晨，第一支萨摩军队抵达菊池川东北岸一个叫川部田的地方，他们是第一大队，大队长是筱原国干。

这个人在萨摩属于老资格的好汉子。说他老资格，因为当年在寺田屋事件中就有他的份，当然，是造反派，而不是镇压派。说他好汉子，是因为他特别能打，在剿灭彰义队的战斗中，之前我们有说过，最难打的，是宽永寺正面的黑门口。大村益次郎为了不让自家长州人实力受损，所以在黑门口安排了大量的萨摩人当炮灰搞冲锋，其中，他们的指挥官就是筱原国干。

在战斗中，因为彰义队防守得实在太好，所以萨摩藩军在开始的时候怎么都打不进去。结果筱原国干抄起三尺大刀，脱下衣服光着屁股冲在最前面，并且挥刀大喊弟兄们跟我一起上，然后士气大振，三军奋勇，这门就这么被拿下了，而这人，也就这么出名了。

但攻破大黑门却还不是筱原国干最辉煌的时刻。

为了能够保证废藩置县的顺利进行，明治政府在明治四年（1871 年）组织了自己的军队——御亲兵，也就是近卫军。其中，筱原国干出任了近卫长官，并且在这一年接受了天皇的检阅。

当明治天皇看到在筱原国干指挥下，近卫军看上去攻无不克战无不胜，不由连声叫好，并且在检阅完毕后当众宣布："向筱原国干学习。"

然后这块演习地也改名了，叫习志野，就是学习别人伟大志向的野地。

而且，筱原国干不但能打，跟西乡隆盛的关系也很好，当时的说法就是西乡隆盛待他如同自己的亲人一般。事实上这不是夸大的虚辞，而是确有其事，筱原国干担任的是第一大队的大队长，位于所有番队之首，可见西乡隆盛对他的器重。不仅如此，这个大队的第一小队小队长，叫作西乡小兵卫，是西乡隆盛家里最小的弟弟，同时也是西乡隆盛最喜欢的弟弟。把这么个弟弟托付给筱原国干，那就不光光是器重，更多的还有一份信任。

现在话再说回战场。且说第一大队来到菊池川边后，筱原国干便下令涉水过河。而对岸正蹲着第二旅团的好几个中队，一看萨摩人打算冲过来，立马举枪射击阻挡。筱原国干一看这架势，也不忙着先过河了，而是组织起了枪战，打算先把那些妨碍自己过河的人干掉再说。

就在这两拨人互相撅着屁股趴在地上拿了个枪玩枪战的当儿，桐野利秋和村田新八也一前一后地赶到了。上午 10 点，桐野军从高濑北部的江田村强渡菊池川，负责那块地区防御的乃木希典见状立马上前迎战，然而大概也就过了半个多小时，他的队伍就被桐野利秋给打散了。其实说打散还算是给他面子，有的书上写得更加过分，直接就用了个“压倒”来形容当时的双方关系。

与此同时，村田新八部队也到达了高濑南边，成功渡过菊池川之后，便跟防守在那里的政府军第八联队打起了白刃战。

此时战场的局势是一派胶着：中间一伙人互相打枪，南边一群人在搞肉搏，而最北边的桐野利秋因一下子就打败了对手，所以一时间也不知道自己接下去干什么好，只能东看看西瞧瞧，希望找点儿事情做做。

这其实是日本军队的一个致命伤。

纵观日本近代的数次战争，就会发现一个这样的问题：日本士兵在战场上的战斗力之强没有人能否定，但就整个宏观战略上来看，完全就是散沙一盘。以“二战”为例，他们先去打中国，没打下来，然后去打苏联，又没打下来还把希特勒给拖下了水，最后跑去打美国，终于惹来了大祸。从日本开打到战败，谁都不知道负责总指挥的参谋本部脑子里在想什么，因为整个战略态势看起来就是他们到处惹麻烦却一个也摆平不了，最终导致所有的麻烦一起上身，完蛋了。

总的来说就是一句话：日本能够出战术专家，但极少有战略专家。或是长期处于岛国的缘故，所以很少有日本人具备大局的战略眼光，用今天非常流行的话来讲，就是日本人不怎么具备国际视野。

闲着没事儿干的桐野利秋在当了一会儿看客之后，总算是找到了自己该去的地方：在他前方不远处，有一座山，叫稻荷山。这座山的正西面叫南关，是第一旅团的大本营；正南方叫船岛，是第二旅团的本阵。一旦占了这里，两个旅团的司令官每天吃饭刷牙洗澡上厕所都能映入你的眼帘，你要高兴了，拿个 DV 可以拍一部纪录片放网上赚人气；你要不高兴了，架起大炮几炮过去就能赚军功章。总之，这是一个对政府军来说能够要了命的军事要地。可就是这么一块地方，却没有一个防兵。究其原因，是因为谁也没想到乃木希典居然败得那么快，几乎是突然之间就让桐野利秋闯入了这重要地点。

手忙脚乱的第二旅团司令三好重臣一看情形不太对，连忙派出第八联队出动，务必抢在桐野利秋前头占领稻荷山。同时，他又派出两三个联队扑向桐野部队，以便进行牵制，而被打得四处开花的乃木希典也收拾起了残部准备发动反攻。

但桐野利秋却毫无惧色，在他的沉着指挥下，萨军不但顺利挡住了蜂拥而来的政府军逆袭部队，同时还富余出来一个小队，跑去跟第八联队玩赛跑，目标稻荷山。而在阵地的另一头，村田新八部也非常漂亮地压制住了自己的对手，并且步步推进蚕食着对方的兵力和地盘。就在这形势一片大好的情况下，发生了一件无比诡异的事情。

正在跟政府军隔岸枪战的筱原国干部队，在没有收到任何命令，也无任何巨大损伤的情况下，没有任何前兆地撤退了。而且行动非常迅速，没有任何多余的动作，转眼之间便消失在了菊池川的河边，堪称撤退模范军。

村田新八和桐野利秋看傻了，他们不知道到底发生了什么事情，怎么这仗打得好好的人就开溜了。气急败坏的村田新八让人火速追上筱原国干，问他在这时候溜号到底想干啥。

结果回答让两人几乎晕了过去，筱原国干非常理直气壮地表示，自己之所以要跟人打枪战，纯粹是没法渡河，可现在子弹都打光了，既没法接着打枪，又没法渡河，还留在这是非之地干吗，不如赶紧走人。

这个答案颇有二战时候意大利人的风采，不由得让人觉得筱原国干真够可爱的。

但在村田新八和桐野利秋心里，这家伙只有可恨。因为原本在战场上占有优势的萨军现在一下子被逆转成了大劣势，不仅如此，一开始跟筱原国干开打的新政府军，现在都纷纷转向了他们。哥俩顿觉压力很大。

其中，村田新八的处境还不算特别差，尽管被人两面夹攻，但背后就是菊池川，转个身子游个泳就能走人了。而桐野利秋可就惨大发了，因为他太孤军深入，所以导致前后左右都是敌人，被政府军给包了饺子，挺不错的一支队伍就这么被打成了崩坏状态。经过整整一下午的拼死拼活，桐野利秋总算是带着那么几个活人逃了出来。

要说筱原国干真的是挺造孽的，他虽说自己是逃走了，可因为这事儿干得特别不得人心，以至于第一大队里本身就有很多人竭力反对，比如说第一小队的小队长西乡小兵卫。这位仁兄非但没有跟着筱原国干一起逃跑，反而自觉自发地绕了个远路，渡过菊池川，加入到了村田新八的队伍里去了。这种自投罗网的行为让新八大队长深深感动了一把，但还没等他感动完，率队冲锋的西乡小队长就被迎面飞来的一颗子弹给打中了胸膛，当场就倒在了地上，顷刻间便只有出气没有进气，眼瞅着就活不成了。

在周围部下的千呼万唤之下，原本已经双目紧闭的小兵卫又缓缓地睁开了眼睛，回顾四周之后，用极微弱的声音喃喃道："哥哥……小弟今天先走一步了……没能陪你到最后，真的对不起……请原谅我……"

他死的时候只有32岁。

当西乡隆盛收到噩耗之后，沉默了很久都没能说出话，然后唰一下眼泪就流了下来。

不过哭也没用，人死不能复生，所以西乡隆盛在哭完之后，抹了一把眼泪，然后继续造反。

却说在高濑一战之后，萨摩军的兵力发生了一些变化。尤其是桐野利秋他们大队，因为之前的遭遇实在太惨，原本有13个小队，现在人几乎都被打没了，所以西乡隆盛觉得，临时抽调原熊本藩藩士出身的协同队和宫崎藩崎县内藩士出身的宫崎队加入桐野大队，以充人数。同时命令桐野队休整之后立刻重新开始进军，目标是南关，也就是第一旅团的大本营。

3月3日早上6点，桐野队出发；8点，碰上政府军，激战一个小时之后，对方败退；9点半，政府军再次出现，桐野利秋觉得这群人看着有些眼熟，仔细一观察，发现其实就是刚才那群被他打退的人，他们虽退却不逃，找了个好位置架起几门小山炮再次布下了防线，同时，从背后支援过来的其他政府军部队也已到达，战斗再次打响。

这次持续的时间比较长，整整打了一天，本来双方意犹未尽谁也不肯收手，结果萨摩方面的野村忍介率部突袭了政府军的右翼，这才把政府军给赶出了阵地，从而也使得自家军队能够继续前行。

这场战斗中，双方都伤亡惨重，比如政府军中就挂了一个大佐，好几个日本明治维新尉官，而萨摩军中也是如此，协同队的队长平川惟一以及桐野大队第二小队的队长山口孝佑卫门等先后战死。值得一提的是，那个平川惟一虽说没有啥良好的出身，之前也没有什么赫赫有名的战功，但他依然成为了协同队的队长，原因只有一个——人缘好。

这应该在日本历史上是一次新纪录，因为平川惟一的队长是由选举而得来的。他跟之前那个虾夷共和国不一样，人家的那个是高层选举，只有特权人士才能参与，但他的那个是普选：但凡协同队的，哪怕是扫地端茶的，都能参加投票。换句话讲，这哥们儿其实是日本历史上第一次民主选举的胜出者。

3 月 2 日，桐野利秋正率军直逼南关，不想派出去的侦察骑兵回来向他报告了一个令人震惊的消息：田原坂被政府军给占了。

田原坂就是之前乃木希典想占的那块地方，那里是一个类似于天然关卡的地方，地理位置比较特别，简单说来，如果政府军拥有这里，那么便能轻松出击熊本城；反之如果落入萨摩人的手中，那么他们便可以随时给南关来那么一下子。之前乃木希典要求抢占这里，理由也是基于如此，但因为田原坂离开南关和熊本城都有那么一段距离，双方又谁也不太愿意把战线拉得过长，所以在战争打响的那么多天里，还没有人想到要去占这块风水宝地。事实上，桐野利秋得到的那个消息，是误探，但是他不知道，连忙下令全军调头，放弃南关，直逼田原坂，争取把田原坂从政府军手里给夺回来。

换言之，政府军并没有占田原坂也没有那个意思，只不过是他自己被错误的情报误导了而已。

但桐野利秋放弃南关直奔田原坂的消息却引起了对手的高度关注，他们自然不可能知道那哥们儿只是被忽悠了而已，还以为萨摩人打算抢先一步占领那里，于是也高度紧张起来。前思后想，三好重臣和野津镇雄一致作出决定：发兵去田原坂。

一场误会终于引发了西南战争中最大的战役。

3 月 4 日，桐野利秋到达田原坂，他惊讶地发现那里居然没有一个敌人的影子。欣喜万分之下他当即下令占领此地，然后一边通告其他萨军部队要求支援，一边布下防线，以便抵御很可能突然杀到的政府军。

当萨摩军各小队大队一支连着一支赶到田原坂的时候，政府军方面却没有丝毫动静，因为他们在迎接上级领导和新同志，没空。

从 2 月 26 日起，自本州岛跑过来的各地镇台援军都陆陆续续抵达了九州，其中包括第三旅团的 5000 人，旅团长叫三浦梧楼，长州藩出身，当年是奇兵队的一员，跟山县有朋很熟。这个人在明治年间干过一件震动全日本的事，那就是他个人出了相当于今天 3 亿日元的价格，从山川浩手中购得了孝明天皇给松平容保的勤王圣旨。就在三浦梧楼赶到九州的同时，名义上的剿匪总司令有栖川宫炽仁亲王和实际总指挥山县有朋本人也于 27 日抵达九州，跟着一起来的有海军二把手川村纯义中将，以及陆军省重要人物、刚从瑞士日内瓦留学归来不久的大山岩，顺便一说，他还是西乡隆盛的堂兄弟。

政府军的几位头头脑脑到场之后，先开了个会，在会议中大家得到了一个相当惊人的消息：萨摩人已经抢先一步占领了田原坂。所以，大家立刻肯定了之前针对田原坂的作战计划，并且当场便抄家伙撸袖子说干就要干了。

就在这个时候，外面走进来传令兵一名，向山县有朋报告说，熊本城来了一个人说有要事相告。

大家都很震惊。不为别的，就因为听到了从熊本城来人。倒也不是说那里来个人很罕见，问题在于，如果熊本守将谷干城真的有事情要报告的话，根本无须派人过来，直接拍电报就行。

且说这日本的电报技术，从明治二年架起的第一根电线杆子之后，就开始了飞速发展，从一开始只是东京到横滨，一直到整个本州岛。到了 1875 年（明治八年）那会儿，基本上在九州岛已普及了电报事业。事实上山县有朋两脚刚刚踏上九州的土地，立马就给熊本的谷干城发过一封电报，因为要按字算钱，所以电报内容比较简单，就一句话：死守到底，拜托了。

谷干城觉得很无力。因为当他收到电报的时候，城里士兵已经不足 2000 人，弹药和粮食更是奇缺，绷带伤药什么的几乎耗尽，熊本士兵中了一颗子弹只能硬挺三天之后升天，根本无法治疗。在这种情况下，你要让他再接着死守下去，那是非常困难的，至少，得给几卷绷带几包方便面再加几个人几杆子枪吧？

谷干城觉得如果再只是电报往来沟通的话，山县有朋很有可能不当回事儿。于是派出一名士兵，让他冲出重围亲自来到司令部，报告了一个消息：熊本城不行了，拜托各位大爷，给点援军吧。

政府军实际上的总指挥山县有朋看着这位传令兵浑身破破烂烂可怜不堪，而且还声泪俱下地哀求，琢磨着这熊本城万一被攻下了确实不太好，于是便下令，派出别动队下警视队的一中队先走丰后街道，绕开萨摩主力前去支援熊本城。其余人马还是根据原来的决定，向田原坂出发。

这个警视队一中队的队长，便是佐川官兵卫。

3 月 4 日，在野津镇雄、三好重臣的率领下，第一、第二旅团全军共计 15000 余人攻入了田原坂，他们的对手是别府晋介和村田新八的两个大队共计4000人。同时，第三旅团也从田原坂侧面一个叫吉次峠的地方杀了过来，跟防守在那里的桐野利秋以及筱原国干对上了眼。

早上10点，战斗正式打响。第三旅团第一联队第一大队在他们的大队长山口少佐的带领下，一马当先朝着萨摩人的防线杀了过来，因为人数上占优势，所以大家冲得都很猛。但还没跑几步，就听得自己左手方一阵喊杀声，敌方的熊本队在绕了好几个圈子之后，来到了他们的侧面并且从那里杀了出来，对政府军进行了突袭。因为压根没想到萨摩人还来这一手，所以第一大队的同志们被打了个措手不及，连招架之力都没有，只能四散逃走。而协同队和龙口队也非常是时候地出现在了山口少佐的背后，与熊本队一起搞起了夹击，在一阵穷追猛打后，第一大队溃败，当场被打死大尉一人，中尉一人，士兵无数。

而在这个时候，乃木希典的第十四联队也号叫着冲向了田原坂，他们运气倒是很不错，在背后大炮的掩护下，很顺利地杀到了萨摩人的正面防线跟前，而且也没遭遇啥侧面偷袭之类的事情。正待乃木联队长要高举指挥刀下令一鼓作气击溃贼军登上田原坂的时候，突然间无数子弹炮弹仿佛从天外飞来一般，劈头盖脸地就砸向了乃木希典他们。因为萨摩人都躲在了事先挖好的战壕里，并且处于居高临下的位置，所以一时间政府军根本奈何不了他们，根据几个参战士兵的事后回忆，说是当时“子弹从天而降，密密麻麻根本无法躲藏，进则伤，退则死，一时间谁也不知道该怎么办”。

最后乃木希典想出了个办法——果断下达了撤退令。

从上午打到下午，战况都没啥太大的改变，一直处于政府军冲，被打退，再冲，再被打退的境地。到了下午3点左右，蹲在后面观望的总指挥三好重臣和野津镇雄再也忍不住了，双双亲自上前督军，说是不努力进攻的杀无赦。

当然，光靠大棒也是不够的，得适当地塞上几根胡萝卜。所以，两位司令又让人抬上几桶美酒，亲自挨个端给进攻在第一线的士兵们，一时间政府军士气大振。

训完了话，喝完了酒，天空突然下起了大雨，萨摩人的反击也因此减弱了不少。在野津镇雄的一声猛喝之下，第一、第二旅团的士兵们再次发起了进攻，但这次他们改变了战术，跟萨摩人隔着大概 200 米的距离打起了枪战，打算依靠火力压制火力。结果萨摩人也改变了战术，不再跟以前那样蹲在坑里只放枪不干别的了，而是一边打枪搞火力掩护，一边抽出腰间的刀子冲上前去砍人。根本没想到对方会突然蹿出来行凶的政府军再一次被打退了数百米，然后野津镇雄宣布收工，今天到此为止明天再干。

同一天，在田原坂侧面要地一个叫吉次峠的地方，同样也发生了激烈的交战。上午 11 点左右，野津道贯带着第二旅团的两个大队趁着浓雾爬上了附近的山，逐步向着吉次峠北端靠近。因为是大雾，而且还要爬山，所以这段路走得非常辛苦，从 11 点爬到下午 1 点，才算是刚刚摸到吉次峠北侧的山石，但还没等政府军诸君停下来喘口气，他们的行踪就被萨军发现了，确切地说，是被防守在那里的筱原国干给察觉到了。于是他立刻伙同第二大队的村田新八一起包抄了上去，一人在左，一人在右，向政府军发起了夹攻。战况非常猛烈——猛烈地一边倒。在茫茫大雾中遭到突然袭击还是夹击的政府军连还手的力气都没有，一个赛过一个地逃了起来，争相朝山下奔去，但为时已晚，比起政府军的逃跑速度，萨军的包抄速度更胜一筹。往往是当政府军想往右边跑的时候，萨军就从左边跟了上来放一排枪，打死一排人，而政府军掉头走左边的时候，右边又跟上了萨军，如此反复数次，基本上就被打得快灭团了。野津道贯知道光靠跑是绝对没有生路了，于是横下一条心，大喝一声：“既然事已至此，那大家就战死在这吉次峠吧！”

众人一想言之有理，与其被人熊死在这山头上，不如跟他们拼死拉倒，搞不好还能来个鱼死网破。

就这样，在吉次峠的阵地上又响起了政府军的喊杀声，但因为之前实在是被打得太惨，伤了元气，所以再怎么拼命也只是回光返照，基本上败局已定了。

正当萨摩人杀得无比高兴的时候，悲剧就此发生。

政府军近卫第一联队联队长叫江田国通，就在他指挥着自己手下且战且走的时候，突然发现离自家不远处的萨军阵地上杵着一个很别致的哥们儿。此人身穿鲜红战袍，手拿银色军刀，威风凛凛地站在全军阵前挥刀指挥，在清一色黑军装的萨军里，显得尤为突出。因为江田国通也是萨摩出身，所以他一直觉得那人很眼熟，总觉得在哪儿见过，在经过了数分钟的思索之后，他猛然想起，这家伙就是跟自己出生在一个村子里的筱原国干！江田国通没认错人，这位一身靓装，几乎就差在肩膀扛一面上书“快来打我”旗帜的人，正是萨摩第一大队大队长筱原国干同志。因为眼看着就要大获全胜，为了不让一个政府军逃脱，所以筱原大队长亲自披挂上阵，组织追击，却不想在这战场上碰到了自己的老乡。

既然发现了大鱼，也就没必要客气了。江田国通立刻询问身边的手下，有没有谁擅长打枪的，手下说有，副连长村田少佐就是个神枪手，不但枪打得好还喜欢研究。江田国通说赶紧把他给我叫过来，赶紧的！村田少佐全名村田经芳，也是萨摩出身，这一天他跟其他政府军人一样，被夹攻得不知天上地下，只得拿着一杆破步枪一边放枪一边逃，然后就被人给叫住了，说江田联队长有请。

村田经芳很愤怒，心想都什么时候了连逃个命都不让人逃安生。但无奈官大一级压死人，军令不可违，只得拎着那杆枪跑到了江田国通的身边，然后很没好气地问大哥你想做啥？

“看到前面那个穿红衣服的人了吗？打他，把他给打死我们就赢了。”江田国通很激动。

但村田经芳却丝毫不为所动，毕竟战局如此混乱，你打死个把人又有什么用，不过要说这哥们儿倒是穿得挺讲究的，谁啊？

“这人就是贼将筱原国干！”

且说西乡隆盛造反之后没两天，就被朝廷定性认证为朝敌，所以广大政府军对他们的称呼一律都是“贼”或者“贼军”。

接着村田经芳也激动起来了，他的手开始有些颤抖，然后颤颤巍巍地端起了手里的步枪，瞄准了筱原国干。

“砰！”枪响了。

筱原国干略微低了一下头，然后又像没事人似的继续该干吗干吗。地上倒是有个小孔，还在冒烟。

这枪没打中，但也没引起筱原国干的警觉，在他看来别说子弹打在脚下，就是打在身上，那也是非常正常的事儿。所以他非常镇定地、毫不在意地继续指挥起了作战。然后他身边的第五中队第八小队队长石桥清八忍不住了，他冲过来一把拽住筱原国干，然后把他身上的那件红战袍愣是给扒了下来，罩在了自己身上，并且站在了筱原国干的身前，一副拼死挡子弹的模样。

不过为时已晚，因为筱原国干已经被认了出来，不管他是穿红衣服还是戴绿帽子，都一样，大家早就记住了那张脸。

已经恢复了冷静的村田经芳再一次举起了手里的步枪，瞄准了他的目标。

一声枪响过后，子弹正中筱原国干眉心，他一个踉跄之后，径直栽倒在地上，当场阵亡，时年 41 岁。

接着，江田国通高叫一声：“我们打死了贼将筱原国干！弟兄们冲啊！”之后，自己便头一个挥舞着战刀杀在前面，但是，身后的响应者却寥寥无几。因为政府军在将近两个多小时的枪战中被萨军杀得所剩无几，残留的幸存者也已经再没了斗志，只是单纯地想着怎么离开这个死亡山头。

江田国通还没跑几步，便被一颗来自萨摩的子弹击中，就此阵亡，年仅 29 岁。

下午 3 点，野津道贯眼瞅着再也无法支撑下去，便下达了撤退令，政府军在丢下了 200 多具尸体之后，朝北撤去，战死者中，包括了江田国通在内的校官十数人。其中，野津道贯本人也挨了好几枪，但运气奇佳，两枪打在刀鞘上，一枪打在皮带上，人本身却毫发无损。

而西乡隆盛在接到筱原国干战死的消息之后，又哭了一场，这次一边哭嘴里一边还念念有词，说，阿冬啊，我对不起你，你怎么死那么早，阿冬啊……阿冬……

阿冬是筱原国干的小名儿。

顺道一说，那位把筱原国干给一枪爆头的村田经芳，后来当上了陆军少将。这还不算啥，关键是他的确很喜欢研究枪械，所以还真的给捣鼓出名堂来了：此人在 1880 年（明治十三年）成功研制出了一种适合身材矮小的日本人使用的国产步枪，并且取名为村田铳。这种步枪灵巧好用，达到了当时世界先进水平，故而在发明当年就成为了日本军队的指定专用武器。

同时，村田经芳也被称为日本步枪鼻祖。后来，他的徒弟有坂成章在师父的村田铳的基础上，又开发研制出了新的步枪，不过这已经是 1905 年（明治三十八年）日俄战争时期的事儿了，而这回的新步枪，也被叫作三八式小铳，一直到二战都是日本步兵的主要兵器，在我们中国的共和国开国大典阅兵式上，也被解放军背着接受了各领导的检阅，说到这里估计大家也都知道了——所谓的三八式小铳，就是传说中的三八大盖。

3月5日，政府军再次来到田原坂跟前摆开架势准备攻击，计划跟昨天基本一样，三好重臣和野津镇雄主攻田原坂，野津道贯攻打吉次峠，三浦梧楼作为救火队，哪里需要他就冲哪里。正当三好重臣一声令下准备出发的时候，野津道贯找上门来了，他表示，这样分头打，就算再打个七八天都不会有结果，还不如别打吉次峠了，大家一起扎堆涌向田原坂，集中力量攻一头，或许还有些许胜算。三好重臣想了想，觉得很有道理，于是重新部署了作战计划，决定从田原坂的正面、西侧和东侧发起三面进攻，争取一举将其攻下。

上午，攻击开始，冲在正面最前的是乃木希典的第十四联队。要说这哥们儿着实不容易，自从西南战争开打至今，但凡有他出场，那是打几次输几次，这次也不例外。

乃木希典带着队伍还没摸到田原坂上的石头，就遭到了萨摩人的激烈反击。尽管这次他有选择性地对萨军阵地上看起来比较薄弱的环节进行了攻击，可依然是上一个死一个，退一个还是死一个。按照当时在场的士兵的原话就是：官军（政府军）冲得非常勇猛，但每每刚踏入敌军阵地，就会被贼人一枪放倒，如此反复了不下几百次，感觉就是夏天那些扑向灯火自灭的小虫一般。

从西侧进攻的是近卫第一联队，因为那里的地形比较复杂，所以他们穿山越岭，又是过河又是爬山，走得特别辛苦，好不容易看到田原坂了，却连一个萨军都没碰上。大家以为这里被敌人当成了防御盲区给抛弃了，心中顿时暗喜，但也不敢大意，非常缓速地朝着目标挪动着，从200米走到100米，再从100米走到50米，却真的连一个萨军都没出现过。非常郁闷的近卫第一联队一边琢磨着这萨摩人到底在哪儿一边继续前行，一直走到离田原坂还有 10 米的距离时，突然听到一阵喊声，萨摩人号叫着从事先挖好的壕沟工事里跳了出来，抄着家伙直直地就冲着政府军过去了。

结果自然是第一联队被杀了个丢盔弃甲仓皇而逃。

东侧其实比之前两方要稍微好一点，虽然没能夺取敌人的阵地，但大家好歹还是和萨军打了个旗鼓相当，隔着好几十米先放了一阵枪，然后再冲上去展开了白刃战。

就当大家杀得特别起劲的时候，在萨摩的阵地上突然出现了一阵暴喝："小子们！"

一时间，喊杀声冲天的战场上，居然奇迹般地出现了数秒钟的静寂。

那句"小子们"其实是用萨摩方言叫出来的。事实上，在这场战争中，不管是造反方还是镇压方，都有着无数萨摩人的影子，有的时候敌我双方彼此间往往还能碰到同乡、朋友，甚至是父子兄弟这样的特殊关系，比如前面我们说的筱原国干和江田国通，就是一个例子。很多人往往前两年还在一起喝酒，一起聊天，到了现在却不得不拿起刀枪拼个你死我活。

面对对方的叫板，在沉寂数秒之后，新政府的军阵里也爆发出了一阵响亮度毫不输给造反军的呐喊："小子们！"当然，用的同样是萨摩方言。

接着，喊杀声再次响彻大际，枪林弹雨之下，血肉横飞一片。

事实上，除了那些苦大仇深的会津警察之外，在这个战场上几乎没有什么仇人。我们现在在讲的这场被称为田原坂战役的会战，一打就是 20 多天，而在战役最初的那一个星期里，双方几乎是不怎么睡觉地彻夜作战，早上被打退了中午再来，中午撤退之后下午继续，吃过晚饭之后挑灯夜战，所以不管是萨军还是政府军，大家都处于一个非常疲劳的状态中，有时候打着打着，有人就会端着发烫的步枪睡过去。

故而在战场上经常能看到这样一个现象：在持续了几个小时的互相射击之后，萨军会出来一个人，高声向政府军喊道："喂——你们打累了吧？大家休息休息再打好不好啊？"

听到这声喊的政府军通常也会高声回答："好！休息一下！"

于是双方一起停止交火，各自小睡一会儿或者吃点东西啥的。而在这个时候，萨军又会高声喊道："你们官军的日子真好过啊，有酒喝还有饼吃，是不是也给我们来一点啊？"然后政府军就会把自己在吃的日本饼掰下一半来丢到对方的阵地上去。

这本来是属于"战场趣事"一类的东西，但不知为何听了这些我却觉得一点都有趣不起来，反而隐约还能感到一丝心酸。

原本是亲戚同乡，原本能够成为朋友，原本根本没有任何仇恨的人却举起武器相互残杀，个人觉得这恐怕就是战争最大的残酷之处吧。

傍晚 6 点时分，眼看着又要无功而返的三好重臣下令，从各队中选出精锐骨干，组成一支四五十人的敢死队，简称选拔队，突袭萨军的阵地。

选人比打人简单得多，不到一刻钟，选拔队正式出场，人数为 40 个。他们趁着夜色偷偷摸到萨军跟前，然后突然发动了袭击。措手不及的萨摩人一时间被打得很无奈，只能纷纷后撤，给政府军让出一条阵线以供他们占领。

选拔队很高兴，他们没想到居然进行得如此顺利，不过是第一阵攻击就把敌人给赶走了。于是大家便不急着继续扩大战果，而是先在占领的阵线上高呼万岁，以示庆祝。

日本人喊万岁比较独特，他们一般是“三呼万岁”，呼的同时两手一起平行上举，每举一次喊一声。

结果就是选拔队诸君的双手还没来得及举起，萨摩人又杀回来了，而且萨军的回马枪部队并没有端着步枪，而是清一色的人手一把武士刀，对着选拔队就是一通猛砍。

于是，阵地被萨军再次夺回，选拔队丢下数具尸体之后逃走在这茫茫夜色之中。

三好重臣那不祥的预感终于成真，这一天再次无功而返。

3 月 7 日，在分析了之前几天的战况之后，三好重臣感到，要从萨摩人的中间突破那是相当困难的，唯一的办法就是牵制当中，从两边想办法。想来想去，还真的被他想出了个办法，那就是集中兵力，一举攻入西侧，这样纵然是萨摩人这种强悍亡命之徒，也会因为兵力过于分散而抵挡不住的。

于是，三好重臣将主力部队分别编成先锋队、支援队、本身队和机动队 4 部分共计 16 个中队，向田原坂迅速靠近了过去。

但是，因为保密工作没做好，让正在田原坂边上布防的熊本队给发现了踪迹，然后他们便朝着政府军的侧面发起了突袭。

政府军就此陷入一片混乱之中，此时他们离田原坂最近的那支萨摩军队不过 50 米。同时，高高在上的萨军也发现了下面的情况。一阵号角长鸣之后，大家飞奔下山扑向混乱中的政府军。

这一仗，三好重臣的第二旅团损失了将近 300 人。

3 月 8 日，这天跟昨天一样，政府军继续从侧面进攻田原坂，但遭到了萨军的猛烈反击，在损失 150 人之后不得已退出了战场。

3 月 9 日，三好重臣横下一条心，决定放弃侧面，接着走正面。虽说胆量不错值得钦佩，但下场确实异常悲惨。根据观察，这天政府军离田原坂最近的距离是 20 米，也就是说，他们连萨军阵地的边儿都没能摸着。

3 月 10 日，几乎已经要绝望的三好重臣下令全军休整一天。因为他自己也知道，这仗若是再这么打下去，估计第二旅团就该完蛋了。是时候必须要想出一个法子来了。

这一天，三好重臣和野津镇雄、野津道贯兄弟俩仔细分析了之前萨军的作战情报以及战场情报，得出了一个结论：尽管在物资和兵源上都占有巨大优势，但依然奈何不了萨摩人半分的原因有两个，一个是他们能够活用地形，另外一个就是他们有一支实力强劲的拔刀队，也就是清一色武士刀装备的队伍，而后者，正是萨军取胜的关键。

首先，因为政府军几乎都是老百姓出身，又没有经过太长时间的专门训练，故而在枪战这方面根本不行。当时日本的军队虽说普遍装备了各式先进的步枪，但准头方面几乎算是烂到难以想象的地步。以 3 月 4 日的战斗为例，这一天整个战场上双方总共消耗子弹为 10 万发，而阵亡的人数只有 300 多人，也就是说，300 多颗子弹才能打死一个人，基本上闭着眼睛都比这准。事实上很多政府军士兵在放枪的时候，真的是闭着眼睛的。

所以说，要想靠枪战打败对方，那是完全不能指望的，唯独值得依靠的，也就只有白刃战了。可那帮老百姓出身的新兵蛋子，论拼大刀怎么可能是萨摩那群职业武士的对手？

正当大家一筹莫展的时候，野津镇雄突然拍案道：“我们不是有警察吗？”

然后三好重臣也兴奋了起来：“对，就让那些警察上吧！”

日本当时的警察我们之前已经有过介绍，这里就不重复了，只是简单讲一下装备和数量，装备其实也比较简单，一身制服一把佩刀，数量总共在 900 人左右，三分之一是会津出身。其中除一部分被佐川官兵卫带去救援熊本城之外，其余的一直都被安排在第一旅团的大本营，因为野津镇雄他们觉得刀没有枪厉害，所以警察们长期以来都是被当作预备队看待的。

看到这里或许有人会产生这样一个疑问，如果近代化枪炮真的没有武士刀厉害，那戊辰战争是怎么打赢的？其实野津镇雄等人的这种认为并没有错，在戊辰战争期间，装备了洋枪洋炮洋军制的新政府军确实打败了相对老式的幕府军，虽然不能说装备决定了战争的一切，但也是起到了相当大的作用，然而在这田原坂上，却并不能一概而论了。原因有二：第一个之前已经讲过了，老百姓出身的政府军士兵对于枪械并不熟悉，与其隔着几十上百米地放空枪，还不如一刀一刀砍得实在；其次就是田原坂是一个丘陵地带，地形相对复杂，并不适合当时的步枪作战。综上所述，至少在田原坂，还是用刀比用枪来得划算。

3 月 14 日，约 700 多人的警察拔刀队正式进入战场，他们的队长叫大浦兼武，萨摩出身。此人从明治维新之后便加入了警察队伍，从一名小小的巡街片警开始，一步一步地向上爬，最后一直做到了警视总监，不过现在虽说他带领着整个警察拔刀队，但职务不过是一个小小的三等后部警部兼陆军中尉而已。

早上 6 点，休息了半个星期的政府军再次向田原坂发起了攻击。在炮火的掩护下，警察拔刀队纷纷冲向了萨军阵地，碰上的第一个对手是熊本队。看到敌人出现，双方正欲整队互砍，却不想警察拔刀队中突然冲出一拨人，他们嘴里反复高喊着“给会津报仇！”之类的口号，各自抽刀直逼熊本队，三下两下就把对方砍得鬼哭狼嚎。在 10 多天里一直给予政府军相当大打击的熊本队，仅在这数分钟里，便走向了溃败。

不用说，这几个热血的哥们儿都是会津出身，这次他们是特地找萨摩人报仇来的。

在击败熊本军之后，诸警官便和萨军主力对上了眼。萨摩人本以为这些人跟之前几天来攻的那几拨政府军同属一个级别，所以以一副非常不屑的表情抽出了腰间的刀，但映入他们眼帘的，却是跟之前完全不同的一番景象。

一位随军记者在自己的报道中这样描述当时的情形："14日的田原坂之战中，我英勇官军逼近了贼军的一个堡垒，在一阵厮杀过后，虽然贼军仅存13人，却依旧死战不退，而且因为他们实在是太过于亡命，以至于官军一时间都不能接近。就在这个时候，军阵中突然冲出三四个会津出身的警察，挺刀直冲那13个贼人，一边砍一边还高声喝道：'会津复仇！会津复仇！'不过数分钟，那13个贼寇就都死在了刀下，而这些会津警察，不过是受了一些伤罢了。这看起来如同小说一般玄幻，但的的确确是真实发生的事情。"

这个记者就是后来被誉为"宪政之神"的日本第29代总理大臣，犬养毅。

自从警察拔刀队参战之后，战场的局势开始渐渐向着政府军倾斜起来了，以往都是萨军死十几二十个，而政府军却要死上一两百，现在双方的死亡人数基本可以持平。比如3月15日，政府军死了224人，而萨军的阵亡人数也达到了200人，而拔刀队不光是砍人，有一次，一位警察拔刀队的队员甚至还带着三四个同伴一起，在阵地上当场夺取了萨军的两门大炮，轰动了整个田原坂，同时也给对方造成了极大的心理阴影和压力。

与此同时，佐川官兵卫的熊本救援队，也已经到达了熊本城东侧，著名火山阿苏山外轮一个叫二重峠的地方附近了。

3月17日，正在进军中的佐川官兵卫得到消息，说是萨摩人打算在二重峠造工事。因为考虑到那里地理位置相当重要，所以他决定先一步占领二重峠，不让对手在那里安家造窝。

18 日，经过一昼夜的长途跋涉，警视队一中队的大伙终于赶到了二重峠，但非常不幸的是，他们晚了一步。此时的萨摩人都蹲在了已经完工的工事里，拿枪指着他们。

这种打击更多是在心理上的，不少人看到此情形，当场就有了崩溃的趋向。

但是佐川官兵卫并没有丝毫退缩的意思，他知道就算现在转过身子就逃，也依然跑不过萨摩人的子弹，唯一的出路就是死拼强攻，来个鱼死网破，搞不好还真的能占领萨军工事，扭转乾坤。

随着他的一声令下，众人纷纷抽出刀子冲向敌方工事，萨军也在猛烈的炮火掩护下冲出掩体，双方展开了持续 7 个小时的一场死斗。

佐川官兵卫人称“鬼官兵卫”，自然很能打。在这血肉横飞的战场上，他手提斩首长刀，几乎是看到一个砍一个，如同切西瓜一般，一时间根本没人能挡得住他。就在他神挡杀神佛挡杀佛地满战场砍人的时候，突然一个萨军军官打扮的家伙进入了他的视线。

“你小子给我站住！”他大吼一声。

对方听到了喊声，也手抄家伙朝官兵卫走来。

“你……你看起来好眼熟啊。”

“老子是会津佐川官兵卫！”

“在下第八中队第一小队小队长镰田雄一郎。”对方显得相对要平静一点。

佐川官兵卫的眼睛顿时红了起来。尽管隔了好几米，但镰田小队长依然能感受到对方身上那种“噌噌噌”往上直蹿的杀气。

“是武士的话，就来单挑吧！今天，我就要在此向你们萨贼讨还当年在会津的血债！”

两人互相纠缠对打到了一起，五分钟后，镰田雄一郎不敌，只得虚晃一刀转身就逃，但佐川官兵卫怎肯放过，举着砍刀就在后面追了起来。一阵追逐之后，镰田雄一郎终究是没能跑过常年在北边儿吃苦的会津人，被赶上了。

佐川官兵卫高高举起手里的刀子，大喝一声：“老子今天要报仇啦！”

“砰！”

佐川官兵卫倒地阵亡，时年42岁。

没啥好奇怪的，镰田小队的某小兵看到长官陷入绝境，便打了黑枪，狙死了官兵卫而已。

警察拔刀队第一中队因为老大被打死了所以就此溃败，救熊本城的事儿自然也就办不成了。

政府军很着急，他们不能看着熊本城就此沦陷，但又一时间再也想不出能派谁过去救援。而就在此时，谷干城那里的电报又如同催命一般地拍了过来，这次他非常露骨地对山县有朋表示，如果再看不到援军的话，自己就开城投降了。

山县有朋很无奈地回电问，那你看派谁过来合适?

从熊本城那里拍回来的答复只有三个字：山川浩。

山县有朋大喜，立刻拍电报回东京，要求紧急让山川浩过来。山县有朋之所以会那么高兴，那纯粹是因为他非常明白，现如今在这九州岛上，能够镇得住且成功指挥这帮会津警察的，唯独山川浩。

当时的会津藩虽然早已没了，但那拨会津武士却依然健在。在这群人里，除去不再过问任何事情的松平容保之外，就属山川浩和佐川官兵卫两个有威望。然而前者虽然年轻，不过32岁，但无论是地位还是人望却都在佐川官兵卫之上，属于会津人圈子里当之无愧的一哥，人称浩哥。

1873年（明治六年），山川浩出任了新政府陆军省的陆军少佐，虽然在镇压江藤新平的佐贺之乱时立下了不小的功劳，但因为出身不高，所以一直得不到重用。尽管顶着军功，但山川浩这个少佐一当就是三四年，之后虽然晋为中佐，但给他干的基本都是闲职，比如什么兵工厂的办公室主任之类。

结果山川浩本人都觉得太无聊了，好几次上书说要辞职，但不知为何总是没有被批准。

3月19日，正待在家中闲得发慌的山川浩，突然迎来了两名来自陆军省的军人，在行过军礼之后，其中一人非常严肃地说道："因西南战事突起，故而特命山川浩君为西征别动队参谋，率领工兵、炮兵各一中队，即日由东京起程，赶赴九州，不得有误。"

据说当时山川浩反应特别镇定，只是漠然地望着那个来传达命令的军人，看了大概有三四分钟，然后嘴角微微上扬，露出了一丝让人看了发毛的笑容："哦呵，能报仇了耶。"

接下来就是浩哥带着弟兄们赶路了，没啥讲头，所以我们继续来说这田原坂。话说自打警察拔刀队出战之后，战场的情况虽说是逐日好转，其实也就是多打死了一些人，至于政府军的整体态势，依然如故，开打前他们在什么地方，现在还在这个地方，原地不动，寸土未能进。

3月18日，田原坂进攻指挥小组再次召开了阵前会议，经过讨论，大家总结出了之前所以不胜的原因，主要有两条：

第一，萨摩人的工兵部队太强了，几乎是个山头他就能造堡垒，有块地儿就能挖壕沟，工作能力之强堪比穿山甲，而萨军也正是充分利用了这些工事，才给予了政府军极大的打击。

第二，萨摩人太厉害了，太顽强了，太不要命了。有时候就算只剩下一个人也敢拿着刀冲向政府军的几十甚至上百人，丝毫没有畏惧，脸上仿佛印着四个金灿灿的大字：快来砍我。

这两条总结等于什么也没总结，因为即便知道了对手的取胜之道，但不管是三好重臣还是野津镇雄，都无法做出相对应的决定，毕竟大家谁也没办法一夜之间弄死所有的萨摩工兵，也没法一下子造出来一支能跟萨摩人拥有旗鼓相当作战能力的部队来。

想来想去，大家最终想出了一个不是办法的办法：既然这也没辙那也没辙，干脆就跟你拼了吧。

会议最终拍板决定，19 日休整一天，20 日那天调集所有还在这个战场上、还能走得动道儿的政府军士兵从正面和西面发动最后的全面进攻，同时，这也是自 3 月 4 日田原坂开打以来最大规模的进攻。

没有什么其他的战略战术，也没有任何高深莫测的计谋，就是拼命——跟你拼了。

20 日清晨 6 点，天降大雨，天色很暗，已经抵达田原坂正面一个叫横平山地方的政府军布下了炮阵，并且对萨军的防御工事展开了炮击。配合着大炮和大雨，攻击部队被分成 7 股，如潮水般涌向敌阵。

在这打了十几天的阵地上，两军展开了最后的殊死较量，一时间枪声和炮声响遍了整个山野，炮烟和因大雨所造成的山雾混在一起，让能见度变得很差，用犬养毅的话来说，就是连一寸前的东西都看不见了。随着尸体的不断增加，几乎堵死了雨水流下山的所有渠道，水和血在山上的壕沟里积累起来，形成了一摊一摊红色的坑洼。

而原本以生态环境良好、绿色覆盖率很高而著称的田原坂，也因为这几个星期以来的死斗彻底变了个样。花花草草树树的基本上算是被全部打光了，唯独剩下几根苟延残喘的烧焦的断木。丘陵间的农家住宅也被毁了个精光，原本一派绿色家园的田原坂最终变成了连鸟都不来下蛋的死地，一眼望去，是说不出的荒凉。

政府军打得很拼命，他们每一支进攻部队都被依次分为三个分队：进攻分队、辅攻分队和后援分队。如果前面的分队进攻失败了，后面的那支必须在第一时间赶上去进行援护和交换，不仅如此，他们身后的大炮也类似于督导队一般不断轰鸣，换句话说，如果你害怕萨摩人的炮火而擅自后退，那么很有可能就被自家人的大炮给轰死。

在这样一种让人不得不拼命的情况下，政府军诸君前仆后继，踩踏着自己同伴的尸体朝着田原坂的萨军防线冲去。这种拼命伴随着滂沱的大雨和隆隆的大炮，最终把对手的阵线给撕开了一条口子。

萨摩人挡不住了。因为他们人少，玩不起这种堆尸体山的高成本游戏。

桐野利秋一看对方已经不要命到这种程度了，当即下令全军后撤，放弃田原坂。

经过 17 天的玩命，政府军总算是拿下了田原坂。这是整个西南战争中历时最长，也是战死人数最多的一场战役，据不完全统计，政府军在这两个多星期里，总共死了 2000 多人。萨军自然也好不到哪儿去，虽说没有具体地被统计过，但根据推算，至少也在 1000 上下。

要说这政府军之所以得到了最终的胜利，其实倒也不是光靠拼命就能完事儿的，主要因为以下三点：第一是大雨；第二是大炮；第三是红帽子。

大雨就是从 3 月 19 日一直下到 20 日的那场雨。因为萨军虽说不怕死，但武器却不如政府军那么精良，很多人用的都是老式的火枪，被雨一碰就淋湿了火绳和火药，导致性能大大降低甚至是不能发射，而政府军手里握着的，却是不怕风吹日晒、质量超棒、达到世界先进水平的最新进口步枪。

大炮就是大炮，一个炮筒两个轮子放个炮弹进去一拉能发射的那个玩意儿。且说在田原坂，不算熊本队、协同队之类的党萨诸队，光是萨军本身，在那里的布防兵力为三个中队，当时每个中队配有各种大小火炮 60 门，不管怎么算，整个战场上姓萨的大炮是不会超过 200 门的，但政府军的大炮数量却达到了 1400 多门，而且在质量性能上也远远超过了对方。事实上田原坂从绿色生态家园变成了灰色不毛之地，就是拜这 1400 多门大炮所赐。

最后再来说这红帽子。这其实是个隐喻，指的是近卫各联队。话说当时的政府军组成主要分为两部分：一部分叫镇台，就是各地驻扎陆军，他们属于当年大村益次郎的那个“全民皆兵”的产物，成员多出自百姓家；还有一部分就是近卫军，是用来直接保护天皇的精锐部队，这里面的人，则清一色是当年武士出身的职业军人，就战斗力而言，跟现在起兵造反的萨摩人是同一级别，甚至有的本来就是萨摩出身的士族，这个之前我们也已经提到过。就是因为有了这批特别能打的人，所以才使得政府军没有被萨军完全击溃，而是连续拼命打了 17 天，终于熬到了胜利。

尽管成功占领了田原坂，但事情却没有想象中的那么顺利，因为吉次峠尚在萨军手中，事实上退走之后的萨摩人很快就筑起了一道从那里到植木的新防线，政府军想要直接上熊本城，还是没门。

看着自己南下无路，手头的兵又被打得差不多了，山县有朋开始向中央求援，说是得继续派援军，不然这仗谁爱打谁来打，反正自己是玩不下去了。

上头非常慷慨，说没问题，你要多少援军咱都给你。但是对于援军的登陆地点，陆军省作了很长时间的考虑。根据以往的经验，大家都是集体坐船到九州北部的长崎，然后再走陆路南下。可接连这么干了好几次之后明治政府发现，西乡隆盛似乎早就作好了政府军走着来南边儿的准备，所以在南北交接的地方防线布置得特别厚实，比如什么田原坂、吉次峠之类的，怎么打都打不破。故而这次派援，不能再跟以往一样傻愣愣地在北边登陆，南下挨打，而是得换一种办法。

在仔细分析了萨军兵力部署特点之后，陆军省察觉到，尽管自己和对方相交的地方有重兵把守，但在萨摩人的大后方，特别是熊本城以南的地方，却几乎没几个扛枪的，真的要较真起来，那里基本上能算是无人区。

究其原因，其实还是因为西乡隆盛他们没那么多兵力，顾了头就管不了脚了，实属无奈。

于是，登陆方案也就这么出台了，陆军省选中的登陆地点，是位于今天熊本县西边的日奈久，那地方靠海，还是个温泉胜地。距离日奈久北边不远处，是八代，也就是现在熊本县的八代市，两个地方离得还挺近，如果你坐从熊本开往鹿儿岛的肥萨橙铁路去的话，也就两站地而已。

从八代由南向北过去，依次是松桥、宇土和川尻，这三个点儿几乎是在一条直线上的，川尻再往北，那就是熊本城了。这些个地方属于西乡隆盛的大后方，没啥人看，所以在登陆上岸的时候也比较方便，不太会有人来打扰。

3 月 21 日，京师大本营编组了第一别动旅团共 4000 余人，交付黑田清隆指挥，从京都出发，先到长崎，再乘船至日奈久上岸；

24 日，第二别动旅团 4000 人抵达八代，旅团长是一个叫山田显义的人。

他出生在长州，爹叫山田显行，年薪 200 石，担任当时长州藩的海军头。

山田显义 12 岁的时候便进入吉田塾读书，基本上可以算是当时里面年龄最小的孩子了。吉田松阴对于这个年幼的学生疼爱有加，在其元服，也就是成年仪式的时候，还特地写了一首诗送给他作为励志礼物。

长大之后，山田显义去了京都，跟他的那些个同学，比如高杉晋作、伊藤博文之类的混在一起，玩起了恐怖主义，四处杀日奸，搞天诛，并且几个人凑一堆还组建了一个攘夷性质的党，弄得跟哥老会一样，又写血书又摁手印，非常隆重热闹。

几乎和所有的明治维新元勋一样，在经历了这一段类似于青春叛逆期一般的日子后，山田显义开始逐渐认识到学习西洋的重要性，于是他拜了个师父，开始研究西方列强的军事、科学以及外语。这位老师不是别人，正是大村益次郎。

戊辰战争爆发之后，他跟着大村师父南征北战，先后参加了会津战争和北海道之战，并且立下战功，为此还得到了明治天皇的接见，并且赏赐俸禄 600 石。

明治二年（1869 年），山田显义出任兵部大丞（处级），跟着大村益次郎主管兵制改革。不过没多久他那大村师父就被人给暗杀了，在刚卸了右腿还没死的那几天，大村师父特地把自己的宝贝徒弟山田显义给叫到了跟前，流着泪拉着他的手说道："我死后，你一定要把兵制改革的事情给继续下去啊。"

山田显义也泪流满面地说师父我一定答应您，就算我前脚开始搞改革后脚就跟着您一块儿上神社做神棍去了那也无所谓，您就放心吧。

他是说到做到。大村益次郎死后，山田显义加入了山县有朋一派，以大村益次郎继承人的身份认真贯彻着他师父的遗志。明治三年（1870年），他上了一封书给朝廷，题目叫作《兵部省内务大纲》，说的是如何在兵部省内部搞建设。之后，他又参加了征兵制度的制定工作，那一年，正值普法战争爆发，这哥们儿率一伙人又上书给朝廷，主要是岩仓具视和大久保利通，强烈要求出国观战，看看洋人是怎么打仗的。结果岩仓具视说你们都给我消停一点吧，当下就把奏章给驳了回去。于是，山田显义便断了观战的念想，一心一意地制定起了征兵政策。

明治四年（1871年）十月，因为山田显义是兵部省要人，所以有必要出去长长见识，上级特派他随着岩仓具视等人一起出国转了一圈。回国之后，他被调到了司法省工作，毕竟是去外面镀过一层金的人，所以升官起来也方便，不过短短三四年工夫，他就当到了司法大辅，同时还就任了刑法编纂委员会委员长之职，负责制定日本的刑法。

就在山田显义正琢磨着这在日本杀人该怎么判，偷东西得关几年的时候，西乡隆盛造反了，西南战争爆发了。这时候，已经能够达到在司法省里说一不二的级别的山田显义找到了老同学木户孝允，说我要出兵打仗，征讨萨贼去。

木户孝允想了想，问道："如果你去了鹿儿岛，那司法省的工作怎么办？"山田显义几乎没多作考虑就说："如果实在不行的话，那我就辞职好了。"木户孝允倒是又想了想，然后缓缓开口说道："你要辞职谁也拦不住你，但你自己可得想好了，万一在军队里混不好，而又回不来这司法省，日子可就难过了。"

这话倒不是危言耸听，因为自打跟着岩仓考察回来之后，山田显义和山县有朋在征兵问题上就发生了根本性的冲突，前者认为“兵乃凶器”所以要求《征兵令》暂缓执行，少拉一点壮丁，后者自然不肯干了，所以大家就吵了起来。吵架的结果是时任陆军卿且独霸军队的山县有朋胜利，所以尽管山田显义是陆军少将，但从此之后他在军队中的地位如同麦当劳里的炸牛肉饼子——多他一个不多，少他一个不少。至于什么军国大事开讨论会之类的，那更是没他的份儿，也正是因为这样，山田显义才放着好好的陆军省工作不要，让老同学木户孝允开了后门把自己调去了司法省。

而木户孝允的意思也非常明确，当初把你弄到司法省去我已经是看在同学的面子上勉为其难了，现在如果要让你再回军队去，那么后果只能是两个：第一，山县有朋不记仇，让你在他那儿混下去了，这个自不必说；第二，山县有朋很记仇，变着法儿地整你。如果你挨整了，想要重返司法省，虽说倒也不是不行，但我小五郎就很有可能从此被山县有朋给惦记上了，就算不为我自己考虑，这大家都是同学一场，打架我也没有理由总拉你的偏手不是？所以，你记住，你万一在军队里没混好，千万别再回来找我，直接去乡下买块地种白薯烤白薯再卖白薯得了。

山田显义说我记住了，我有这个觉悟，你就放我去吧。

就这样，在木户孝允的活动下，山田显义重回了军队。而山县有朋虽说脾气暴躁还很狂妄，但毕竟好歹也是松阴门下出来的，而且也不是啥小心眼，所以很大度地接受了这位老同学，还举荐他当上了第二别动旅团的司令官，开赴九州作战。

顺便说一段后话。再后来，当山田显义老了的时候，他退出了政坛，搞起了教育，办了一家大学。事实上这故事说到现在很多人都能看出来了，很大一批明治政府的高官元勋在隐退山林之后，几乎都选择了开学校做校长这条路，其实这也就能看出教育这玩意儿，在日本人心里的确是有蛮大的分量的。

而山田显义办的那个大学，就是今天的日本大学。这所学校虽说算不上一等一的名门，但也出了很多名人，并且涉及政坛、文坛、演艺圈等各个领域，比如民主党的小泽一郎、《名侦探柯南》的作者青山刚昌、著名艺人真田广之、著名音乐人井上大辅等。

跟着山田显义一起到八代的，还有别动第三旅团，老大是之前出场过的川路利良。这哥们儿其实是主动请缨要求过来的，说是打算反攻鹿儿岛，准备上演一出“我胡汉三又回来了”的大戏。

3 月 26 日，三军正式开拔。一、二、三别动队分别从左中右三路开向熊本城，一路上来什么打什么，异常勇猛，其实主要也是因为对方没几个人，来不了什么，所以大家都很轻松：打的人轻松，挨打的也轻松——基本上都是望风而逃。

3 月 30 日，第一、第二别动旅团来到了松桥，之前几天里一退再退的萨摩人决定不再后退，就地依靠地利构筑起了一道他们自认为非常坚固的防线。

不过人数还是少了点，对方总共 8000 人，他们却只有 400 人出头。所以在经过了一昼夜苦战之后，31 日下午一点，松桥被政府军攻下。

4 月 1 日，宇土的地界上，也被插上了菊花旗。至此，政府军不用登高，便能看到川尻，稍微爬个小山，就能望到在饿着肚子死守的熊本谷干城那一伙人。仔细算起距离来，其实不过 10 公里而已。

这仗打了一个多月，头一次离熊本城那么近，山县有朋兴奋坏了，他迫不及待地代表全权总指挥有栖川宫炽仁亲王下令让三个别动旅团即日起发起进攻，目标熊本城。

但是这道命令却被拒绝执行。拒绝执行的人是黑田清隆。他坚持认为，连续数日又是强行军又是扛枪作战的，战士们的体能已经处于透支状态，再加上补给到得又不怎么及时以及天气比较恶劣等因素，很难再继续保持一个良好的状态了。这样的部队如果一定要强行拉到前线去的话，那就只有死路一条。

对于这个刺儿头，山县有朋比较郁闷，但无奈将在外君命有所不受，现在他黑田清隆带兵在外也只能认他这个老大了。所以山县中将非常客气地发电报问黑田该怎么办。

回答只有六个字：休息，休息一下。

那好，您就休息吧，可着劲儿地休息。

从 4 月 1 日起，政府军的抄后路部队进入了黄金周，大家开始享受起了连休的好日子。而差不多也就在这个时候，萨摩人那边也终于开始行动了起来。

且说政府军从日奈久上陆的那会儿，一看自己被人背后给捅了那么一刀子，西乡隆盛有点着急了，当下就召集了身边的大小队长开了个紧急会议商讨对策。在大家的踊跃发言下，最终确定了四个字的战略思想：以牙还牙。

简单来说一句话：对付背后捅刀子的缺德鬼的最好办法，就是绕到那小子的背后也给他来那么一下子。

具体措施是，由别府晋介率领第九、第十两个中队共计 1500 余人，于 3 月 29 日偷偷下海坐船，秘密返回鹿儿岛，然后再从那里北上，奔袭八代，抄政府军的后路。

此时的八代同样也是个无人区，偌大一块地方全部的守军不过一个中队，而且是集中驻扎在熊本南部一个叫人吉的地方。当别府晋介带着人马过来的时候，他们还在开会，具体讨论怎么去弄补给、今后的动向等。

3 月 31 日，桐野利秋对那个中队发起了攻击，同时一起加入的，还有从田原坂前线赶回来的协同队。战斗展开之后，萨摩人基本上就没怎么用过枪，而是走得多，打得少，因为政府军基本不打，就逃。这一走就是连着四五天，4 月 4 日，桐野队攻入八代市内，一直打到市中心，后来看着这太阳落山了天黑了，生怕政府军搞夜袭巷战，所以抢了一大堆东西之后便退出了市内，在周边驻守了下来。

4 月 5 日晚上，得到消息的政府军连夜出动，派出两个中队赶了一晚上的路，终于在 4 月 6 日早上，碰到了正在追着先前那个驻扎八代的中队没命地打的桐野利秋队以及协同队。政府军也没啥好多说的，当下就展开了攻势，朝着萨军的屁股后头就杀了过去。

背后挨枪的桐野利秋不得不回过头去迎战，而那个连着好几天都被打得跟孙子似的中队一看援军到了，机会来了，立刻终止了逃跑模式，转而进入攻击模式，朝着跟随桐野部队一起迎战的协同队冲杀过去。

结果协同队没能挡住，一下子被杀崩溃了，接着三个中队一起夹击桐野队。桐野利秋也没能挡住，也崩溃了，之后便带着残部向南逃了过去。

第七章 东洋卢梭

仗打完了，首先要做的当然是清扫战场。

在这个过程中，政府军士兵某甲在尸体丛中突然发现一个长得挺帅的年轻死人，他的穿着比较华丽，身边还倒着一杆协同队的军旗，看起来似乎是大人物。

这个大人物究竟有多大，到底姓甚名谁，某甲倒也不知道，于是他开始伸手翻看尸体的随身携带物品，好寻找一些比如写着名字的笔记本或者是家信，以便判断身份。但找来找去都没找到这种玩意儿，这位年轻的死者身上，只带了一本书，书名叫作《民约论》，作者是一个叫中江兆民的人，并且边上还附有签名。某甲没听说过这本书，也不知道中江兆民是谁，不过既然这本签名小册子在他口袋里，那么想来这哥们儿多半就是作者了，于是他也没多琢磨，直接上报自家的小队长，说我们打死了贼军头目中江兆民。小队长也没啥文化，所以也未经琢磨就上报给中队长，说中江兆民给打死了，就这么一级一级地报到了旅团长山田显义那里。山田显义先是一惊，然后一怒，说中江兆民先生怎么可能是贼军？人家现在正在东京活得好好的呢，你们啊，不要老是听风就是雨，别吃饱饭没事干尽给老子添乱。

还没等他骂完，突然从东京来了个电报，说是指明要交给山田旅团长，于是他一边骂骂咧咧一边拿过了那份电报低头看了起来，还没看完就呆住了，电报是胜海舟、海江田信义等明治政府高官一起拍过来的，内容比较简单，就一句话：中江兆民已于前日赶赴熊本，听说不幸遇难，真否？假否？

山田显义有一种特别说不出的感觉，心想这还真是子弹不长人眼啊，怎么打来打去就把这位先生给打死了？同时他也挺郁闷，这中江先生不是好好地在东京吗？啥时候就跑熊本来了？还参了军？

中江兆民，著名思想家，日本民权运动的祖师爷，同时也是一个特有名的记者，当时人送外号东洋卢梭。

他出生在土佐一个下级武士家庭里，爹是足轻，就是杂兵一个，家里很穷，本名叫作中江秋水，兆民这个名字是他后来自己改的，意思就是“为了亿万兆人民”，而秋水这个名字，则被传给了自己最得意的弟子幸德传次郎，也就是日后日本著名民权运动者、策划做掉天皇的“新时代平将门”幸德秋水。

要说中江兆民其实也挺不幸的，家里没钱倒也罢了，在他15岁的时候，那位杂兵老爹也因重病医治无效——估计有效也没钱治，所以过世了。虽然年轻，但按照当时的规矩，中江兆民还是成为了中江家的当主，做了一个小杂兵。

就在他以为自己这辈子就得跟他爹一样到死都得扛长枪时，土佐藩开了个藩校，叫文武馆，并且宣布，只要是武士出身，不管身份高低一律能去考，择优录取不问出身。结果还真的让他给考进去了，并且成为了细川润次郎门下的学生。

细川润次郎是土佐出身的洋学专家，在当年的日本绝对是个人物。他不但精通英语、法语等外文，还对各国的法律制度了如指掌。明治维新之后，他出仕新政府，先后参与过新闻报纸条例、出版物条例、户籍法等法律条令的文件起草，之后被调入民部省。明治三年（1870 年）那个平民能拥有苗字的太政令，其实也是他第一个在政府内提出的。再后来，他就越混越牛了，从一开始的法律制定工作者，变成了法律制定的中心人物，明治时代日本的刑法、治罪法、陆海军刑法、医事法、药事法等一系列法律，都是以他或者包括他在内的一群人为中心而起草制定的。再后来，他担任了司法大辅、贵族院副议长等要职。就在细川润次郎在官场上春风得意的时候，他却急流勇退突然宣布走人，不再玩政治了，转而进入教育界，办学校去了。

细川家办的那所学校叫作东京女子师范学校，也就是现在的御茶水女子大学，前任日本首相鸠山由纪夫的曾祖母，同时也是多年前的前首相鸠山一郎的母亲——鸠山春子女士，便是那所大学毕业的。

被这样一位牛人看上，可以说中江兆民这小子算是时来运转了。在细川老师的推荐下，庆应元年（1865 年），由藩里出钱把他送到长崎专门学洋学。在那边，他结识了正在全国各地四处混且恰巧混迹于此的同乡大哥坂本龙马。当时的龙马虽说依然在混，但已经是属于混得很开的那种人了，所以对于这位大哥，中江兆民是既崇拜又憧憬。

自从那以后，中江兆民就郑重地向全世界认识他的人民宣布：自己是坂本龙马思想的继承者。

这个伟大宣言的起源，其实不过是一件小事儿。

话说有一次，中江兆民正好在跟坂本龙马闲扯家乡风情，而龙马因为是个随性且又特新潮的人，所以行为举止也相当前卫——他是一边跟人闲扯一边在吸卷烟，这烟是进口货，在长崎各大外国人商店里均有销售。

抽着聊着，聊着抽着，烟抽完了，于是他又特别随意地冲着中江兆民说了句：“中江家的哥儿，你帮我去买包烟回来吧。”

因此，中江兆民有了上述的想法。

不是让他买烟他就以为自己是人徒弟，而是对方叫他“中江家的哥儿”，他觉得特亲近，就自认为自己是坂本思想的继承人了。

其实这事儿看起来挺不可思议的，但倒也并不少见，就是没那么夸张罢了。

比如闹革命的时候，有多少人听别人叫了自己一句“革命同志”，然后就抛头颅洒热血去了？

当你在跟别人打交道的时候，请尽可能地尊重对方，拉近彼此间的关系，这不但是做人基本的礼貌，同样也是一种对双方都有益无害的行为。

不过，坂本龙马在还没有证实中江兆民是否为他亲传弟子的情况下，就被人给砍死了，所以这事儿一时间也没个定论，全靠中江同学的一张嘴，他说是啥就是啥了。

明治维新之后，中江兆民出仕司法省，明治四年（1871 年）随岩仓使节团出国，不过他的身份并非使者而是留学生，具体留学的国家是法国。留法期间中江兆民先后在巴黎、里昂两地居住，一直到 1874 年（明治七年）6 月回国。

归国之后他在东京开了一所类似于补习班性质的学校，教授法语和英语，同时也讲汉学，就是所谓的“识人伦、辨忠奸”。其实这种教学模式在当时的日本并不少见，比如福泽谕吉开的那个庆应大学也是如此，洋学、汉学、德育三样每样都不可缺，哪个学生若只想学其中一样或者两样的，直接请走。但和福泽谕吉他们不同的是，中江兆民的学校里，还多了一门课。

且说这哥们儿在法国的时候，正巧赶上了人家第三共和执政时代。那年头的巴黎真叫一个热闹，一会儿国王被俘虏了，一会儿闹民变了，一会儿就巴黎公社了。中江兆民在围观的同时，一直在思索着这样一个问题：什么时候日本也来这么一下子呢，比如什么江户公社、大阪人民政权啥的?

在他看来，法国人搞的这一套套什么限制贵族权限、人民争取权利、要平等要自由的事情，非但不是胡闹，反而还是正当的要求，并且，这种正当的要求在不久的将来应该也在日本被提出，日本人同样也要享受这种平等、自由。

有了这样一种美好的愿望之后，他开始寻找起了实现的方法，比如，日夜祈祷能够天降一份说明书，说明一下如何把日本改造成法国那样。结果还真被他给弄到了，确切地说是他的法国朋友推荐给了他一本书——卢梭的《社会契约论》。

这本书成书时间比较早，在 1762 年，那会儿日本尚且处于江户时代，压根儿就不知道大洋之外的事情。这部书如果简单归纳的话，只需四个字即可，那就是“主权在民”，意思是说，一个国家之中，最大的，最顶天的，不是国王也不是什么总统元首，而是国民。全书反复强调要把国家权力分给人民云云，被定性为现代民主制度的基石。后来，有两部经典之作传承了《社会契约论》的精神，一部是美国的《独立宣言》，另一部则是法国人自己写的《人权宣言》。

在看了这本书，听了卢梭的故事之后，中江兆民当场就拍板决定：得把这书给传到日本去，让日本人也看看。

不过，《社会契约论》终究是欧洲的东西，里面的很多内容如果没有接触过欧洲社会的日本人或许根本无法理解，所以中江兆民并没有一味地翻译散发，而是将《社会契约论》进行了自我改编，翻译了其中的一部分，并加入了自己的内容，搞出一本新的书，并给它取名为《民约论》，然后作为自己学校的教材来使用。

所以，中江补习班的第四门必修课是民权论。

中江兆民不但是个比较有思想的老师，他本人也是当时明治政权里一个颇受欢迎的人物。毕竟这位老兄会几国文字，精通法律学、教育学，属于不折不扣的建国时期紧缺高尖端人才。所以在1875年（明治八年）的时候，文部省便任命他为东京外国语大学的校长，想靠他为整个国家培养出大批的外语人才，却不承想发生了意外。

按说，外国语大学是国家的学校，有国家的教育大纲教育制度，跟你中江家的私塾多少还是有点差别的，尽管你贵为一校之长，但也不能是你想干啥就干啥的，至少，你得保证你这学校教的是外语而不是算术吧！

但中江兆民却丝毫不理会这种规矩，他到任的第一天对学生发表讲话，站在讲台上气宇轩昂地表示道："从今往后，这所学校的教育方针不再是外语了，而是德育！"

说白了，他想把他的那一套民权民生的，放到外国语大学来"阳光普照"一番。

于是文部省急眼了，说中江老师您要教什么德育之类的咱也不反对，可这是外语大学，再怎么着外语还是主课吧？您教了再多的民权，这帮学生不懂外语又有什么用呢？

中江兆民却不以为然地表示，没事的，学生们懂了民权，自然也就能懂外语了。

想破脑袋都没弄明白两者之间到底存在着啥必然联系的文部省几个领导只能下了个最后通牒：不是不让您传授民权，也不是不让您讲巴黎公社的故事，但您的主要任务是让学校教外语啊，再怎么着，也不能让这外语大学变民权大学哪！若执意不从的话，那还麻烦先生您另寻高就吧。

中江兆民倒也是个爽快人：你不让爷教，爷就不教了！

从担任校长到辞职，不过三四个星期而已。

不过虽说是不干校长了，但因为这哥们儿确实是块料子，名声在外，所以在他辞职之后没几天，就应邀担任了成立于 1875 年（明治八年）的元老院书记官，邀请他的是副院长后藤象二郎。之后，又历任调查局的调查课成员以及翻译。第二年，明治政府为了准备立宪，又任命中江兆民担任宪法取调局翻译，主要负责调查和翻译西洋各立宪国的宪法情况以及相关资料。当然，身兼要职的中江兆民依然还在自己的学校里任教，并没有放弃他的教育事业。

1877 年（明治十年），西南战争爆发，中江补习班里有一位学生表示，自己是熊本出身，现在很多熊本士族都组成了党萨联队加入西乡隆盛一方，作为一名熊本人，自己也有义务去九州岛帮助家乡人民一起造反。

中江兆民当即就表示了反对：“你不能去。”

这个学生觉得很奇怪：“老师您平时一直说民权民权，现在在鹿儿岛起兵的西乡大人，不就是为人民说话的吗？”

这里插一句，之前漏说了，当时西乡隆盛给私学校题过四个字——敬天爱人，并且在打猎泡温泉之余，还经常下地看农民种地，和他们聊天之类的，总之跟下层劳动人民一直打成一片，所以很有亲民的美名。

中江兆民看着这个学生，摇了摇头说道：“这些人在做的，其实并非是民权运动，他们只不过是想为自己，或者是自己所在的阶层里的同类，也就是旧士族争取最大利益罢了。跟真正的民权运动，完全不是一码事。”

那个学生说我不信，并坚持认为西乡隆盛就是在搞民权运动，鹿儿岛就是日本的巴黎公社。

这场争辩当天并没有争出个结果来。然后第二天中江老师就得知，这个学生走了，据称是私自去了九州，参加造反去了。

于是中江兆民当场宣布学校停课，期限不定，自己也随即收拾了一下行李，便立刻赶赴熊本，打算把那个逃走的学生给找回来。所以，在东京的那些跟他熟识的高官，自然也就收到了中江兆民去熊本的消息了。

由于在中江家的私塾里，想教什么是由着他中江兆民自己的，故而作为他的学生，必然是人手一本《民约论》，那位战死的哥们儿，真实身份应该是中江兆民的那位学生才对。

那么现在就又有一个新的问题出现了：既然这打死的不是中江兆民而是他的学生，那么这位同学又是谁呢?

现在公布答案：这个学生名叫宫崎八郎，熊本县出身，在中江兆民开在东京的学校里读过几个月书，因成绩优异表现突出深受中江老师的喜爱，所以送了他一本自己写的《民约论》。结果就在宫崎八郎好好学习天天向上的时候，九州爆发了西南战争。

八郎同学跑到战场之后，加入了熊本人组成的协同队，成为了队长平川惟一的部下。结果平川队长不慎被打死了，所以协同队再次进行了民选，选出了八郎做新队长。在八代战场上，宫崎八郎指挥手下对占据人数优势的政府军发起了拼死反击，他自己则高举协同队大旗一边挥舞一边呐喊，虽说勇敢倒是很勇敢，但这种如同在枪林弹雨中寻找子弹在哪儿的行为终究还是给他带来了不幸。就在他摇旗呐喊的当儿，一颗子弹击中了他的胸口，夺走了其 27 岁的生命。

顺便一说，他是次子，他们宫崎家还有好几个儿子，其中一个，叫作宫崎滔天。

第八章 最后的决战

4 月 12 日，基本上算是放了一个春假的政府军抄后路部队终于开始打算向着熊本城进军了。

其实这会儿熊本城里人还是有那么一两千的，而且也没有谷干城每次电报里说得那么惨，什么人要死绝了，人要吃人了啥的。虽说粮食是有那么一点短缺，但根本就不至于到人吃人的份上，也就是被萨摩人这么死死地围着，眼瞅着大米白面粗粮稗子的一天天减少却连个来救自己的人都看不到，等于是没了盼头，这人要没了希望可不就着急上火了吗？所以谷干城才这么心急火燎地不把日元当钱使似的每天好几封电报拍给山县有朋叫着要援军。说老实话，自打萨军主力北上，对熊本城实行围困之后，双方基本上就没什么太大冲突了，也没怎么大规模地死过人，最激烈的一次，是发生在 3 月 12 日的时候，而且还是因为几百个屁给引出来的。

且说当时一群人围着不打，一群人被围着也不怎么打，大家每天就是我看着你怕你逃跑，你看着我怕我打进来，除此之外没有其他任何多余动作，天天从太阳升起看到太阳落山，晚上还举了个火把看，所以非常无聊。

在这种无聊的情况下也不知道是谁挑的头，大家不打枪不放炮，改骂大街了。

先是萨摩人在城下高声叫唤着：“你姥姥的熊本镇台，丫的没粮食了吧？这几天看你们走路都跟麻秆似的两腿晃荡着，还不快点投降？”

熊本镇台诸君毫不示弱：“孙子你说什么呢？谁没有粮食了？看样子是你们没子弹了才对吧？每天就跟个泼妇一样只敢叫唤不敢开打，孬种！”

萨摩人急了，也就顾不上什么素质了，事实上他们早就放弃素质了：“你们放屁！”

这话一说出来，是个人都明白，其实这就是一句骂词儿，谁都不会当回事儿，你要真当回事儿，原封不动地骂回一句你才放屁之类的也就完了，可没想到这城上的熊本镇台们估计是忒无聊，无聊到家了，所以就做出了一个惊世骇俗的举动来。

正当萨摩人骂完放屁等着对方回嘴的当儿，突然这熊本城堡那高高的外围墙墙头上，齐刷刷地出现了100来个熊本守军。让人觉得奇怪的是，他们爬上墙头站稳之后，又非常整齐地转过了身子，清一色地背对着外面。

还没等萨摩人反应过来这群家伙到底要干什么，只看到他们全体弯下了腰，撅起了屁股，再听到一阵响彻寰宇的“噗——”

没错，你猜对了，这是屁的声音。

不得不说这手太绝，被人骂了放屁之后就真的放了个屁给人家闻，绝，太绝了。

但这世界上的事儿，永远是没有最绝，只有更绝。

在耳闻目睹鼻子闻了熊本镇台诸君的屁之后，城下的几百萨摩人齐齐向前一步迈进，然后集体后转——弯腰撅屁股。

“噗——”

几百个人的屁，让整个熊本城都给震撼了，然后大家都火了：

你丫的骂人不算还敢放屁，奶奶的，老子跟你拼了！

枪响了，这仗就这么打了起来。从 12 日的下午一直打到 13 日早上，这场因为屁而引起的战斗才算是告终。交战双方前前后后加一块儿，总共死了几百来人。这也是熊本城被围 50 多天里，规模最大的一场战斗。

除了这次屁战之外，其余的日子里，大家还是都比较太平的。当时围熊本的萨军分别是永山弥一郎的三大队和池上四郎的五大队。两位队长一合计，决定由永山的三大队出去迎敌，池上的五大队继续围城。

4 月 12 日早上 5 点，别动第二旅团和别动第四旅团从熊本南边的川尻开始进发，而别动第三旅团也随之一起行动，三个旅团从南边向熊本城包抄了过去。其中，走在正中间的，是山田显义的别动第二旅团。

当天，他们还没走出川尻几步路，就碰上了迎面攻来的永山弥一郎。于是，双方展开了激烈的对战。对战中，永山队长被大炮给轰了一下，腰部以下当场就报废了，不能行动。手下不知从哪儿弄来一块小木板子，把他们的队长往上面一放，扛着就走，送到大后方的大本营疗伤去了。

13 日，政府军继续进攻，此时正瘫着疗养的永山弥一郎闻讯后不顾伤势，坚决要求手下把自己送上前线指挥作战。手下自然不肯，说大哥你都这样了还指挥个啥呀？走半道儿上估计就挂了。

永山队长大怒，用手拍着小木板叫道："如果这仗打输了，那我就死在这儿！"

手下一看这哥们儿真要拼命，也是没辙，只能由着他，说那行，现在咱哥几个就把您给抬回战场去。

永山弥一郎表示不能用抬的，那个太慢，至于用什么，你们自己想办法。

就这样，经过底下人的一阵苦思冥想，当天下午，永山弥一郎坐在一辆黄包车上便被拉上了战场。

等他赶到的时候，萨军已经成了一片溃败的模样了，几乎碰到的每一个萨军士兵，基本上都处于逃跑状态中。永山弥一郎见状，先让人找了附近的一家民房做临时指挥所，然后再叫手下跑出去收容士兵，准备再战，但收容队收了半天也没能容进来几个，反倒是因为被政府军察觉了永山他们的到来，所以连指挥所都被四面包围了。

在这最后关头，手下士兵请示自家永山队长，问大哥现在咋办，是不是咱再把你给拉回大本营去?

“我不回去，你们也别回去。”永山弥一郎说道，“现在正是我们大家战死的时候，不打到刀断弓折决不能罢休，你们都出去和敌人决一死战吧！”

说完，他把身边的人都赶出了民房，然后叫来了这间房的主人，一个已经年过七旬的老太太。

“婆婆，这房子卖给我吧。”永山弥一郎一边说一边掏出了好几百日元，相当于现在的几百万日元。

那时候房价低，再加上其实永山他只要房子不打算要地皮，而这栋屋子其实也就是树枝茅草搭成的简易房，所以几百日元是只有多没有少的。

老太太想了想，答应了，不过她还是问上了一句：“大人，您想干吗?”

“我要在这屋子里自我了断，所以婆婆您还是赶紧出去吧。”

永山弥一郎自尽，时年40岁。死的时候，他还在屋里放了一把火，把刚买来的新房给烧了。

永山队崩坏之后，在熊本城下的池田四郎知道情况不对了，但他知道也没用，因为对面的政府军已经分成左中右三路朝着自己奔袭过来了。池田四郎知道硬打是肯定不行的，于是便找了一条叫作加濑川的河，在对岸布下防线，打算靠水吃水。

率先赶到河跟前的，是隶属别动第二旅团的第五中队，中队长山川浩。他在观察了一番地形之后，下达了布阵的命令，在安排完火枪手在哪儿工兵睡何处大炮放在什么地方之后，便宣布全军休息，有什么事儿明天再说。

看着对方如此优哉游哉，池田四郎倒有些忍不住了。他深知山川浩属于那种诡计多端打起仗来一肚子坏水的主儿，为了以防不测，池田四郎决定先下手为强，架起了自家的大炮朝着对岸的山川部就是一阵狂轰。不过因为距离太远外加萨军的大炮质量实在是不咋地，所以就只看到尘土飞扬水花四溅，愣是没见着几个死人，不过在池田四郎看来这也已经足够了。他相信，面对这般挑衅，纵然如山川浩，也一定会上钩出战，这样一来自己便能以逸待劳，打一个安稳的防守反击战了。

果然，第五中队的一些军官看到了这炮弹一颗颗往自己头上飞来的场景之后，纷纷跑到山川浩身边请战。有的甚至还声泪俱下，说山川大哥，对岸这萨贼都把大炮端我们门口来了，这时候不给他们个下马威以后我们还怎么混啊。

山川浩则连眼皮都没抬一下，低着头仿佛在想什么心事一般，只从嘴里悠悠地吐出两个字：“不行。”

既然领导说了不行手下人也就不再多说了，只能看着萨军的炮弹这么一发发地砸过来。

然后，在当天半夜 12 点的时候，对岸的萨军也已经入睡了，准备明天起个早好接着放炮，而这边的政府军自然也没理由当夜猫子，大家纷纷沉浸在自己的梦乡之中。就在这明月当头照，四周寂无声的时刻，突然政府军大营里响起了一片喧哗声，一个个传令兵跑到各个营地大声叫唤，说山川中佐有令，全部起床！

非常莫名其妙的第五中队各级军官一边打着哈欠一边揉着眼睛爬起来，然后跑到山川浩面前，问道，大人，啥事儿？

“准备进攻。”

“进攻？进攻谁？”一个少佐显然还没有睡醒，非常纳闷地问道。

“熊本城。今晚我们要把围在那里的贼军赶走，解放城池。”

听了这话，大伙就不是莫名其妙而是改郁闷了：大人，你要搞突然袭击的心情我们能够理解，可也犯不着来这手啊。加濑川的河水很急你又不是不知道，我们走得那么匆忙根本就没准备船只，如果要走着涉水渡河的话，动静肯定很大，到时候让对岸的贼军察觉到，一顿炮轰，那还能有个好？

山川浩也不多话：“你们只管去就是了，出了事儿算我的。”

没法子，尽管所有人都在犯嘀咕，但怎奈何军令难违，现在整个别动第二旅团的其他领导都尚在路上，唯一身在战场的最高指挥官就是他山川中佐了，就算想说理可那也没地儿找去。

半夜 1 点，山川浩将自家中队分成三路，开赴河边。到了加濑川，大伙非常惊讶地发现，不知何时岸上出现了几十艘大小不一的船。当然，这不用问也能知道，肯定是山川浩事先准备好的。

就在众人不由暗叹这哥们儿确实脑子好使未雨绸缪的时候，山川浩又下令道：“左翼和右翼先过河，中军在听到对岸枪响之后则立刻跟我过河，直取熊本城。”

接下来的事情就相对比较简单了。河对岸的池上四郎部队因为白天打了一天的炮，所以很累，睡得也很死，遭到突然袭击之后连东南西北都分不清，只能四下逃散，连武器和衣服都顾不上拿。而第五中队的左右两翼在撕开敌军之后，山川浩的中路本队也随之跟着渡河，因为对手已被杀散得差不多了，所以是前途一片广阔，大家几乎是大摇大摆轧马路一般地走向了熊本城。在快要到达城门口的时候，城堡上突然就响起了阵阵枪声，然后还伴随着此起彼伏的呐喊声："贼军又来攻城啦！弟兄们给我打！"而山川浩见状也不含糊，立刻命令手下吹起了喇叭，奏起政府军的军歌，同时再让人高举火把照亮自己的旗号和军服，好告诉对方：自己人，别打了。

在经过确认之后，整个熊本城上下都沸腾了。

从 2 月 22 日开始，他们被困了整整 52 天，在这 52 天里，城中的每个人都盼着能有个人来理他们一下，现在，终于来了。

在一片欢声沸腾的热烈气氛下，熊本城里几乎所有的守军都跑出城来欢迎山川浩他们。率先出城的，是两条腿的，也就是没受伤或者受了轻伤还能蹦跶的那种；接着跟出来的是三条腿的，就是拄着拐杖的伤员；跟在三条腿后面的是四条腿的家伙，一些重伤的守军虽说自己不能动，但为了能来迎接援军的到来，愣是让人把自己给抬出来，有的甚至是等不及别人抬，干脆自己匍匐前进，爬着就出城了。

跟在这群走的走、爬的爬的家伙后面的，则是熊本城守卫军最高总指挥谷干城以及参谋儿玉源太郎。

这一天，谷干城特别激动，首先，自然是因为援军到了，心里爽；其次，他做梦都没想到，来救自己的，居然是当年在日光口和会津城下跟自己打得不可开交，大大调戏了自己好几把的山川浩。

两个人刚一见面，谷干城就啥也说不出来，只能紧紧拉着山川浩的手，泣不成声。

而山川浩则依然显得平静万分，他冲着诸位守军将领笑了笑，然后轻声对谷干城说道：“大人，好久不见了。”

这两个人从此之后就成了生死之交，其友谊的故事流传了一代又一代，比如什么谷干城很大方地借给山川浩钱之类。

开过欢迎会之后，儿玉源太郎表示，现在是4月份，天气还很冷，所以你们第五中队干脆就跟着我们一起进城驻扎，吃个饭喝个酒啥的，也好暖暖身。但这个好心的邀请却被山川浩给一口回绝：“不用了，非常感谢您的好意。”

儿玉源太郎觉得很奇怪：“为啥不进来呢？外面很冷的。”

“贼军不知什么时候就会袭来，所以我们必须要保持高度的戒备才行。这城，今晚我们就不进去了。”

儿玉源太郎一听这话那叫一个感动，连忙说山川大人您高风亮节，以大局为重，我们得向您学习，既然不进城，那就把篝火再点上几把，我再让人去弄点酒来，也好让大伙去去寒。

但是山川浩依然给谢绝了：“如果篝火点太多，反而会方便贼军的袭击，我们这个中队的人多是会津出身，习惯在寒冷的地方战斗了，所以待会儿我就会让他们把所有的火把都给熄灭。儿玉大人您也请回吧，毕竟您还担当着守城的重任呢。”

在一片感动的赞叹声中，山川浩的第五中队灭掉所有明火，不收刀枪不睡觉，就地站了一夜的岗，一直到天亮以后，旅团长山田显义的大部队亲自赶到，这才随大流一起入驻城内。

就在熊本城打得热闹的时候，北边那道吉次峠到植木防线上边大家伙也没闲着，在休整了一天之后于3月21日再次互相对上了眼。不过因为大家都是老熟人了，再加上这道被誉为“第二田原坂”的防线确实牢固，一时半会儿也打不破，所以政府军也不急着打对方，萨摩人也不忙着赶敌人。大伙优哉游哉地搞起了大眼瞪小眼，一连三四天，也别说战事有啥进展了，基本上连枪都没放几下，搞到最后双方士兵干脆挖起了坑，自己动手做了几个浴池子，就这么相互遥望脱光了泡起了澡堂子。而附近村子里的老百姓一看这架势，知道做生意的机会来了，于是一帮农民整天拿着自家种的各种瓜果蔬菜、烧好的农家风味小吃跑到战场上来兜售，有时候还卖点小酒啥的，好让交战双方天天醉着。

这种胶着状态一直持续到4月份，其间政府军在知道硬打没有效果的情况下，还搞了好几次心理战，比如到处竖几个木牌子，上面写着“萨军弟兄，只要投降，一律不咎，包你平安”之类的话，虽说并没有造成什么萨军如同潮水一般前来投降的景观，但在某个深夜，还是有那么几个萨军士兵偷偷地跑过来，问上一句：“投了你们能让俺回家种地不？”

4月1日，为了打破这种不能进也不能退的尴尬状态，野津镇雄下令从今日起谁也不许混日子，违者法办，然后又命令强攻吉次峠，不攻或者攻的时候不强的还是法办。

既然上头下了死命令，大家伙也只能硬上了。要说这帮人真的都是属蜡烛的，不点不亮、一点立马亮堂堂。之前磨叽了小半个月都没能啃下一块山上的石头，现在一看上面要来真的，仅用了半天，就把吉次峠给拿了下来，顺带还占了边上的半高山。

吉次峠被夺之后，萨军已经无险可守，只能一边打一边退，然后退的时候装模作样地再打两下。一直这样熬到了4月14日，传来了熊本城被拿下的消息。

我们之前说过，拿下田原坂，熊本城就在眼前；现在熊本城被拿下了，田原坂也被拿下了，那么这堆剩下的萨军自然就算是被人包了饺子了。

15日一早，政府军发起了总攻，但还没等他们动手，萨军的阵地上突然响起了阵阵鼓声，然后一股股的黑烟不断从四处冒起，还有一阵阵时隐时现的呐喊声伴随着，好似一副拼命的模样。

一看这阵势，政府军也不敢轻举妄动，先是拉过来几百门大炮，轰上了好一阵子，打算把这地给砸烂了再冲锋，这样保险系数高一点。

在炮轰了半个多小时之后，先锋部队踏入了萨军的阵地。让人觉得奇怪的是，以往还没完全靠近就会碰到萨军顽强的抵抗，但这次别说抵抗了，连个人都没怎么看到。备感疑惑的政府军壮着胆儿在萨军阵地上来回溜达仔细搜索，终于明白了为啥看不到人——压根儿就没人。

且说在听到熊本城的包围军逃散的消息之后，防守在此的萨军生怕自己被前后包了饺子，于是点着浓烟一边借着烟雾掩护一边高喊口号转身逃走了。

不过因为之前吃亏吃得实在是太厉害，所以政府军一时间也不敢大意，派出了三个小队分别试探性进发。在确定、以及肯定这方圆几十里的阵地上已经不存在一个萨军士兵后，大家这才大模大样地开赴南边的熊本城。

4 月 19 日，脱离战场的大约 8000 名萨军和 3 万多政府军在熊本城东部展开了一次非常激烈的大战，结果萨军因为人实在太少没能挡住，不得已败退到了人吉，也就是位于今天日本熊本县的人吉市。从此，在熊本城的周边基本上就已经见不到萨军的人影了。

4 月 21 日，鉴于之前的那 7 个大队 70 个小队的人已经被打得死得差不多了，有的大队人数比小队还少，基本上没有任何意义了。所以西乡隆盛在这天把队伍的编制重新给编了一回，顺便还改了改名字，把原本的小队改名为中队。虽说听名字感觉大气了不少，但人数其实缩减了足足有一半：原本一个小队 200 人，现在一个中队基本上只有 100 人了。而那些个什么第一大队第二大队的，太没个性，西乡隆盛就把原本 7 个大队扩充成了 10 个大队，并且在队名和队长人事上作了如下的安排：

本队，队长西乡隆盛，下设副手两名，分别是村田新八和桐野利秋，人数为 2000 人；破竹队，队长别府晋介，下辖 6 个中队；常山队，队长平野正介，原第七大队第五小队的小队长，下辖 8 个中队；鹏翼队，队长叫渊边群平，原本是西乡隆盛大本营的护卫队小队长，因为前方指挥官都死得差不多了，所以他便被弄了上来做顶替，这个队下面有 6 个中队；雷击队，队长边见十郎太，原第三大队第一小队小队长，该队包含 13 个中队；行进队，队长相良长良，原相良藩（熊本县内）藩士。相良藩的人对萨摩藩以前的救火之恩就一直心怀感激，这次一听说西乡隆盛带领萨摩儿郎造反，一大批相良藩士就赶了过来投军，这个行进队里的人基本上都是相良出身的，总共有 18 个中队；振武队，队长中岛健彦，原第二大队第二小队小队长，下辖 26 个中队，不过他们的中队人数比较少，总共算下来只有 2300 人左右；正义队，队长河野主一郎，原第五大队第一小队小队长，下辖 9 个中队，顺便一说，这个队的河野队长最终兵败被俘，明治政府倒也没杀他，而是判了他十年有期徒刑，刑满释放之后觉得这家伙挺有才的，所以还让他担任了日本水产会社的社长，就相当于今天的公司老板了。1895 年（明治二十八年）的时候，他又被派到了台湾担任了台南的地方官；干城队，队长阿多壮五郎，这位仁兄原本也是西乡隆盛的本营卫队小队长，同样也是因为前方死得没人了，所以才让他上来顶一阵子，这个队下面有 9 个中队；最后一个叫奇兵队，队长野村忍介，下辖 22 个中队。

改编完成之后，就能开打了。考虑到现在兵力对比已经相当悬殊，所以西乡隆盛决定从一开始的攻势转为守势，挑一个比较险要的地方静下心来打防守战。选来选去，他选中了位于熊本县内一个叫作球磨盆地的地方，布下了防阵，大本营则设在人吉，由西乡隆盛亲率本队坐镇指挥。

球磨盆地前面有一条河，叫作球磨川。其实仗打到这个份上，西乡隆盛自己也很明白了，现如今如果再想着什么反攻倒算推翻明治政府，那就是做梦，唯一不是办法的办法，就是依山傍水，死守阵地，能拖多久算多久。

事实上不光是他看出来了，其他的萨军士兵也看出来了，且说自打这熊本城被政府军拿下之后，造反军的队伍里几乎天天有逃兵，有时候甚至几十个几十个一起出逃，搞得好好的一个中队顷刻间人就少了一半，弄得西乡隆盛以及众军官非常头疼。

如果只是逃走那也罢了，可这些逃兵不光逃走，还带着枪；如果带着枪那倒也能理解，可这帮带着枪的家伙还在逃跑的路上搞一些持枪上门抢劫之类的勾当，而且也不要钱，只要吃的，搞得老百姓往往能碰到这样一种情况：一个凶神恶煞、满脸横肉、手持最新西洋制造的来福枪的逃兵，猛地砸开了你家的门，然后用枪指着你，正当你战战兢兢用无比颤抖的声音说道“好汉，您要钱，在柜子里，自己随便拿，只求您放了俺一条小命吧”的时候，对方却粗着嗓子怒吼一声：“你家还有饭团酱菜咸鱼干不？统统给我交出来！”

之所以会这样，原因也很简单，造反的萨军们几乎是没粮食的。实际上萨摩这块地方本身的土地质量就不好，不怎么长粮食，故而自打西乡隆盛开始造反的那天起，这军粮就是一个很大的问题。一般的解决办法就是从当地的大商人的囤积处购买；有时候正在打仗，来不及买或者就是根本没钱买，那就只能上老百姓家里去打秋风了，往往是这里坑一点那里抢一点的，尽管如此，造反军各将领们还是普遍感到粮草不足。而那些逃兵逃走的原因，一半是因为知道打不赢，另一半也是因为吃不饱饭，俗话说当兵吃粮，吃粮当兵，连饭都不给人吃饱凭啥要人给你卖命?

不过为了口吃的就当逃兵，而且还四处去抢老百姓，这种事儿让西乡隆盛深深地感到丢人，在备感羞耻之余，他也就只能用重典了。4 月 27 日西乡隆盛就宣布了一条纪律：但凡擅自脱离队伍的，一经发现，一律砍头；但凡上老百姓家里骗吃骗喝抢饭团的，一旦抓到，也是砍头。并且还专门在今天熊本县人吉市的一个叫青井阿苏的神社里，设了个刑场，但凡被捕的那些逃兵、兵痞，全都放在那里砍脑袋。同时，萨军还开始在附近周边地区拉起了壮丁，并且定下死规矩：拉到你你敢不来的，杀头。

这种做法的直接后果就是大大降低了士气，大家都觉得这么造反造下去，根本就没个盼头，还不如消极怠工拉倒算了。

另一方面，政府军则马不停蹄地展开了解放全九州的攻势。5 月 1 日，山田显义的别动第二旅团兵分好几路，爬上群山走着山路，浩浩荡荡地杀向球磨盆地。

其实这时候政府军已经不太讲什么战略战术了，因为萨军的总人数连 12000 都没到，而他们自己的总兵力则高达数十万，基本上只要看到有萨军出没，直接拉起队伍架着大炮砸过去就成，不必太动脑子。

5 月 9 日，政府军的前卫部队和破竹、常山以及鹏翼三个大队在球磨山山口遭遇。因为对地形不是特别熟悉，再加上山路比较窄，不适合大部队行军，所以一时间政府军没有办法完美地展开攻势，往往是进一步，被人踢出去两步，再进一步，再被踢出去两步，搞到后来一退就退了好几公里。这种结果显然是谁也没能想到的，因为大家都觉得萨军应该已经只有招架和逃跑的力气，谁承想他们居然还能还手，而且手劲还挺大。

就这样，一时间攻防角色便互换了。政府军缩在球磨山山外布阵防守，以备萨军的反攻。

其实这是相当多此一举的，因为对方早就没了力气，能够把敌人赶出山外，已经是铆足了劲，现在要想让他们攻出山外，那是绝对没可能的。

当月12日，政府军的援军第二旅团也赶到了球磨山外，两个旅团一合计，决定继续发动攻势。这一次萨军再也没能挡住，因为他们发现，自己的人越打越少，而政府军的人却是越打越多，打退了一个旅团，又来了两个旅团，如果再把这两个旅团给打退的话，估计下次来的就是四个旅团了。面对这种情形，大伙首先在心理上就已经崩溃了，再加上对方确实人数众多，攻势很猛，所以在接下来的两个星期里萨军节节败退，一直被逼到人吉城的里面，便没法再退了。

5月25日，完成了对人吉城包围圈的政府军发动了最后的总攻，2万大军分七路杀向城堡，在这几乎能被称之为一边倒的战斗中，鹏翼队大队长渊边群平身中数弹，当场被打死在山头上。西乡隆盛一看情况，立刻反应过来，这人吉城再怎么守也是守不住的了，沦陷那是绝对的，时间早晚的问题罢了。于是他带着几个随从，在25日夜里，悄悄地离开了城池，向宫崎县逃去。

6月1日政府军对人吉城发动了最后的总攻，据城死守的桐野利秋以及村田新八在抵抗了大概两个小时之后见情况不妙，便带着还勉强能跑的几百人撤出了人吉城，追随西乡隆盛的足迹，朝着宫崎方向遁走了。

就在西南战争处于最激烈的当儿，在京都也发生了一件对于当时的日本而言实属惊天动地的大事件：1877 年（明治十年）5 月 26 日，木户孝允不行了。

所谓不行就是指快要离开这个世界去西方极乐的意思。

事实上木户孝允的身体一直不怎么好，不但大脑有不明病因的问题经常头痛，连胃的状况也很差。本来还能勉强坚持坚持两年，可自打西乡隆盛造反之后，木户孝允的身体状况垮如山倒，一夜之间几乎连坐都坐不起来了。

且说明治维新之后，这位当年的激进尊攘派就改头换面了，一下子变得温柔体贴了起来。从一个整天喊着打打杀杀转变成了反对战争反对暴力的人，比如在征韩论战的时候，他反对征韩；在征台湾论战的时候，他又反对打台湾；江华岛事件那会儿，他依然表示不能出兵朝鲜半岛。总之在那会儿，你要打哪儿，他就不让你打哪儿，虽说反战，但这并不是他的主要工作，当时木户孝允主要还是在整顿内政，建设国家。

在他随着岩仓使节团回国之后，团里的很多人都有了这样的一个想法，那就是西方列强很好很强大，日本为了能够同样变得很好很强大，所以必须学习西方列强。当然，这是老话题了，可现在使节团的成员们虽说提出的话题很老，可他们说出来的学习方式却蛮新颖别致的，叫作全盘西化。就是说，即日起开始改革，日本的一切，都必须要向西洋各国看齐：西洋人穿西装，那么日本人就得脱下和服也跟着换上；西洋人握手，日本人也得跟着学；日本人长期以来的饮食习惯是以素食为主，再配一点鱼虾，但现在这么吃不行了，要跟国际接轨，大家一起照着西洋人的吃法吃牛肉猪排。

这种观点在当时特别流行，以至于明治天皇都受到了伊藤博文的鼓动，开始吃起了牛排，为的是做个样子给国人看看，好让大家一起跟着西化。

不过，握手穿衣吃饭那还都是小事儿，你学也就学了，但接下来的事情，就不是那么容易依样画葫芦的了。

比如有人提出，日本应该学西洋各国，展开海外扩张，当时正值征韩论战，一大批支持征韩的家伙都是因为要学西洋；还有人说，日本应该尽快引进民主制度，彻底民主，诸如此类不胜枚举。就在这个时候，一个人果断地站了出来喊了声停，那就是木户孝允。

木户孝允表示，这么个全盘西化，最终的结果只能是一个，全盘皆输。

大家觉得很奇怪，按说学强的应该会变强，怎么就会皆输呢？

“你们有没有想过，这世界上的每个国家就如同每一个人一般，都是不一样的。生搬硬套其他国家的模式，那就跟男人硬要学着女人一般粉墨化妆可笑。”

面对一大帮子人的质疑，木户孝允毫无畏惧之色地反击道。

用今天的话来讲，就是国情不同不能乱来。其实想想倒也是，要真的样样都按着西方的来，那日本可就真的乱套了，首当其冲的就是天皇，西方国家里的神从来都是看不到摸不着的，可天皇这位活神仙不但能看能摸还会自己吃牛排，如果真的全盘极端西化，他怎么办？

所以木户孝允的观点很清楚：能西化，但肯定不能全部，必须得根据实际的情况实行部分西化。

其实日本人相当极端，这种现在我们认为非常不可思议的事情当年他们都想过，不但有想，还真做过。比如在关于是学法国还是学德国的问题上，就有人极端地表示，因为普法战争中法国被德国打败了，属于战败国，那就是垃圾，垃圾的一切都是垃圾，应该全部丢掉。于是，从幕府时代就成为日本学习对象的法国被日本所抛弃，大家都开始学起了德国，尤其是军事上，不但技术学，装备学，连军人的外表都流行起了德国的八字胡。在当时的陆军省里，如果你支持的是法国而不是德国，那么你算是完蛋了，这辈子就别指望什么大佐少将，混个什么上尉少佐的基本到头了。

好在头脑不清的人群中依然有那么“一两朵大红花”。在全军学德国的那个年头，有一位骑兵军官阴差阳错地去了法国留学学习骑兵，在此期间他看到了法国骑兵的强大之处，并坚持认为对于日本的骑兵现状来说，更适合学习法国，所以在回来之后把原本快要完全德国化的日本骑兵愣是给扭到了法国路子上面。多年之后，他带着这支自己亲手改革过的骑兵打败了具有当时天下第一之称的俄国哥萨克骑兵。

这个人就是我们之前已经提到过两次、之后一定会作详细介绍的日本近代骑兵之父秋山好古。

之后的木户孝允则一直是以保守派代表的形象出现在大家面前的。地租改革的时候，他反对；之前说的那个秩禄处分实行那会儿，他还是反对，总之给人的感觉就是一个非常小心谨慎、不敢有丝毫越轨、战战兢兢过日子的家伙。对此，一时间说他什么的都有，好听点的叫他守旧派，难听点的背后就直接叫他胆小鬼缩头乌龟了。

然而，当西南战争爆发之后，木户孝允却是第一个要求明治政府立刻派兵围剿，将这场动乱扼杀在萌芽之中的人。在那个时候，伊藤博文和大久保利通都是持“看看再说”的观望态度，但长期以来一直扮演柔和派角色的木户孝允，却意外地铁血了一把，仿佛又让人看到了京都时代那个站在天诛最前线的桂小五郎的影子。

“如果不能及时控制萨摩的局势，那么这个国家将会走向灭亡的地狱。”

当陈述理由的时候，他这么说道。

只有在这个时候，旁人才会猛然想起，这位当年有着“桂跑跑”之称的家伙，其实是一个不折不扣的剑道高手。嘉永五年（1852年），他在江户三大道馆之一的练兵馆修行剑道，当时的掌门是著名剑豪，人称力之斋藤的斋藤九郎。对于这个身材高大却一点也不见笨拙的门生，斋藤九郎极为器重，入门的当年，桂小五郎就获得了神道无念流的资格证书，第二年还当上了练兵馆的塾头，并且和大村藩的渡边升一起被合称为“练兵馆双璧”。

这家伙其实并非惧怕战争或者改革，也不是害怕死亡，他只是在努力为国家寻找一条用最小的代价换来最大的发展的途径。

在人生的最后一刻，陪伴在他身边的有不少人，其中包括了夫人木户松子以及大久保利通。

木户松子本叫几松，是当年京都的名伎。在当年木户孝允还叫桂小五郎的年代，两人就已经结识并开始了交往。那会儿的小五郎我们之前也有说过，虽然在藩内地位很高，威望也有，但因为隶属于长州，所以在他经常蹲点混日子的京都基本上就是一个过街老鼠的角色，但凡被新选组之类的在街头巷尾撞见，那就是直接杀无赦，不过他也因此练就了一身逃跑和化装的好本领。在这么一个艰难的岁月里，几松对他一直不离不弃，有时候小五郎一逃就是好几个月，但她却依然苦苦等候着自己爱人的归来，丝毫没有动摇过。

曾经有一次，桂小五郎被新选组满世界地追杀，东躲西藏好几个星期都没个音讯。就在几松也很着急的时候，突然有长州藩的维新同志跑到她这里告诉她说，发现了桂小五郎的踪迹。

几松很兴奋：“您是在哪儿发现他的？”

对方说，在京都二条大桥上，最近出现了一个身材高大目光犀利的乞丐，面容神似桂小五郎，每天都坐在桥上要饭，几松小姐如果现在去的话应该还能碰得到，不过……

“不过什么？有什么不方便说的东西吗？”几松问道。

“不过在下还是想劝您别去为好。”

“为什么？”

看着几松一副打破砂锅问到底的样子，对方也就直言不讳了：“桂先生并没有这种特殊的爱好，他之所以会化装成乞丐行乞，一定是为了以此为掩护刺探情报。如果您现在贸然前去相见，大桥上人来人往保不齐有新选组的探子，一旦被人看穿，那就是不得了的事情了。”

但是几松却坚持要去，她再三表示既然知道了人在哪儿，就一定得去看一眼，不然晚上睡不着觉。众人也拗不过她，只得反复叮嘱说大姐你一定要谨慎谨慎再谨慎，千万别一个激动把桂先生给坑了啊。

几松没有多说，独自一人来到了二条大桥。在桥面上，她一眼就认出了蹲在那里面前摆了个破碗正处于乞讨状态中的桂小五郎。

此时的小五郎身上穿了一身破旧不堪估计是从哪儿捡来的已经不能再称之为衣服的衣服，为了怕被人认出，头上还特意绑了个头巾好挡住脸，估计也是好几天没洗澡了，身体周围隐约还能望见几只盘旋的苍蝇。

一般来讲老婆看到老公这副德行多半当场就哭出来了，定力好一点的那也得情绪激动，浑身颤抖。

几松脸上却没有出现一丝一毫的表情变化，她继续向前走着，向桂小五郎乞讨的位置走过去，越走越近，越走越近，最后来到了小五郎的跟前。

“当啷！”几松弯下身子丢入了一枚铜板。

“保重。”

除了她和小五郎，没有第三个人听到这两个字。接着，几松站直身子，如同什么都没发生过一般继续前行，缓步穿过了二条大桥。

两个人的正式婚礼，是在明治维新后举办的。明治三年（1870年），几松做了长州藩藩士冈部利济的养女，门当户对地嫁给了木户孝允，婚后改名为木户松子。这对苦命的鸳鸯历经了战乱、幕府通缉、新选组满世界的抓捕（曾经有一次近藤勇亲自带人上门捉拿，但因几松掩护得好而让小五郎幸免于难）等风浪，始终忠贞不渝、互相扶持，终成了一对眷属。

什么叫爱情？这就叫爱情。

当木户松子得知丈夫在京都病重的消息后，原本在东京的她连夜坐马车出发，赶了整整好几天的路，都没来得及休息便来到了丈夫的身边，端茶送水悉心照料，但对于其生命的挽回却依然无济于事。

弥留之际，木户孝允突然猛地抓住了大久保利通的手，艰难地张开了嘴，用几乎小得听不到的声音不断喃喃着："够了……够了吧……西乡胖子哟……你也是时候……是时候该收敛……点了吧？适可而止一点啦……"

这家伙果然在最后的时候，还是讨厌战争的啊。

当天，木户孝允与世长辞，年49岁。他死以后，木户松子出家为尼，法号翠香院。1886年（明治十九年），她因胃病医治无效，与世长辞，年44岁。

在木户松子的墓志铭上，有这么一段话"为人可相结托，扶之于流离难中，终为配"，就是说她人品高尚，和木户孝允相识后两人于患难流离中互相倾心，最终走到了一起。

这是对两人婚姻史最好的诠释了。

话得说回来，相当遗憾的是，木户孝允临终的愿望终究还是没能达成，战争丝毫没有马上就能结束的迹象。

5 月 28 日，逃到宫崎县内的西乡隆盛正式建立起了一个军务所，其实也就是临时军政府，造反造了三个多月，终于算是有了一个组织了，不过实际意义并不大。组建完之后，西乡大人召开了一个政府高级干部的全体会议，在会上他要求大家畅所欲言，谈谈现在西乡政权的不足之处。在大伙的踊跃发言下，西乡隆盛终于发现了一个存在于政府内部以及政权周围的非常重要的问题，这个问题用一个字来说明的话，那就是“钱”。

且说但凡这打仗就必须得要钱，俗话讲大炮一响，黄金万两，这是亘古不变的道理，对于西乡隆盛的造反军而言，也是如此。这战争一打就快要小半年了，财政方面越来越吃紧，眼看着就要穷得打不起了，一个相当缺德的主意被想了出来——发行不换纸币。

不换纸币是日本话，翻译成中文就是法定货币，简称法币，我们中国也有，就是在 1935 年到 1948 年间，国民党政府发行的那个玩意儿。这里简单介绍一个经济常识，就是法币跟普通货币的最大差别：货币是有价值的，而法币没有。伟大的思想家马克思告诉我们，其实货币本身就是商品的一种，它只是在交换过程中逐渐演变成一般等价物的。法币则完全不同，不代表实质商品或货物，发行者亦没有将货币兑现为实物的义务，只依靠政府的法令使其成为合法货币，它的地位是来自拥有者相信货币将来能维持其购买力，本身并无内在价值。

换句大白话来讲，货币之所以值钱，是源于一种金融秩序；法币之所以值钱，是源于一种政治秩序，即政府的威望。

其实两者没有太大的本质之别，真的碰到危机了都会崩溃。

比如当年国民党的法币。

再比如西乡隆盛发行的西乡札——札就是纸币的意思。

西乡札分为10钱、20钱、50钱、1元、2元、5元和10元这几种，材料也比较简单，外面两层纱布中间一层纸，一拼一粘，再在上面涂抹一个西乡隆盛的大胖脸就算成了。然后又向老百姓宣布，这西乡札的通用有效期为三年，在三年里，跟日元为等同价值，三年后，可以兑换等价值的日元，等于是货币债券两用。而这西乡札的主要使用对象是各大小商家，用来到他们那里去买军需物资的。

要说，因为西乡隆盛的威望确实很高，真的很高，所以在开始的时候的确有那么一部分商人主动把自己店里卖的东西或者真金白银兑换成西乡札。

但大多数的人则是对这粗制滥造如同草纸一般的东西表示了怀疑，迟迟不愿去兑换，特别是在看到西乡隆盛居然还发行了5元和10元这种大面额票子之后，更是对其敬而远之，愈发觉得这不像是什么债券货币，更像是骗钱的玩意儿。

对于这种不肯自觉配合政府工作的人，西乡隆盛也是有办法的：强行推销。规定每户商家根据买卖规模大小必须收进一定量的西乡札，就跟民国那会儿国民党强行摊派金圆券似的。看着一个个满脸横肉背枪挎刀的萨摩“武装推销员”，商家们也只能强颜欢笑地为这一张张西乡札买单。

最后的结局是西乡隆盛战败后，这发行了上千张总额达到数万的西乡札通通变成了一堆废纸，明治政府宣布不予承认这玩意儿，一夜之间上百萨摩商家哭闹的哭闹，上吊的上吊，惨不忍睹。

通过这如同草纸一般的西乡札搜刮了一大批民脂民膏之后，西乡隆盛发现宫崎县其实也不太安全，政府军随时都有可能杀过来，干脆就退到自己的老家，九州岛的最南端鹿儿岛县吧。

其实不光他这么想，别动第二旅团的旅团长山田显义也是这么认为的。

他觉得宫崎县这么好的一块地方给这群乱臣贼子占了实在可惜，应该把他们统统赶到鹿儿岛那块地方，然后集中消灭，这样也省时省力。

6月13日，山田显义正式发兵宫崎。因为在人数上具备压倒性的优势，所以他几乎是连战连胜，指哪儿打哪儿，打哪儿占哪儿，而西乡隆盛除了让野村忍介带着个两三千人的奇兵队四处打游击搞偷袭之外，基本上就再也没有反抗能力了。就这样萨军被一边压着打一边四处逃地折磨了两个多月，在当年的8月15日，终于全都被赶到了一块地方，那就是位于鹿儿岛县东北部的一个山头上，这座山还有个挺不错的名字，叫可爱岳。

但是对于西乡隆盛而言，这地方绝对不可爱。穷山恶水不说，连住户都没几家，想抢粮食都找不到地儿。再说这政府军听说敌人全员退守山头后，立刻调动了附近所有能动的部队，除了山田显义的别动二旅之外，还有别动四旅、第三旅团以及第二旅团，总人数超过5万，将可爱岳团团包围，而此时在山里的萨军已经连3000都不到了。

此时的西乡隆盛部队，用弹尽粮绝这四个字来形容是再恰当不过的了。不但武器弹药消耗殆尽，伤兵也是一大群，3000人里几乎有1800人是绑着绷带的。

西乡隆盛不是傻瓜，他是明白人，大明白人。这仗打到这个地步，已经是必输无疑了。

8月16日，他召集了全体萨军官兵齐集一堂，然后发表了讲话："事已至此，我军回天无力了。现在唯一的办法，就是和敌军拼死决战，但我并不想勉强大家。从现在起，想下山投降的，尽管下山，想留在山上的，我西乡隆盛表示感谢。总之一句话，诸君想干什么都是诸君的自由。”

要说这帮人绝对是够实在的，西乡隆盛的话讲完不到 24 个小时，就在当天下午，3000 多人呼啦一下跑得就只剩下 600 人了。不过话再说回来，这 600 人，都是肯卖命的精锐，属于不折不扣的死士。

当天夜里，西乡隆盛召开了最后的军事会议，讨论这支部队究竟何去何从。

首先碰到的第一个议题是：到底投降，还是就地战死，或者突围找个地方藏起来然后时刻准备着东山再起呢？

几乎所有与会者都选择了第三条。于是便进入了下一个话题：突围之后上哪儿躲去？

这个话题讨论起来比较复杂，毕竟来开会的每个人都是打仗的老手，大家对于上哪儿躲都有着自己不同的看法。其中，桐野利秋表示回熊本；野村忍介则认为应该去丰后，也就是今天的大分县；别府晋介则倾向于把队伍拉回鹿儿岛。

一时间谁也说服不了谁，这会从 16 号晚上一直开到 17 号下午 4 点多，最终忍无可忍的西乡隆盛拍了板，决定队伍在两小时后开始突围下山。当然，不能来硬的，只能找个当地的向导，专门带大家走小山路，争取绕着出去，然后向三田井（高千穗）进发，至于后面的事情，那就等到了后面再说吧。

散会之前，他又补充了一句：“两个小时之后，希望大家不要迟到了。现在，就去做一些最后的准备吧。”

说完，他便起身走出了会议室，回到了自己的营帐。在那里，西乡隆盛的仆人永田熊吉已经等候多时了。

“大人，您要我准备的东西我都已经准备好了。”他一边说着一边递上了一个做工相当精美的大盒子。里面装的是一件元帅服，那是当年为了表彰西乡隆盛立下维新功勋，明治政府送的。

“这件衣服你拿去烧了就行。”西乡隆盛看也不看，“我找你是为了别的事情。”

永田熊吉看着自己的主人，毕竟那么多年跟过来，多少也有了几分明白：“难道……”

“嗯，菊次郎的事，就交给你了。”

菊次郎全名西乡菊次郎，是西乡隆盛的长子，当时不过16岁。虽说还是个少年，但绝对是明治时代日本少年中的精英。

他出生在奄美大岛，也就是西乡隆盛当年被流放的地方。说老实话，在一开始的时候我是备感疑惑的，为何这哥们儿流放居然还能带老婆？后来看了资料才明白是怎么一回事。其实这胖子结过三次婚，其中第二次，还得从他在奄美大岛流放的时候说起。且说那会儿西乡胖子正在小岛上当劳改犯，由于奄美大岛远离萨摩藩，所以流放到那里的犯人每天伙食一般直接就在岛上由当地居民负责解决，然后藩政府再给他们补贴，其实也就是类似于我们中国说的搭伙。西乡隆盛搭伙的那家人家，虽说年薪不高，只有区区6石，但他们家的姓相当有气势，姓龙，这个龙家有一个女儿，叫爱子，当年不过20出头。

再说这西乡隆盛每天到他们家去吃饭，一来二去也就跟爱子混熟了，渐渐地从吃到一起发展成睡到一起，再然后就生下了一个男孩，就是菊次郎，两年之后又生了个女儿，取名为西乡菊子。

文久元年（1861年），萨摩藩大赦天下，西乡隆盛也得以再回老家，要说这胖子可真不是个好东西，他女儿菊子是文久二年（1862年）生的，换言之，他走的时候爱子是肚子里怀着一个，手里抱着一个。结果他表示，儿子自己得带走，老婆不能带，得留在岛上，理由是没有理由，总之就是不能去。就这样，一直到1902年（明治三十五年）爱子离世，都没有离开奄美大岛一步，也再没有见过西乡隆盛一面。

顺便一说，他的第一任老婆叫须贺，算是萨摩名门的伊集院家的女儿，因为当时西乡隆盛整天陪着自家大名跑江户出差公干，导致须贺夫人在家过分辛苦而又得不到丈夫的关爱，所以渐渐地心生怨念，最终提出离婚。西乡隆盛也没有丝毫挽留，相当大度地表示，离就离吧。

凭良心讲，就以评判男人是否合格的标准来看的话，这哥们儿其实挺不是玩意儿的。

再说这西乡菊次郎被他爹带到萨摩藩抚养之后，受到了相当良好的教育。在1873年（明治六年），年仅12岁的他远赴美国留学，两年半之后又回到了日本，在鹿儿岛跟着他爹学习一些相关的军事知识和政治理论。西南战争爆发之后，便理所当然地跟着自己亲爹造起了反，年纪虽小但作战勇敢，不过相当不幸的是，在一次战斗中他被子弹打中了腿部，然后又没有得到良好的及时治疗，所以不得已被切除了右边的半条腿，落了个终身残疾。

现在眼看败局已定，西乡隆盛虽说自己早已做好死的打算，却并不想让自己的儿子跟着自己一起上路，这也是为人父的人之常情，我们并没有理由去多说什么。

当永田熊吉看到西乡菊次郎之后，沉默了很久，然后冲着西乡隆盛就跪了下来："大人，小的给您磕最后一个头，您尽管放心，少爷我一定把他安全地带下山，然后藏起来，绝对不会被他们给发现的。"

西乡隆盛摇了摇头："我是要你带他下山，然后投降官军。"

永田熊吉面有难色："少爷是您的儿子，我怕就算投降了，也没个好……”

“不会的。”西乡隆盛走到地图前，仔细地端详了起来，“西乡从道那家伙应该在这个位置吧？你带着菊次郎去找从道，他是绝对不会为难自己的侄子的。”

且说西乡从道虽说是西乡隆盛的堂兄弟，而且两个关系还好得很，但是自西南战争开打以来，这哥们儿并没有跟着自己的兄弟一起造反，理由其实也很简单，他觉得造反没前途，再怎么着也不能为了兄弟之情把自己的人生给断送了。开战之后，他出任政府军方面的总参谋，此时正跟着大军一起驻扎在可爱岳的山脚。

永田熊吉慢慢地站起了身子：“那么大人，熊吉这就走了。”

“路上自己小心。”西乡隆盛送永田熊吉到了门口，突然又想起了什么，“熊吉，到时候你也留在从道的军营里吧，别再回来了。”

“这……”

西乡隆盛挥了挥手，径直走出了营帐，留下永田熊吉一个人在门口。

当天晚上，永田熊吉背着不能走路的西乡菊次郎来到了西乡从道部队的阵前，看到侄子的到来，西乡从道非常高兴：“你爹呢？”

菊次郎没说话，从道大致也明白了过来：“我先帮你安排住下吧。”

同时，他也把永田熊吉给留了下来。战后，西乡菊次郎在他叔叔的力保之下最终没有受到任何处罚，不仅如此，西乡从道还给他在外务省安排了一个职位，不久之后，又让他担任了驻美外交官。甲午战争之后，清朝因战败所以割让了台湾给日本，西乡菊次郎又去了那里，出任台北地区的行政长官。

另一方面，眼看着自己儿子下山之后的西乡隆盛，已经再也没有了任何遗憾。两个小时之后，600 萨军准时出发，在当地一户打猎人家的带领下，大家从这个山头绕到那个山头，再从那个山头爬到更远的那个山坡，就这样经过数小时的迂回爬行，终于避开了政府军的层层包围，安全来到了山脚下。

当晚，他们便到达了三田井。

之后，这支部队就消失在了政府军的视线之中。

这在那会儿绝对属于头等大事中的头等大事，再怎么说这叛乱头子西乡隆盛活不见人死不见尸地凭空人间蒸发，听起来都让人瘆得慌。于是，从陆军卿山县有朋到各旅团旅团长几乎是同时下达了同样的命令：不惜一切代价，找到西乡隆盛。

大概过了半个月，当年的 9 月 1 日，终于有人发现了西乡隆盛以及他所率领的萨军残部的踪影。他们这群人已经到达了鹿儿岛县内，先据守在一个叫作城山的山头上，看样子似乎是打算夺回私学校，然后募兵再战。

得到消息之后，几乎是全九州的政府军都蜂拥杀到鹿儿岛县，紧接着，他们生怕西乡隆盛再从城山上七绕八绕地离奇消失，所以又马不停蹄地赶到了那座山的山下。

城山标高 107 米，位于鹿儿岛市中心附近，当时的萨军已经作好了抵抗到最后的准备，所以就地挖了好几道壕沟，并且还弄出来一个大坑，作为临时指挥所，西乡降盛就在这坑里指挥战斗。

9 月 10 日，政府军实质意义上的总指挥官山县有朋也到达了城山山下，在仔细观察了地形之后，下达了作战指令：包围为主，作战为辅。敌不打我，我不犯敌；敌若打我，打了再说。

在他的指示下，政府军官兵们开始挖壕沟，竖栅栏，短短几天就把整座山用木头柱子给围了起来，密集程度之高，已经达到了连老鼠都下不了山的地步。

山县有朋之所以这么做，也不是没有道理：首先，当时政府军人数超过了 5 万人，而对方算上西乡隆盛、桐野利秋等指挥官，总共只有 372 人，敌我双方人数悬殊，实在没必要急着打；第二，西乡隆盛怎么说也是国家级的英雄人物，真的要往死里打的话，谁敢下手？就算有这个胆儿，可谁又愿意下手？所以还是看看再说吧；第三，山县有朋本身就不想置西乡隆盛于死地，他的计划是围上个十天二十天的，让人家自己下山投降。

所以，在安排好包围圈之后，山县有朋下达了第二条命令：全体休整，等待敌军先动，再由我方以静制动。

这一静就是俩星期。9 月 23 日一清早，城山上终于动了起来：原萨摩藩士河野主一郎带着随从山野田一辅作为使者下了山，来到了政府军的营地，要求见川村纯义。

海军大辅川村纯义当时担任参军，也是个说了算的人物。双方在会面之后，河野主一郎表示，自己其实是奉桐野利秋之命向政府军提要求来的。

川村纯义的脸上没有丝毫的表情：“你是想来为西乡隆盛讨一条活路吧？”

“正是。其余的，我们一切都能商量。”

川村纯义想了想，说道：“如果西乡大人本人有想要说的，不管什么内容，请务必在明天上午的 8 点之前告诉我们。”

这话的意思相当明确，等于就是在劝降了，顺便再来个最后通牒。

对此，西乡隆盛的答复也很明确：“我没有回答的必要。”

这一天，萨军欢聚一堂，在阵地上召开了最后的宴会。

9 月 24 日凌晨 4 点，伴随着三声炮响，政府军的士兵们一边打枪，一边奔向山头，终于开始了最后的总攻。从山下到山上的大本营，西乡隆盛一共设置了10多个防御工事，但仅仅过了2个小时，这些工事就全部被突破，政府军直逼位于山顶的那个大坑指挥所。

此时坑里还有40多个人，大多都是干部。面对这种紧急情况，西乡隆盛下令：全员走出这个坑，向敌人发动突击。而他自己因为在之前的战斗中腿不知道被谁给打了一枪，所以行走起来很不方便，只能被两个人抬着冲了出去。

要说这其实也不像是什么突击，说是逃命更加确切，因为除了极个别真的打算拼命的之外，几乎每个人都一边狂奔一边尽量躲开政府军的士兵，而且专挑没人的地方跑，跑着跑着就消失了。

西乡隆盛因为个人体形问题，故而目标特别大，再加上被人抬着走行动得又慢，所以很快就被政府军给盯上了。尽管身边的卫队拼死掩护，但他还是被一颗流弹给打中了腹部，当场血就流了一地，人也从坐的板子上翻了下来，倒在地上怎么拉都拉不动了。

费尽千辛万苦，西乡隆盛终于是勉强地坐了起来，他看了看四周，发现别府晋介还在身边，于是说道："晋介啊，我快要不行了。"别府晋介没说话，因为他也看出来了。

"就在这里吧，拜托你了。"

意思就是说，西乡隆盛觉得脚上的伤没好，肚子上又挨了一下，已经属于半死不活了，再加上战场情况是5万打300，逃也逃不掉，算是生不如死，所以，还不如自我了断了拉倒。不过我们在介绍他的时候也说过，西乡隆盛的手当年受过重伤，没办法握刀，自然也就没办法杀人，同样也没办法自杀，故而他只能拜托身边的剑道高手别府晋介，想让他把自己给了断了。

毕竟是多年的上下级再加上好战友的关系，别府晋介相当不情愿。但他也知道，这种形势下，已经是别无选择了。

刀被举了起来。

“大人……”

“动手吧。”

“对不起了！”

一道寒光闪过，西乡隆盛人头落地，年仅 49 岁。

当天，明治天皇就得到了他的死讯。在听了手下的汇报之后，天皇沉默了良久，然后原本就很严肃的面容上又增加了一层怒色：“朕不记得有下过杀死西乡的命令吧？”

手下连忙表示西乡隆盛是自杀，非他杀，请皇上您千万别误会。

明治天皇长叹一声，再也没有说话。又过了好一会儿，他的声音再次响起：“他有功。”

再说这西乡隆盛自尽之后，战斗仍未结束。因为政府军不知道这哥们儿死了，个个都想抓住或者砍死他好立个头功。在这种情况下，别府晋介连把西乡隆盛的脑袋埋起来都没来得及，便又抄着家伙杀入阵中，作起了最后的拼斗。

一排子弹打了过来……

这位被称为天资聪颖，胆识过人，而且还是个无欲主义者的优秀军人倒在了血泊之中。在知道自己没可能再站起来作战之后，他为了不受被俘之辱，用尽了最后的力气将身上的短刀刺入了自己的胸膛。

他死的时候，不过 31 岁。

再说桐野利秋此时也正在厮杀中，杀到一半的时候突然对面就出现一个穿戴如警察的家伙，手里拿着一把还在滴血的武士刀，冲着自己走来。望着拿刀的对手，有着人斩半次郎之称的桐野利秋自然不会怕，他举起了手中的武士刀，摆好架势，盯着对方。

战场很嘈杂，喊杀声求饶声逃命呼喊声声声入耳，可眼前的这两人却一点也不被其干扰，仿佛不关心一般，不仅如此，就连周围的那一小片空间，似乎也因为他们的存在而变得寂静了起来。

尽管大势已去，但桐野利秋对于打倒面前这个来历不明的家伙还是很有信心，他没有多想就高高举起手里的刀一声呐喊然后顺势劈了下去。

萨摩示现流刀法讲究的是一种快准狠，并且特别看重力量，在对战的时候往往是高举武士刀从右上方用尽全部力气猛地斜砍下去，纵然对方想挡，可若力量不够的话，依然很有可能导致被活活砍死的悲剧，因为挡不住。而桐野利秋就是凭借着这种刀法，砍人无数，最终获得了人斩的名号，所以他有理由相信，眼前的这个家伙，命运将会跟之前所有被他砍的人一样。

可是他错了。

那个人简直如同瞬移一般躲开了这致命的一击，然后猛地冲近一步，手里的刀几乎是在同时出了手，准确无误地刺进了桐野利秋的腹部，随着一记刺耳的快刀入肉声，桐野利秋倒了下去。

“你……你是谁？”桐野利秋问道，他实在不敢相信在这世界上居然还存在能将自己一击必杀的人物。

“东京警视厅，藤田五郎。”那个人面无表情地吐出了这几个字。

一阵沉默。因为桐野利秋根本就想不起来有这么一个姓藤田的剑豪，再加上血流不止没力气，所以一时间也不知道该说什么好。

“这个名字是改过的。”对方倒是很善解人意，主动坦白道。

“那……你原来的名字……是什么？”

“新选组三番队队长，斋藤一。”

桐野利秋死了，死前的表情很轻松，仿佛在说“我认栽”。而斋藤一则依然面不改色地提了个刀，继续投入了战斗。

之前在总结新选组话题的时候，我曾经说过，会在西南战争的时候详细说斋藤一，现在是兑现的时候了。

说起斋藤一，我周围很多人的第一印象至今都是《浪客剑心》里的那位高喊着“恶即斩”的冷面警官，其实这位老兄是警官没错，为人不善言辞脸上没甚表情那也不假，就是这恶即斩三个字，是不曾存在过的。

斋藤一出生在天保十五年（1844 年）的明石藩（兵库县内）一个贫穷的武士家庭，原名叫山口一，他的上头还有一个哥哥和一个姐姐。他爹叫山口佑助，原本是一个打杂的，后来因为自己勤奋努力好学，所以被主家——明石藩高级武士铃木家看上了，提拔他做了自己的家臣，也就是家臣的家臣，日本话叫家来。就这样，山口家才算是勉强得了个武士的头衔。不过就算这样，他们全家依然算是藩里的底层，为广大中高级武士所看不起，在这样的情况下，山口一慢慢地长大。小时候的他读书虽说不怎么好，却很喜欢玩刀，整天泡在藩内的道场里，就这样一直到他 18 岁的那天，发生了一件改变他一生的事情。

这天，山口一正在道场里坐着休息，突然面前走过来一个很嚣张的家伙，拿着一把扇子指着他说道：“你就是山口一吗？”

山口一说：“我是山口一啊，然后呢？”

然后？然后当然是找你决斗呗。

找他决斗的那位大哥的真实身份现在已经无从考证了，我们只知道他出生于明石藩的一个高级武士家庭，而且还是长子，属于继承人。之所以要跟山口一单挑，纯粹是觉得这小子平素很少说话，一副装酷的样子，弄得好似很高傲，所以看他特别不爽。

其实这事儿挺冤枉山口一的，因为他并不是很高傲，只不过天生沉默寡言罢了。不过这事儿当时也说不清，看着对方逼上门来挑衅，年轻的他也血气方刚了一回，当即表示同意。

看着眼前的穷小子居然敢答应，那位根正苗红的高级武士越发火大，干脆再逼了一步，对山口一说，既然单挑就要来真的，我们不用竹刀木刀，就用自己佩带的真刀，对此山口一也没多想依然表示 OK。

决斗的过程略过，我们就说结果：那小子被当场砍杀在了决斗地点。

山口一知道自己闯祸了。

虽说是双方都认可的公平决斗，可那是属于不折不扣的“私斗”，武士之间的私斗是不允许的，一般的处理方式是用“喧哗两成败法”，就是说一旦武士之间有了私斗情况发生，那么处分的方法就是把两个人都给“成败”了，日语中成败的意思就是终结其性命。现在既然一方已被山口一给“成败”了，那么另一方的他本人，基本上也是逃不脱这个命运的。更何况对方是高级武士，他山口家不过是一个家来，等同于地主家的狗腿子，一个小狗腿子砍死了一个根正苗红的好青年，这事儿很有可能就此闹大，别说他山口一，就是山口佑助也脱不了这个干系。

所以砍完人之后的山口一当下就开始后悔了，不过没用，这世界上要能有后悔药吃也就不存在什么悲剧了。很快，藩里下了命令，勒令他先在家待着，等候最终的处分结果。

知道自己死定了的阿一的脸上依然和往常一样没有什么表情，现在的他只希望能够快点让自己切腹或者被切腹，并且尽可能地不要连累到其他人。

在这种焦躁的等待中，山口佑助来到了儿子的面前。山口一以为老爸要批评自己，于是俯下身子准备洗耳恭听，可山口佑助却并没有这么做，而是拿出了一堆金币——这是他的全部积蓄："你逃吧。"

山口佑助叹了一口气："你不逃，该来的一样要来。这个世界上有很多事情不是一死了之就能解决的。"说完，他留下了那笔钱，独自一人离开了屋子。

山口一坐在那里想了很久一直都没动弹，当天半夜，他逃离了明石藩去了江户。

因为他爹为人勤奋而且忠诚，在藩内特别是铃木家中的口碑特别好，故而当儿子逃走之后，铃木家出面保了这个自家的家来，坚持称是儿子杀人跟老爹无关。再加上当时情况又乱，大家攘夷的攘夷尊王的尊王，谁还有工夫去管两个小孩子决斗造成的人身伤害事故呢，于是这事儿就这么不了了之了。

而逃到江户之后的山口一，在历经了各种磨难干过多种工作之后，最终加入了新选组，并改名为斋藤一，他的名字之所以叫一，是因为他的生日是 1 月 1 日。

同时他也记住了父亲的那句话："这个世界上有很多事情，不是一死了之就能解决的。"

会津战败之后，几乎所有的新选组残部都选择了北上虾夷继续抗争，当时大家心里其实都很明白，会津都没能守住，更何况虾夷？但作为武士，一种"为国捐躯"的信念驱使着大家继续拿起武器抵抗下去。唯独斋藤一选择了留下，留在会津活下去。

当然，留下或者继续抗争这只能说是人各有志，并不可以用简单的对错、好坏或者该不该来评价。

斋藤一最终成了俘虏，然后被关押了起来，再然后跟着松平容保一起，和广大会津藩士一样去了斗南。

对于这位原新选组的三番队队长，松平容保是相当器重的。在斗南藩的时候，他特地赐名斋藤一为藤田五郎，不仅如此，还亲自做媒给他找了个老婆。对方是会津藩士高木小十郎的女儿时尾，夫妻结婚之后感情相当不错，还生了 3 个儿子。

明治四年（1871 年）的时候，已经改名为藤田五郎的斋藤一应明治政府的聘请去东京当了警察。

西南战争之后，他便顺理成章地加入了拔刀队，开赴了九州战场。

能够在有生之年得到这么一个报仇雪恨的机会着实不容易，所以藤田五郎还是相当珍惜的，打起来也特别拼命。刚到战场的第一仗，就是之前提到过的二重峠之战，在这场战役中，藤田五郎在负伤的状态下依然挥舞着手中的利刃连杀数人，一时间人人惧他如鬼神一般。而刚才提到过萨摩军的两门大炮被人给夺走的事儿，其实正是他干的。对于藤田五郎的英勇事迹，当时的日本各大媒体一度争相报道，题目自然不外乎是什么“原新选组成员大活跃”之类。

战争结束之后，藤田五郎回到了东京继续做警察，一直干到 1891 年（明治二十四年）退休。不过老人家倒也没闲着，而是去东京高等师范学校当起了一名普通的警备员，也就是我们中国大学里的保卫科干事，具体的工作是看大门。

或许那里的学生们谁都想不到，每天早上看着他们上学，黄昏时分又注视着他们回家的那位门房老大爷，居然是当年叱咤一时的新选组三番队队长斋藤一。

1915 年（大正四年），因胃溃疡恶化，藤田五郎与世长辞，享年 72 岁。据说他是以正坐在榻榻米上的姿势离开这个世界的。

如此一来，萨军的三核心：西乡隆盛、别府晋介以及桐野利秋算是全部都交代了。其余的残兵则漫山遍野开始了逃亡，尽管大多数人最终仍没有逃脱“吃花生米”的下场。

就这样，在总攻开始的5个小时之后，这场日本历史上最大也是最后的武士叛乱，同时也被称为西南战争的内战就此落下了帷幕。除去那些战死的萨军之外，明治政府还抓了一批，关了一批，杀了一批。杀的那批人，总共有22个，其中包括了那位给西乡隆盛的私学校开尽后门的鹿儿岛县县长，大山纲良。

之后照例是该说上几句的，更何况关于前面的一些没交代清楚的事儿也得说明白了。

首先来侃侃西乡隆盛这个人。关于他的介绍以及对后世的影响之前都有讲过，所以这里就不重复了。

这家伙或许是有那么一点不识时务，甚至可以说是冒着傻气，跟坂本龙马一样，放着好好的日子不过，愣是要出头造反，为那些原本可以完全置之不理的人说话。

于是还是那句话，这世界上正是因为有了这样那样的傻瓜，所以人类社会才得以进步，至于西乡隆盛为日本社会进步作出了哪种贡献，等下再说。

其实，这个胖子在日本的人气特别高，究其原因，除了因为他是维新三杰之一以及肯为旧武士说话不怕丢官之外，还因为较之木户孝允和大久保利通，西乡隆盛在更多的时候，往往是以一副平民化的打扮或者说是平民化的模样，出现在众人面前的。

在鹿儿岛赋闲的时候，虽然他德高望重人人都喊他西乡先生，可他从来不摆什么架子，常常就是随便弄一件粗布衣服一穿，一把猎枪一扛，牵着两条狗就进山打猎了。因为这家伙的形象实在太有特色，所以不管走到哪儿，但凡有人看到他，就肯定能认得出他，所以在打猎的路上，挑夫也好，货郎也罢，大家看到他后总是会恭敬地叫一声："西乡先生您好。"

这要换了木户孝允他们估计也就是微微点个头微笑一下，岩仓具视的话多半就只剩下点头了，可西乡隆盛却不一样，不管对方是挑大粪的还是卖拨浪鼓的，只要跟他打招呼，他必停下脚步，笑着回对方一句："老乡，你也早啊，施肥去啊？这些日子庄稼长得怎么样啊？"

当他打到了什么野兔野猫野耗子之类的猎物后，基本上是不带回去的，而是随便找一家农户，提出要跟人家一起吃饭。在征得同意之后，便把这些个野味拿出来跟那些农民一起分着下酒。

个人觉得，就西乡隆盛一辈子的一贯表现来看，这其实并非是他出于什么目的才做出的行为，甚至不能将其归结为是他的行为，而是应该说，这其实是他的一种素质。

在私学校开办的时候，他提出了四字校训，其实也是他自己的座右铭，叫作"敬天爱人"。敬重天地，爱护百姓，这就是西乡隆盛理想中的萨摩武士道。

同样，这种做法也得到了相当多老百姓的拥护。

而对于这位老兄的评价，我想用当年美国人专门以他的原型拍过的一部电影名字来表示——《最后的武士》。

尽管他在做事方面有相当程度的欠缺，但在做人方面，却着实是非常成功的。

在西乡隆盛死后21年的1898年（明治三十一年），此时的他早已被平反，并且追赠了正三位的官位，但明治天皇仍觉得不够，于是便下令在东京上野恩赐公园里给他做一个雕像。

上野恩赐公园就是上野公园，恩赐两个字的意思就是说这地方原本是皇室直属所有地。现在天皇发了慈悲，想把这地赐给臣民娱乐一番，于是便下诏说，在这土地上盖一个公园让老百姓来玩吧，在日语中这就叫"恩赐"。同时恩赐下来的，还有一个上野动物园，我们中国当年送过去的那几只大熊猫，就养在里面。

顺便一说，上野公园的特色是樱花，鲁迅在《藤野先生》里提到的那个上野的樱花怎么怎么的，指的就是那里。

再说西乡隆盛这雕像因为是天皇下旨要做的，所以自然也由皇室拨款完成。要说天皇还是相当大方，一次就给了 500 日元，相当于现在的 40 万人民币，在那时候这笔预算是绝对绰绰有余了。可万万没想到的是，当日本的老百姓知道要给西乡隆盛立雕像之后，没有人组织，也没有人动员，大家纷纷自发地跑到雕像计划办公室里，表示自己愿意出钱赞助，不过短短一个月，捐钱的人数就高达 25000 人，数额超过 1000 日元。

日本老百姓其实不管你是挺天皇的还是黑天皇的，也不管你是朝敌还是天敌，更不在乎你是顺应时代潮流还是开历史倒车，只要你真的为他们做过事了，或者说你的为人性格能被他们接受的话，那不管怎样他们都会支持你，就算你曾经也做过一些坑害他们利益的事情。

不管在哪个国家，大多数老百姓其实都是善良的。

接下来要说的是西乡隆盛为何要造反，说得深刻点，就是西南战争爆发的根本原因是什么。

一般的说法是，西乡隆盛是为了救国救民，不忍看着原本跟着自己出生入死的弟兄们就这么被又是剥夺俸禄又是不让佩刀，再加上私学校的儿郎们推戴拥护，于是便一咬牙一跺脚地造了反，总之，算是义举，是为了国家人民的义举。

个人觉得不是，西乡被逼上梁山没错，但根本动机并非是这样，或者应该这么说：造成萨摩能有今天这种不得不造反的局面的罪魁祸首之一，不是别人，正是他西乡隆盛。

因为他不善经营。

在西乡隆盛眼里，武士就是战争时候得用来打仗，不战争的时候挎着刀养着的这么一个角色。至于国家有没有钱，能不能养得起这群大爷，这并不重要；重要的是，千百年来的武士道，不可废。武士就是武士，永远是武士，儿子孙子依然是武士。

现在明治政府把武士给废了，一群人突然之间就没了方向，其中最没方向没头绪的，还属西乡隆盛。因为他一下子不知道该怎么办才好，应该做什么，才能让这些失去饭碗的武士重新吃上饭。他甚至开始绝望了，觉得武士没了刀就没法吃饭，是国家断了大家的财路和饭碗。

其实他如果稍微有一点经济头脑的话，就该学学胜海舟，当年幕府那么多人失业，不照样种地的种地，卖茶叶的卖茶叶，就这么着勤扒苦做地熬了过来？比起那会儿的幕府，萨摩藩的状况不知道要好上多少倍。

更重要的是，西乡隆盛觉得这个国家没了武士，就不再是原先的国家了，而是一个礼崩乐坏的社会，必须得改造它才行。综合上述两点，就有了私学校，同时也引出了西南战争的第二个罪魁祸首——大久保利通。

很多人其实观点跟我一样，也觉得这哥们儿是个祸害，至少也算是战争的一根导火索，但他们往往觉得是因为大久保利通对萨摩压迫太重，所以才有了战争。

其实并非如此，可以说，是恰恰相反。正是因为大久保利通对自己的老家太宠太放纵了，所以才导致了这场悲剧的发生。

西乡隆盛开私学校，舞刀弄枪不算，还搞起了私人武装并且不断渗透到地方政治上去，这别说在当时，放在哪个朝代那都是严令禁止的。其他各藩什么长州、土佐之类的，没有一个人敢这么干，唯独他西乡隆盛敢铤而走险，顶风作案。究其原因，自然是因为他德高望重，属于维新三杰之一，仗着功劳盖世没人敢说啥，但另一方面，这和当时日本国政的唯一操盘者大久保利通在东京睁一只眼闭一只眼也是分不开的。而在西乡隆盛造反之后，大久保利通也没能直接和他们沟通。其实不是他不想沟通，而是他压根儿就不知道该怎么去沟通，因为在大久保心目中，自己好吃好喝还给特殊化，这么供菩萨似的供着萨摩的那帮人，怎么可能说造反就突然造反了？这简直就如同晴空霹雳、当头一棒，以至于把他弄得手足无措，不知该如何是好。等他反应过来，人家已经城头竖起大王旗，都打到了熊本城下，再沟通也来不及了。总的来说，当时的萨摩就如同一个被宠坏的孩子，稍不如意就大吵大闹砸东西摔家什地胡来一通，而东京的大久保利通就如同那监护人老爹，不知道孩子到底该怎么管，到底要什么，也从来不跟他沟通谈心，只是一味地宠着护着，放任其自由，以为这么做就是爱孩子，结果最终是把他给害了。

接着还有一个问题：为什么胜海舟能把幕府家臣给安排得妥妥当当，而西乡隆盛却把萨摩给搞了个鸡飞狗跳呢？

自然，首要原因是两个人能力不同。要论经济才能，胜海舟属于大虾（大侠，熟手），西乡隆盛就是一菜鸟（生手）。但这并不是主要的，在我看来，最重要的原因，其实和日本人的民族性有关。

如果看过抗战历史的话，应该是个人都知道，日本兵在占领地区是相当的耀武扬威，基本上就算说不上每天杀人放火，但出去偷个鸡盗个狗下个馆子不给钱那都是相当正常的，但是当他们战败了，投降了，这态度就立刻来了个 180 度的转弯。

据说曾经在一个村子里有一群投降的日本兵，那天也不知道他们在干啥，总之是弄了几点火星子出来，点着了老乡的茅草屋，然后灭火又不及时，导致这间草屋给烧没了。要说中国的老百姓还是相当宽厚的，说一个草房子而已，没了就没了，我们自己重新盖就行，反正里面的东西也被你们当年扫荡得差不多了，就一空壳，所以不劳您费心了。

但日本兵不干了，说不行，这房子是我们烧的，我们有责任来盖好它。当天，日本人就上山砍树拔草盖房子，并且全体不吃午饭，把饭钱作为赔偿金给了那位被烧房子的老乡。

那天，在盖房子的现场，全村的人都来围观了，还有不少是从邻村赶过来的。大家活了大半辈子，啥都见过，就是没见过日本兵给中国人干活的，故而特来瞧个新鲜。

非常抱歉的是，这事儿到底是不是真的我没去怎么考证过就拿来说了，不过如果是放在日本人身上的话，我还真信。

因为在这个民族的身上，有一种潜在的、类似于角色扮演的心理。

就是说他们干上一行，整个人格会自动转换成为这一行的角色，比如说他做工人，那么他的人格就会自动把整个身体给带动起来，努力要成为一名要造出世界上最强机械的工人；他做厨师，那么他的人格就会自动地把他变成一个努力奋斗打算成为“中华小当家”的厨师，希望自己做的菜和漫画里一样，烧出来的东西都能冒光，客人吃了背后还能下一道闪电。所以很多在日企的人会发现，日本人在工作的时候跟下班的时候完全是两种人格，就是这个道理：他工作时间和休息时间扮演的是两种不同的角色。

所以，当日本人作为占领者、殖民者或者说是胜利者的时候，他自然会为所欲为，扮演一个所谓的“胜利者”；当他失败的时候，也能非常审时度势地适应失败的局面，并且成功扮演合格的失败者的角色。

胜海舟他们是失败者，所以他们明白，自己必须得在历史的舞台上扮演一个出色的失败者的角色：低头认罪，埋头干活，不许有任何怨言。

这个角色他们演得相当出色，任劳任怨兢兢业业。做苦力的做苦力，拉黄包车的拉黄包车，虽说日子过得穷，但还是平平安安地活了下来。

而西乡隆盛他们则是胜利者，对于他们来说，享受生活是理所应当的。

作为最终的胜者，他们觉得自己就是应该好吃好喝地被伺候着，理应成为天下的掌权人、特殊阶级，这是他们得扮演的角色。可现在你中途换角了，告诉他们，从今日起，你们没有特权，没有俸禄，连佩刀的资格都不再具备了。

那么他们会怎么想?

自然会觉得自己辛辛苦苦奋斗了半辈子，好不容易争来的那个原本属于自己人格的角儿居然被人横刀夺走，那还有什么盼头呢?

一种极端罕见的角色扮演心理加上一种极端不平衡的怨念心态，最终促成了武士们的反意。

其实你仔细看看也能发现，佐贺的江藤新平、长州的前原一诚，那些起来造反的人，基本上都是当年跟幕府开战后的胜利者，而会津藩、长冈藩旧幕府的那批人，老实着呢。

最后再来说一下西南战争给日本带来的影响。

总的来说一句话：武士的时代，终于被终结了。因为想着继续做大爷的武士们都差不多被灭干净了，剩下的几乎都是想老老实实过小日子的良民，就算有那么一两个还不肯死心，可那也是一小撮人，蹦跶不了几天的那种。

从战争结束的那天起，你可以光明正大地在街头说上一句：武士就是狗屁。不再会有人高喊着听不明白的话然后举着一把刀来砍你。没人能敢把你怎么样也没人会把你怎么样，因为大家多少也都这么觉得，武士似乎的确是已经没啥用了，过气了，跟时代脱节了。在日本这个国度里，不再有那么一大帮子特权阶级，人和人之间，至少从法律角度上来看，都是平等的了。这不得不说是社会的一大进步，同时，那些士族也明白了这么一个道理：依靠武力推翻政府，是绝对没可能的，因为连日本最强的萨摩士族都失败了，更别提自己这点斤两了。这一切的一切，自然全都拜西乡隆盛所赐。

虽说这是时代的发展、国家的进步所出现的必然产物，但没有武士的日本，尽管依然存在于世，但总让人觉得少了点什么。

其实武士这么个玩意儿，给日本这个国家以及日本人这个民族，烙下的印记是相当深刻的。

在日本，走路开车都是左边行的，那是因为当年武士的佩刀都是挂在左边，如果靠右走路的话，很有可能两个相向而行的人会彼此间刀碰上刀然后给撞坏了，同时，两人的刀相互碰撞，也是一种非常不礼貌的行为。

此外，如果你在日本人开的服务性企业里工作过就会发现，当你闲着没事儿傻站着的时候，两只手怎么放也有规矩，一般我们觉得没事儿傻站，两手放在腹前就足够了，但日本人却精确地规定道，左手必须放在右手上面。

原因还是和当年的武士刀有关：因为刀子都在身体的左侧，所以如果右手放空在前，则说明随时能够拔刀出来砍人，这在待客的过程中，是属于一种非常不礼貌的行为；而如果把左手压在右手上，就等于是告诉别人，自己没有任何伤人之意。

类似的例子还有很多，要一个个都列出来，至少能写个三四万字，因为篇幅问题，所以也就只能点到为止了；而且，这都还只是在生活中的小细节罢了。往大了说，后世日本搞的军国主义，军人当道，高叫着圣战，一边抢老百姓的家禽家畜一边嚎着武士道，这也是武士烙在这个民族身上的一种印记，只不过是完全变了味道走了形的印记罢了。

讲到这里，我不由得想感慨一声：这终究是一个武士的国度啊。

不过不管怎么说，战争总算是结束了，和平了，以后能平安过日子了。

第九章

富国强兵之道

1877年（明治十年）10月17日，位于东京神田的华族学校正式开校，明治天皇亲临开学典礼，并且发表了重要讲话。随后，他又亲笔为学校取了名字，因为想让这些贵族子弟好好学习，天天向上，故而取名为学习院，这所学校其实也就是今天日本的学习院大学。

不过华族学校终究是针对华族的，平民老百姓是连摸摸那里的门框的资格都不太具备，所以并不在我们的讨论范围之内。我们接下来要说的，是明治时期平民教育的一些事儿。

很多人，包括很多日本人在内，都有这样的一个感觉，就是进入了明治时代以后，明治政府搞起了教育改革，不但普及了平民教育，让人人都有学上，还改进了教育内容，使得日本的教育水平有了飞一般的提升。然后就是大家都很高兴，全国上下一副皆大欢喜的样子。曾经有过一个调查报告，一个班级40个孩子，有31个人觉得比起江户时代的寺子屋，在明治时代上小学的孩子们应该感到更高兴。

那我只能说这其实是一种错觉，至少在明治初期，也就是刚实行教改的那几年里，绝对不是这样的。

从明治二年（1869年）的三月开始，中央政府就下发了红头文件，要求在全国各县府开办小学。当年五月二十一日，京都的上京第二十七番组小学开办，这是日本历史上第一所近代化小学。从此之后，各地小学中学甚至是大学都陆续开业招生，但效果却不是很理想，一直到明治五年（1872 年）制定近代化学制的时候，全日本男生入学率为 39.9%，女生则不超过 15%，要知道当年寺子屋，男生至少超过一半进去过，女生也在 30% 左右。

为啥会有这种现象，最关键的问题是钱。

寺子屋我们之后会详细讲，这里先提一句，就是寺子屋没有固定的学费，你做家长的自己看着给。

而明治政府的中小学，那可不兴这玩意儿，你每个月得交固定的钱，叫作月谢。

一般而言，月谢在 30 钱到 1 日元不等，就是 3 毛到 1 块钱左右。但一直截止到 1877 年（明治十年），日本国民月平均收入在 1 块 7 毛钱上下，所以我们完全有理由说，在那个年头，读新式小学绝对属于有钱人家的享受，中学则基本上就是富二代的专利了。

再就教学内容来看的话，寺子屋之前我们说过，这里就不重复了。新式小学里主要教的也就是计算、文字、汉字、阅读、作文、习字、理科、地理、历史之类，最多再加点什么画画、唱歌、体育啥的，除了名字近代化之外，本质几乎就是不变的。因为你把学假名换成学文字，那日本还是这几十个平假名片假名，不可能多出来；你把寺子屋里教的算术改个名字叫计算，可算东西的时候还是加减乘除，还是要用算盘，不可能凭空给你弄个卡西欧电子计算器出来啊。所以，眼睛雪亮的广大家长一眼就看透了这所谓近代教育的本质，根本就不怎么搭理那些个小学中学，继续把孩子往寺子屋里送。

结果就是明治政府一看这个抢生意的实力强劲，当下就急了眼，于是在明治五年（1872年）的时候宣布，从今往后公立学校的学费一律每月50钱，并且大量开设学校，打算在数量上压倒对方。当时整个日本被分为8个大学区，文部省规定，每个大学区必须要有32所中学，每所中学为中心设立一个中学区，在每个中学区里，必须要有210所小学才行。

简单一句话，我不怕你收费便宜，我把小学开到每户人家门口，不信别人不来上。

偏巧人家还就不来上了。

原因有三：第一，寺子屋本来也就是就近入学的那种，几乎普及了每个小区，新式小学铆足了劲也赶不上，毕竟人家历史底子太深厚了；第二，寺子屋的老师都是街坊邻居，老熟人了，有的甚至有着几十年的好口碑，让他们看孩子，绝对放心，而那些新小学的老师一个个看着西装笔挺领带皮鞋的，谁知道那些人到底几斤几两啊？第三，50钱太贵，还是太贵，真的太贵了。

几招过下来之后，文部省非常清醒地认识到，若要以公平竞争的手段打败寺子屋，在有生之年是不太可能了，故而只能出阴招、狠招。

在软硬兼施均不得效果的情况下，文部省颁布法令，宣布废除寺子屋，并且同时声称，可以根据每个家庭的实际情况免除部分的学费。

但家长们却并不买账。因为对于老百姓来说，是不管你近代化、现代化的，只要你能够让他们省心，把孩子教育好，不给家庭增加负担，那么你就算回到石器时代大家也是欢迎的；可反过来，你要做不到这些，那你即便口称现代化、超现代化，那也是没人搭理你的。

老百姓可都是实在人。

于是出现了因各种各样理由不让孩子去学校上学的家长，比如什么要让孩子在家做家务啊，没钱啊，等等，所以在明治初年，孩子不去上学是非常天经地义的事情。

说老实话，这还算好的。更有甚者，觉得本来自家小孩上上什么寺子屋很不错，日子过得也很好，偏偏这明治政府横插乱入，把寺子屋给废了不算，还设定了那么高的一笔学费，让孩子从此就上不起学了，着实可恶，罪该万死。

然而挖其根源，还在于这个“新学制”上，所以，每天有大批的家长拿着家里的各式称手家什，蜂拥到文部省门口抗议，有的甚至还扬起手中原本用来打孩子的家伙跟门卫发生了武装冲突。他们的口号很简单：废除新学制，重开寺子屋！

最后这帮让人很不省心的家长被全部镇压下去，然后挨个没收武器送回各自的家里。孩子们倒是挺高兴，在那几天里，他们再怎么调皮捣蛋也不会被打，因为那些个鸡毛掸子藤条棍子都被明治政府给收走了。

话再说回来，为了反对教育方面的改革都险些闹到武装起义的份上，估计全世界也就日本这一家了。但从另一个方面来看的话，就会觉得这帮日本人其实是真的很重视对孩子们的教育，为了这事儿都敢拿菜刀丢文部省官员了。

而在另一边，明治政府也感到事情有点闹大了，故而文部省的一些官员也开始动摇起来，纷纷提出，是不是采取一种寺子屋跟新式学校并存的方式，然后展开有日本特色的教育制度，结果被当时的文部卿大木乔任一口回绝。

他死死咬定日本就是应该引进近代化教育制度，只有先让教育近代化，才能让国民近代化，最终使得整个国家近代化。但他同时也表示，现在的这个教改方案确实有不合适的地方，但那也是没办法的，我们必须要在不断摸索中改进，不断改进中创新，日本的教育，得摸着石头过河。

这石头一摸就是七八年，一直到 1879 年（明治十二年）明治政府颁布了教育令，又经过了数次的修改，这才算是把明治五年的那套玩意儿给稍微作了一下改变。后来，又在 1890 年（明治二十三年）弄了个教育敕语，当然，这是后话。

西南战争结束之后，全国百废待兴，为了建设一个繁荣昌盛的祖国，一时间大家都开始忙了起来。

1878 年（明治十一年）5 月 14 日早上 8 点，内务卿大久保利通和往常一样，穿戴整齐准时走到了家门口，准备去上班，不过这天他先要去一趟皇宫，面见一下天皇，汇报汇报工作啥的。

自打 1873 年（明治六年）就任这个内务省老大以来，他基本上就没怎么睡过安稳觉。一会儿长州叛乱了，一会儿佐贺起兵了，一会儿自己老家造反了，也不光光是那些士族，就连农民也时常会拿起家伙来一把起义，弄得他是焦头烂额，以至于经常做噩梦。曾经有一次，他跟之前我们提到过的日本邮政之父前岛密聊天的时候，突然说：“前岛，你知道吗？我昨天做了一个特别奇怪的梦。”

前岛密忙问，你梦见啥了，美女还是帅哥？

“我梦到自己跟那个死胖子在断崖上搏斗，结果两个人抱打一团双双掉了下去。然后我的脑壳被摔开了瓢，可奇怪的是，我居然还能看到自己的脑浆，堆在地上微微地蠕动着。”

死胖子指的是西乡隆盛，那会儿正值西南战争，因为老家发生了这种事情，所以大久保利通本人也是备感压力，常常会突然就旁若无人地痛斥西乡隆盛，或者直接摆出一副无比厌世的表情长叹然后说出“我不想干了，干不动了”之类的话。

再说这前岛密听完了这个梦，已经是一身鸡皮疙瘩浑身打战了，忙说大久保大人您这梦真够稀奇的，能写进小说里去了，那个今天我还有个会议要开，改天再听您的其他梦境吧。

说完，前岛便匆匆离去了。

不仅事情多，压力大，而且大久保内务卿确实真忙，忙着搞经济建设，用日本话来讲就是殖产兴业，意思是说，通过发展国内的经济产业，来使日本走向近代化。最初的主要手段比较单一，不外乎造几条铁路，搞几艘汽船，挖几座矿山，开几家银行，办几个工厂之类，但就是这些事情，做起来都非常困难。

以办工厂为例。当时日本的主要出口物品是生丝和茶叶，后者主要靠种，不怎么需要跟工业扯上关系，而前者一般是由小作坊来进行小规模的蚕茧加工，生产力相当低下，而且质量也很差，跟法国或者意大利的产品压根儿不能比。所以明治政府决定造一批官办生丝工厂，也就是所谓的国企，以促进生产。在这些工厂中，最有名的，当属位于群马县的富冈制丝厂。

这家厂占地超过 5 万平方米，设施齐全设备精良，机器全部采用当时从法国直接进口过来的最新制丝机，总数达到 300 台，其实也算得上是当年世界第一的规模，并且还从外面高薪聘请了一批外国技术人员做现场指导，整个工厂里不仅有厂房，还有东西两个数平方公里的大仓库用来存放生丝。可以说，为了这个企业，明治政府绝对是花了大价钱的。

明治五年（1872 年），工厂建筑全部完工，眼瞅着就要开工的时候，大家突然发现了一个致命的问题：没有工人。

这就很麻烦了，工厂的关键是工人，没了工人要你工厂又有何用？只不过明治政府怎么都想不明白一件事儿：为啥这大厂房亮堂堂，开的工资也不少，偏偏就没几个人肯来呢？

经过一番调查，他们终于发现了问题的根源：当时日本民间有这么一种说法，说是如果当人坐在这种轰鸣的机器下从事生产活动的话，这灵魂就很有可能被机器“嗖”一下吸走，然后当场交代。这个谣言倒还不算什么，当年照相机刚刚来到东方世界的时候，也被人传过类似的谣言，更让人觉得毛骨悚然的是，又有一则谣言称，这些在工厂里担任技术指导的外国人，每个都是吃人心喝人血的主儿，一个个故事说得有鼻子有眼而且还有证据——外国人不是喝葡萄酒吗？那东西之所以血红血红的，就是掺了人血的缘故啊。

一听这做工都要做出人命来，自然也就没人敢去了。

对此，明治政府不用说肯定是相当恼火，恨不得当下就把那个传谣言的倒霉孩子给揪出来一顿痛打，但显然这个是办不到的，他们唯一能做的，只有想尽一切办法招募人手。

想来想去还是没啥办法，于是负责工厂这一块的大藏卿大隈重信就急眼了：我给钱，给很多很多的钱，还不行吗？

后来，富冈制丝厂开出了员工待遇——所有的纺丝女工一律从士族女儿中挑选出来，然后除去发一份比当时公务员更高的工资之外，还给她们配备了专门的宿舍和食堂以及相关福利待遇。经过这样一来，才总算是招募到了工厂的第一批女工，而这批女工在成为熟练工之后，又被送到了全日本各地的制丝厂里担当技术指导，培训出了一批又一批的后辈。当然，这是后话了。

还是在这一年，明治政府又颁布了国立银行条例，并且于第二年（1873 年）开办了日本第一家银行，取名为第一国立银行，也就是今天和三菱东京银行、三井住友银行并列的日本三大商业银行之一的瑞穗银行。

这家银行的创办指导者，则是日本的资本主义之父，涩泽荣一。

我们现在耳熟能详的一些大的日企，比如什么王子纸业、帝国饭店、日本邮船、东京瓦斯，还有东京证券交易所之类的，统统都是出自他手里。而日本的很多著名大学，像什么早稻田、一桥、同志社等，虽说不是涩泽荣一亲自创办，可他也有参与。

他出生在江户时代的武藏国，也就是今天的琦玉县内。要说他们涩泽家，在当时几乎能算得上是日本一绝了，因为这家人家属于士农工商四民通吃。

首先，他们家有苗字，能佩刀，是不折不扣的士。但是与此同时，他们家也务农，而且还不是一般的农民，在当地属于地主阶级，日本话叫作豪农，手底下还有一大票佃农；其次，涩泽家农忙的时候种地或者监督佃农种地，农闲的时候则组织一批人从事手工生产，主要是做染料，这个就该是工了；最后，做了那么多的染料他们自然不可能光是自家用，而是要拿到市场上去卖的，那便是商了。涩泽荣一从十来岁的时候开始，就跟着他爹涩泽市郎全日本各地跑业务，兜售染料。

不过经商归经商，对于孩子的文化教育，涩泽市郎也是一点都不含糊的。涩泽荣一从 5 岁开始，就由自己的爹亲自启蒙，教授各种文化，从三字经到四书五经几乎无一不传。到了 7 岁时，他已经能读懂《日本外史》这样高深莫测的书了，故而在村子里算得上是首屈一指的神童。

文久元年（1861 年），21 岁的涩泽荣一因为在家乡已经学不到什么特别的东西了，所以和当时大多数日本有志青年一样，他背了个行李袋外出游学。他最终来到了离家不远的江户，投身于儒学名家海保渔村门下，学习儒家经典。

再说他这个老师，也就是海保渔村，虽说老人家名字起得是相当奇怪（我当年头一次看到这个名字的时候，还以为涩泽荣一是跑到了一个叫海保的渔村里上学去了），然而这位渔村老师的才华却是没得说。他一生致力于研究中国的各种古代经典著作，当年日本很多寺子屋或者是儒学塾所用的教材，都是这哥们儿写的，所以他本人也被誉为德川时代三百年来屈指可数的大儒。

海保渔村教过的学生有很多，其中特别出名的有两人，一个是涩泽荣一，另一个叫作鸠山和夫，就是后来当上了日本众议院的议长，同时也是现任日本首相鸠山由纪夫的曾祖父。

在学习文化的同时，涩泽荣一还跑到了北辰一刀流的道场里学习剑道，锻炼体魄。在那里，因为结识了很多跑来练剑的尊攘派，所以渐渐地他自己也开始倾向于倒幕攘夷了，而且变得越来越激进。在某一个伸手不见五指的夜晚，涩泽荣一作出了一个相当大胆的决定：带领 15 个人在横滨的外国人聚集地放火，趁着混乱将那里的外国人杀个干净。

定完计划之后就该联络同志了。涩泽荣一头一个想到的，是自己的表弟，叫尾高长七郎。

当时已经是午夜时分，长七郎正在吃夜宵，结果冷不防地门就被拉开，涩泽荣一冲了进来。

长七郎盯着自己表哥的脸看了好一阵子，在确定他不是深夜来抢自己的夜宵之后，便开口问道："哥，你来干啥？"

涩泽荣一相当开门见山："长七郎，我要把横滨的外国房子都给烧了，然后把外国人都给杀了，这事儿你得帮我。"

尾高长七郎相当震惊，吃进去的夜宵差点没喷出来，但他还是保持着高度的冷静，反问道："那你有没有具体一点的计划啊？"

"有，我们联络十几个同志，在横滨街头四处放火，这样必定能引起混乱，趁着那群外国人四处逃散的当儿，我们见一个杀一个，大事可成。"

“那你已经联络了多少人了？”

“你是第一个。”涩泽荣一脸真诚。

长七郎顿时感到又喜又悲。喜的是，涩泽表哥居然那么看重自己，有大事儿头一个就被他给想到了；悲的是，这大事儿偏偏是杀人放火的大坏事儿，咋好事儿不来找自己呢？

不过此时他还有一丝庆幸：幸好第一个找的是自己啊，如若找的是别有用心的其他人，跑到奉行所里一通举报，那不是害了表哥的一辈子？

想到这里，长七郎对涩泽荣一说道：“表哥，既然如此，那你就不用再联络其他人了，这事情以后也不必再提起，就当什么也没有发生过吧。”

“为什么？难道你不想去？如果是这样的话，也不勉强你，我找别人去，反正有的是人肯干。”涩泽荣一说着，一边就要往门外走。

他说得没错。那年头的日本，什么都缺就是不缺愣头青，一听到要杀外国人，个个都抛头颅洒热血，像高杉晋作、木户孝允之类的，都多多少少参与过这种事儿。所以涩泽荣一如果真的要上横滨杀人放火，不管事情最终能不能成，单说“做”的话，是肯定有人和他一起去做的。

可还没走到门口，他就被长七郎给一把死死地拽住：“哥，不光是我不去，你也不要去。”

涩泽荣一有点恼火：“这是为了拯救我们日本的大事，你怎么可以拖我后腿？”

尾高长七郎也急了，大吼一声：“杀人放火，伤天害理，这种事情怎么可能救日本？”

涩泽荣一愣住了。

其实长七郎属于没啥文化的一类人，他跟佐久间象山、胜海舟之类的人不一样，他不可能从什么国家形势、世界形势来分析攘夷的可行性和合理性，也说不出一些诸如日本要学西洋，战胜西洋才是真正的攘夷之类的大道理，甚至连从法律的角度来看问题都不会，比如劝自己的表哥说你杀了洋人之后要被斩首啊什么的。他只是从人类最基本、最底层的，从一种叫作道德的玩意儿出发，来告诉涩泽荣一，但凡伤天害理的不道德的事情往往都没有好下场，并且劝说他放弃这个吓人的计划。

虽说是为了防止道德沦丧所以才有了法律，但在很多时候，法律都起不了作用的事情往往能被道德所制约，因为它能深入人心。

涩泽荣一接受了表弟的劝说，决定终止放火行动，同时他也决定，不再在江户混了，而是去京都看看。

同年，涩泽荣一抵达了京都，并且结识了平冈圆四郎。平冈也是当时的知名学者，而且还是卿三家之一一桥家的家老，算是一桥家老大一桥庆喜的股肱之臣。对于这位新朋友，平冈圆四郎是相当欣赏的，在他的引荐下，涩泽荣一出仕一桥家，主要负责帮助一桥庆喜处理一些一桥家的会计事务，或直接跟一桥家的御用商人们打交道。

虽说涩泽家是士农工商通吃，但终究还是做商人的时候多些，再加上现在涩泽荣一自己又整天跟那些生意人混在一起，所以对于商人的疾苦，他有着相当深的感触。

当时日本的商人虽说手头上有钱，但地位相当低下，尤其是面对武士的时候，那就是孙子。即便商人穿得再华丽，可他走在街上看到腰间佩刀的武士，还是得毕恭毕敬地鞠躬行礼，表示尊重，如果稍有不敬，轻则挨顿打，重则吃刀子。

因为对于武士，特别是穷武士来说，他们家徒四壁，摔三跤摔不出一块钱来，剩下的只有“自尊”，作为武士的一种相当莫名其妙、极其虚无的“自尊”，用大白话来讲，其实就是死要面子。

因此武士其实是很不爱搭理，或者说特别不爽商人的。其理由我们可以简单地归结为两点：第一，商人的处世态度和直来直去的武士们完全相反；第二，商人们有钱，很多武士都没钱。

当然，这都还只是跟下级武士打交道时候发生的事儿，如果要跟高级武士打交道，那就更惨了。虽说上流社会道貌岸然，想砍你也不会真砍，但他们能整死你，把你弄得生不如死，比如宣布你的店铺营业执照有问题，关了你的买卖，或者说你卖假货，直接就送你入大牢了。这一切的一切，都不需要任何理由，只要你让他们觉得你对他们不尊敬了，或者说诚意不够了，他们就会出手整你。

那么有人会问了，怎么样才算是尊敬那帮官老爷呢？如何表达我的诚意呢？难不成我放着生意不做，每天上门以最真挚的热情问候他们全家，才算得上是敬意？

显然不用那么麻烦，你大可每天开你的店铺，只要定期给那些当官的武士送钱就行了，这才是真正的孝敬。在日语中，这种行为不叫“贿赂”，而是有一个更为好听的名字，叫作“献金”，意思就是说我自己自愿奉献的，不求任何回报，没有任何目的。

当然，这绝对是说说的，你要觉得这种所谓的献金真的是发自商人内心对武士的尊重，那我还是劝你去医院挂个门诊看看。

没有一个商人肯白白地把自己的钱拿出来给别人，可面对那群武士，他们还真的只能白白地拿出钱来，赔着笑脸送上去。

谁让他们是四民中地位最低的商人呢？

尽管当时的日本的确有那么极个别的商人因为实在是财大势大，已经到了能够干涉甚至控制整个国家市场的地步故而连大名都不敢惹，不但不敢惹，还编了一句民间俗语来形容他们的厉害，叫

“大阪商人一怒而天下大名震惊”，但这些人毕竟是属于一小撮中的一小撮，超过百分之八十的日本商人，过的还是我刚才说的那种生活。

不过对于涩泽荣一来说，尽管自己已经成了商人们“尊敬”的对象，但因为出身，他还是很能体谅那些人的苦楚，而对于献金之类的，也是一概不收。虽说觉得商人们很可怜，但这时候他也是相当无奈，认为这也是没有办法的事情，因为在这个世界上，不管是哪个国家，都是按照士农工商这么个排序来安排社会地位的，一切的一切，都是那所谓的命运。

这种相当狭隘的观点很快就被打破了。不久之后，主公一桥庆喜当上了将军，涩泽荣一也随之高升了一步，成为了幕府直属家臣，并且因在一桥家搞内政的工作成绩突出，所以得到了重用。庆应三年（1867 年），法国巴黎召开了第二届世博会，当时的日本由幕府作为国家的代表派人参加，其中主要代表有德川庆喜的弟弟德川昭武，以及负责和商人打交道的涩泽荣一。

顺便一说，这届世博会参加的国家有 42 个，总人数达到 1500 万人，同时也是日本初次参加的大型国际会展。在这个会上，每个国家除了展示自家特产之外，还会制作代表国家且具有相当风土色彩的勋章发给一些重要的来宾。

其中，日本作为一个初次参加的小国，却拥有着两种不同的勋章。

一种，自然是德川幕府制作的；另一种，则出自“日本萨摩琉球国太守政府”，听名字其实就能明白，这玩意儿是萨摩藩无视幕府自己手工制作的。当然，他们并非是想闹萨独，而是打算以萨摩一藩取代幕府，代表整个日本出现在国际社会上。

这种行为的直接后果就是让外国人大大看了一场如同耍猴的

闹剧，因为每天日本的展位上都会出现两拨人吵架，一拨是代表幕府的，他们大声对萨摩人说："你给我撤了这个勋章，不然回国要了你们这帮孙子的命！"而萨摩人则非常牛地回敬道，等回国了还指不定是谁要谁的命呢。

因为当时已经处在大政奉还的当儿了，战争几乎一触即发，故而大家也不知道究竟谁才能在这个国家坐大。

然而，这些乱七八糟的事儿跟涩泽荣一的关系并不大。在参加完世博会之后，他又按照出国前德川庆喜的嘱咐，对法国进行了国事访问，并且代表将军家拜访了当时法国的国王拿破仑三世。

之后，他又对法国的金融制度展开了一系列的考察，分别和一些银行家以及大公司的老板一起吃饭喝酒聊天，基本上每天都是在饭局中度过的。

大家每天小酒喝着喝着也就喝出感情来了，渐渐地聊的话题也越来越广，有一次，涩泽荣一喝完一杯葡萄酒后，抹了抹嘴巴，用非常奇怪的语气问道："你们开这些个公司，每年的献金是多少啊？"

法国人没听明白，不知道献金是什么意思，还以为是每年的商业税，于是便对涩泽荣一说，我们发过的增值税是多少，什么税是多少说了一大通，就是没提到他说的那个什么献金。涩泽荣一以为是翻译功力不够，没翻出来，便又重复了一次刚才的话，然后叮嘱翻译说："你把献金给我好好地翻给他们听。"

翻译不敢怠慢，不但翻了词汇，还顺带免费作了解释，这下法国人又不明白了："为什么要给军队钱？"

在他们眼里，武士等同于军队。

涩泽荣一跟福泽谕吉他们不同，在到访法国之前基本就没怎么接触过洋务，所以对于西洋诸事几乎算得上是一窍不通，他一直以为外国跟日本虽说不是完全一样，但好歹也差不太离。现在看到法国人如看外星人一般盯着自己，觉得相当奇怪："你们国家的商人，难道可以对于武士的要求不闻不问吗？就算是碰到了家老，也可以这样吗？"

这个问题难倒了所有人。头一个就是那位倒霉的翻译，估计他也是倒了八辈子的血霉跑来给涩泽荣一这号人当翻译，这哥们儿当下就犯了嘀咕，反复思考究竟如何把家老这个日本词儿翻成合适的法语。

略作沉思之后，一句很经典的话就此出炉："在贵国，银行家不用向海军大校低头吗？"

在座的法国人沉默了小片刻，立刻热烈地回应了起来：

"不用，不用，我们为什么要向那群人低头？凭啥呀？"

"银行家向海军大校低头？你开什么玩笑啊？"

"你们这个涩泽先生的问题可真够奇怪的，没喝多吧？"

那时候欧洲已经完成工业革命很多年了，大资本家才算得上是国家的栋梁。总而言之，银行家跟军官之间，肯定是平等的。

然后这些话在经过翻译处理之后又回给了涩泽荣一："不用，在我国，商人和武士是平等的。"

"什么？"涩泽荣一脸色一变，"居然还有这种国家？"

翻译是个日本人，很爱国，他知道这话如果翻出去那多半就该成国耻了，所以单方面轻声地告诉对方："大人，在欧罗巴，所有的国家都这样，不光是这个大洲，美利坚同样也是如此。"

涩泽荣一相当震惊。他第一次知道，原来商人是可以和武士一样平等地生活在同一个蓝天下，可以平等地擦肩而过，不用卑躬屈膝，尽管这两种人本来就该是平等的。

考察的时间不长，只有短短数个月。当年12月，涩泽荣一接到幕府的命令，要求他立刻归国。

原因很简单，幕府已经快崩溃了，所以必须得把放在海外的人才给全召回来，好作最后的死扛。

结果相当具有悲剧色彩。涩泽荣一 12 月从法国出发，等他抵达日本的时候，德川庆喜已经上宽永寺吃斋去了，等于是宣布德川幕府的时代就此终结。

尽管当年心怀倒幕攘夷之志，但在受德川庆喜重用多年之后，涩泽荣一的心里早已没有了对幕府的痛恨之情，相反，他还觉得自己应该尽忠，不仅为幕府尽忠，更要报答德川庆喜对自己的知遇之恩。

正好，他的堂哥涩泽成一郎在江户组建了彰义队，所以涩泽荣一一直琢磨着啥时候去投靠自己的哥哥，加入彰义队保护将军，和萨长作最后的抗争。

就在这个计划尚处于酝酿阶段的时候，突然有人跑到他的跟前，说德川庆喜大人有请。

两人会面的地点是在宽永寺的一间僧房里，德川庆喜让人泡了两杯茶，然后自己拿起了一杯，喝了一口："涩泽，说起来，从你回国之后，我们还没怎么见过呢。"

"是的，将军大人。"

"哈哈哈，我早就不是将军了，你也不必这样拘束，放松点，放松点啦。"

德川庆喜笑着招呼道，这种笑容是涩泽荣一自打跟了他以来从未见过的。

沉默了片刻之后，庆喜的声音再次响了起来："最近在这宽永寺里，真是清闲得要命，连个说话的人都没有，今天难得你来这里，就跟我说说在法国的事情吧！"

涩泽荣一想了想，便开始说了起来，从他在世博会上看到的各种西洋玩意儿开始，一直讲到欧洲的社会思想和金融制度。这里面的事情德川庆喜几乎一样都没听说过，所以他不断地流露出惊讶的表情并且一直插嘴问这问那，当说到银行家与海军大校的故事的时候，庆喜也不由得插了一句："真的假的？还有这种事情？"

这次轮到涩泽荣一笑了起来："大人，不光是法国，整个欧罗巴，甚至是美利坚，都是这样。"

"唉……是这样啊……"德川庆喜的脸上突然浮现出了愤怒的表情，"涩泽，你家也是商人出身吧？"

"虽说不是完全的商人，但也是常年从事经商的。"

"如果日本什么时候变成法国那样，想必令尊一定会头一个感到高兴的吧？"

"嗯，我觉得也是呢。"

两个人聊着聊着天就黑了，涩泽荣一一看时候也不早了，便表示我要回家吃晚饭去了，您要想听故事的话明天我可以再来。

德川庆喜的脸色则一下子变得相当严肃："涩泽，你不必去参加彰义队了。"

涩泽荣一很惊讶，怎么自己尚在策划中的事情这哥们儿就已经知道了？

"没有必要了，去了也是白白送死，有的事情，是谁也无法改变的。"

坐了一整天的德川庆喜从位子上站了起来："从现在开始，你只要走你自己的道路就可以了。"

就这样，涩泽荣一终究没有加入彰义队，而是运用自己在法国学到的金融知识，开办了日本第一家股份责任制公司——商法会所，地址设在静冈县，也就是德川家被转封的地方。公司的主要经营业务是把全国富豪的钱给借来，然后抬高利息转借出去，或者直接用于投资，其实等于是一家股份银行。这个会所开了一年左右，当时的宇和岛藩藩主伊达宗城被明治政府任命为大藏卿兼民部卿，在从老家去东京上任的途中，正巧经过静冈。要说伊达宗城还是很重感情的，虽然只是路过，但他还是特地去拜访了自己的老上司德川庆喜。

在听说对方将出任日本财政方面的领导人之后，德川庆喜大力地推荐了涩泽荣一："他在我这里办公司，是一个在财政事务方面相当有能力的人，一定能为这个国家所用。"

伊达宗城一开始还不太相信，觉得德川庆喜言过其实，这明治政府才维新几个月啊，日本就能出金融方面的人才了？开啥玩笑。

德川庆喜倒也不急："如果你不相信的话，可以自己去他那里看一看嘛。"

跑到商法会所看了一整天公司运作之后，伊达宗城服了，然后对涩泽荣一说，请你来我们大藏省吧。

涩泽荣一说，谢谢，我不干，现在开个公司挺好，不太想去当官。

在反复恳求都没能有个结果的情况下，伊达宗城悻悻离去。可没过几个星期，大藏省方面又来人了，这次来的虽说官没伊达大藏卿那么大，可也不小，是大藏省的二把手，大藏大辅大隈重信。

在经过他的千求万求之后，涩泽荣一觉得这家伙挺有诚意，于是终于答应出仕大藏省，并在明治二年（1869 年）担任了大藏大丞。

在大藏省做公务员的时候，涩泽荣一完成了对日本度量衡的制定、铁路建造的会计事务以及之前提到的银行条例和创办银行等一系列工作，但是很快他就开始厌烦了。

因为当时的大藏省秩序是相当混乱的，别的不说，光是跟民部省分分合合闹纠纷就整了好几年，而且还是没个结果。每次开会，分离派跟合并派总是先要吵上一场然后才商谈正事儿。所以涩泽荣一觉得与其这样做个混饭不怎么干实事的公务员，还不如辞了职去一个人搞实业。

1873 年（明治六年），在完成了日本国立第二银行、第三银行、第四银行和第五银行的创办之后，涩泽荣一正式递交了辞呈，表示自己不干了。

退出政界之后的他，开始搞起了创业。这哥们儿活了整整 91 岁，创办或者参与创办的企业超过 500 家，属于当年日本当之无愧的大财阀、实业家。

但是，涩泽荣一和三菱的岩崎弥太郎、三井的三井高福、住友的住友友纯等其他日本财阀相比，还是有一个相当大的不同点。

在说这个不同点的时候我们先来简单介绍一下当时日本的资本主义市场形势。

当年的日本是处于资本主义初级阶段中的初级阶段，说得白话一点，其实也就是正在进行资本原始积累的过程中。我们都知道，这个过程其实是一个相当残忍相当血腥的过程，在此之中，在完成资本主义生产方式之前，甚至会通过暴力等非正当手段使生产者和生产资料分离，从而将生产资料聚集在小部分人的手里，对于日本来说，这方面最典型的例子就是土地改革，这个我们之后再说。总之一句话，在那个年头，资本家要想发家，首先要做到的就是两条：第一，六亲不认；第二，心狠手辣。

三菱也好，三井也罢，类似的日本企业多多少少都脏过自己的手，只不过是程度问题罢了。重一点的，比如日本前首相麻生太郎他们家当年都用过中国劳工，用我们的话来说，就是他们老麻生家的双手上，沾满了中国人民的鲜血。轻一点的，那就没法点名了，因为太多了，而他们干的事情就多了，什么卖点假货啊，酱油里掺水啊之类的。

当然，这里并没有开批斗会的意思，只是为了告诉你，截止到二战结束前，日本的资本家、大财阀们，什么样的事情都有可能做出来，再伤天害理你都不必感到惊讶，实属正常，这在当时是一种流行，很多的商人更是怀了一种心安理得做黑心生意的心态。

然而就在这个时候，有一个人站了出来，向着全国大声喊道："不！你们错了！真正的金融绝非这样！"

说这话的不是别人，正是涩泽荣一。

面对全国形势一片黑，他坚定地表示，对于生意人来说，赚钱固然是特别重要的一件事儿，但同时还有一样绝对不能被分割开的东西，那就是道德。

他依然记得当年自己要放火烧横滨的时候，表弟长七郎的那一句吼："杀人放火，伤天害理，这样怎么可能救日本？"

救国如此，生意同样也是如此。很快，涩泽荣一提出了一个全新的学说，叫作道德经济合一说，并且为此还写了一本书，书名叫《算盘和论语》。也就是说，他把做生意和孔夫子的那套仁义廉耻给结合起来，告诉世人，作为一名合格的商人应具备哪些素养。

书中开篇头一章的题目就是"富贵与仁义"，在这章中，涩泽荣一非常明确地阐述了自己的观点："真正的利益如果不建立在仁义道德的基础上，那么这绝对不可能长久。"

对于为何要写这本书，他也有自己的看法："即便是在经济活动中，也是无法脱离伦理和人道的，如果经济社会的进步导致了伦理道德的淡化，那绝对是一种泼脏水把孩子一起给泼走的行为。而《论语》这本书，本身就是一本教人如何做人的极佳教材，越是在这个金融秩序混乱的时代，越是应该让多数生意人好好读一读。”

再说这涩泽荣一，他不但嘴上说仁义道德，也是这么做的。

在创办或参与创办了500多家企业的同时，涩泽荣一一直非常热心致力于公共事业，可以说是当时日本财阀中最努力做公益的一个，像什么东京慈善会、圣路加国际医院、东京养育院等一系列慈善福利机构中，都有他的影子。再后来，涩泽荣一就不限在日本做慈善事业了，而是开始冲出亚洲，走向世界，以慈善为名，当起了日本的民间外交家。比如在1931年的时候，中国发生了规模相当的水灾，时年已经91岁高龄的涩泽荣一闻讯后，立刻组建了水灾同情会并亲自出任会长，四处奔走募集捐款。尽管当时中日两国关系非常紧张，战争几乎就在眼前，但他的这种行为还是受到了中国方面的极大肯定和好评。

而这个一生都将仁义道德注入商业买卖之中的商人，在1926年和1927年连续两年都获得了诺贝尔和平奖的提名。

我想，这是国际社会对涩泽荣一这辈子最好的认可吧。

涩泽荣一这辈子干的这些事情，其实就是所谓的殖产兴业，什么开工厂办银行之类，在明治时代最初的几年里，基本上就是以上这些内容了。依靠着这些东西，虽说不可能让日本一下子突飞猛进，但好歹也算是有了一个稳步的发展。而这些政策的最终制定决策人大久保利通却还是不满足，他不止一次地对身边人表示，自己要再干10年，争取能够看到日本强国富民的那一天。

到后来，这个愿望几乎就成了大久保利通的口头禅，这哥们儿如同祥林嫂一般，差不多是每碰到一个来访或者他去访的人，都要说上一通：“我要再干10年，真的，再干10年。”

听者倒也不敢像鲁迅先生他们老家的人对祥林嫂那般对待大久保利通，毕竟对方是高干，所以只能回答表示就大人您这身子骨，再活 500 年那也是正常，您一定能看到日本腾飞于世界的那一天的。

但别说五百年了，五个月都没到，就出事了。

第十章 大久保利通之死

1878年，5月14日。

8点15分左右，大久保利通的马车准时从家里出发，前往皇宫。

8点30分左右，这辆二乘马车正好经过一个叫纪尾井坂的地方，也就是今天东京都千代田区清水谷议员宿舍这里。

接着，周遭出现了五六个人。

大久保利通并不在意，事实上他也没法在意。因为他坐在马车里，帘子放下来，对于外面的事物他是一概看不见的。

突然，马车整个车厢猛地向上一颠，没有任何预兆地来了个急刹车，惯性让大久保利通的身子猛地向前一冲，差点飞了出去。就在他的头冲出车厢的一瞬间，无意中瞥到了好几个人拿着明晃晃的武士刀围住了自己的马车。

勉强恢复了身体平衡的大久保利通猛地拉开了帘子，怒视着眼前的这几个人，然后小声地问车夫："怎么回事？"

车夫叫中村太郎，这人其实是个孤儿，连父母是谁都不知道，也没有名字，在大阪四处流浪的时候碰到了大久保利通，然后被他捡回了家并收养了，还给取了中村太郎这个名字。所以他对大久保利通当然是相当忠心的，面对现在的这般情况倒也不害怕，相当沉着地讲述了刚刚发生的一切。

其实也没啥大不了的，原本中村太郎驾着马车走得好好的，而这几个人都清一色地蹲在路边采野花，可不知怎么搞的，就当马车快要和他们擦肩而过的当儿，这帮人突然就“噌”的一下站了起来，齐刷刷地挡在了马车跟前，然后又齐刷刷地拔出了刀子，把马都惊得站了起来，差点就让大久保利通飞出了车外。

“奸贼！”为首的一个穿着藏青颜色的羽织，挥着刀一边喊一边就冲了过来，然后一刀劈向了其中的一匹马，活生生地将马腿给卸下来一条。

马车再一次剧烈地晃动了起来，终于把大久保利通给颠出了车厢。

被摔在地上的利通不慌不忙地站了起来，用手拍了拍身上的尘土，然后以极其严厉的眼光扫视着那几个人。

“无礼的家伙们！”一声怒喝响了起来。

一群手执兵刃的家伙们被一个手无寸铁的人给震慑住了，但这时间很短，不过两三秒。接着，一前一后两个人几乎同时杀到，将他们手里的刀深深地插入了大久保利通的体内。

就在这时候，中村太郎也被另外几个人砍倒在马车边。

但是大久保利通却没有倒下，由于身上插了两刀子，他一句话都说不出来，但依然用一双愤怒的眼睛盯着这群暗杀者。

原本是来“锄奸”的正义使者们开始浑身颤抖起来，他们不知为何开始害怕，害怕一个身中两刀、手无寸铁的家伙的目光。

害怕之后便是疯狂，这群人一拥而上，手执家伙砍的砍戳的戳，总算是把大久保利通给放倒了。

他死的时候，只有 49 岁。

看着这具冰冷的尸体，暗杀者们心中的害怕居然有增无减。他们一面躲到路边，一面悄悄地商讨起今后的打算来。

“这样的话，我们就成暗杀者了……”一个穿着黑色羽织的人说道，“这样一来，世间就会觉得我们是很卑鄙的人啊。”

开头那个穿藏青色羽织的想了想，说道：“这样，我们去自首吧。”

这话一出，震惊了所有人。

“你们不要急，不要慌。”他说道，“如果去自首的话，就能显得我们是光明正大地为国锄奸，这样一来，便能摆脱暗杀者的名号了。”

大家一听觉得这办法着实不错，于是纷纷站起身子开始讨论究竟去哪儿自首，按说应该去司法省或者去警视厅，可那两个地方实在太远，大伙生怕走半道儿上就被条子给逮走了。想来想去，决定到离事发现场相对最近的宫内省前去说明罪行，请求宽大。

另一方面，大久保利通被刺的事情很快就传到了皇宫，明治天皇大为震惊，一边命人火速追查凶手，一边再让人去收尸。

且说大久保利通的尸体被运到殡仪馆后，还没开始处理，一大帮子人就赶了过来，大家都想见他最后一面。

当前岛密来到遗体前，正想说些什么的时候，他突然就愣住了。

大久保利通身中 16 刀，其中一刀当场刺穿了大久保利通的头颅，连脑浆都喷了出来。因为才死没多久，所以前岛密甚至还能看到脑浆隐约地流出脑外。

“骨飞肉摧，头盖骨裂开，脑浆还在微动。”这不正是大久保利通做的那个梦吗?

想到这里，前岛密不由悲从中来，当场失声痛哭，不能自已。

5 月 15 日，明治天皇下诏，追赠大久保爱卿为正二位右大臣，并给予国葬待遇，总费用达到4500日元，参加追悼会人数1200人。

大久保利通这个人，当时给人的第一印象就是冷面或者说是铁面，而且有一种不怒自威的感觉，只要他走到哪儿，哪儿就没有笑声。

当年萨摩藩最嚣张的人当属桐野利秋，这哥们儿其实就是那时候萨摩的谐星，不管到哪儿，看到谁，都敢插科打诨搞笑逗乐，而且，一旦当他喝醉了，那就更加乱来，什么话都敢说，什么人都敢拿来开涮，一时间连西乡隆盛都奈何不了他这种性格。

有一次酒宴上，桐野利秋又喝高了，于是一摔酒杯一拍大腿，开始了他的即兴演出，这次看情形似乎是要以宴会上的某人为原型讲个故事。

“话说，很久……很久很久以前……”

正当大家等着听下文的时候，却突然就没声了，再看桐野利秋，他居然老老实实把刚才摔在地上的酒杯收拾起来放好，然后规规矩矩地坐了下来，闷头吃起了菜。

原因说起来相当简单：就在桐野利秋犯浑的当儿，同坐一屋参加宴会的大久保利通用自己特有的眼神看了他一眼。

只看了一眼，资料上写的是“一瞥”，就是说都没拿正眼瞧他。

当时世界各国给大久保利通的外号是东方俾斯麦。

说完了生前再来说说他的身后，其实不管是生前还是身后，从他混出道到现如今这数百年的时间里，在民间一直是一个风评相当不怎么样的人物。

如果你没法理解这句话，或者觉得我这句话跟上面的故事似乎有矛盾，那么我换一个说法：但凡没亲眼看到过大久保利通的人，或者不是跟他生活在同一时代的人，基本上都不怎么喜欢他，尤其是后者。我曾经看过一个调查列表，题目是“幕末明治时代你最尊重的日本人和最不尊重的日本人”，结果在最不尊重的人里，大久保利通名列第一，排名第二的是岩仓具视；顺便一说，最为尊重的两人分别为坂本龙马和西乡隆盛。

不尊重的原因总的来说也就一条：他经常做一些不得民心的事情。

最典型的例子就是土地改革：他说改就改，相当铁血，直接一刀切了下去，让很多农民一下子就穷了不少，自然也就遭人恨上了。再比如西南战争，很多人都把原因归结为他欺负老家人民，诸如此类还有很多，这里就不一一列举了。

可回过头来想想，如果不搞土改，这些农民不穷，那么国家就该穷了。

所以我们只能这么说，大久保利通虽说坑了老百姓，但他绝对没有坑国家。

那么，也就不能埋怨日本老百姓骂他了，毕竟没有人有这个义务平白无故牺牲自己的幸福。

可话要再说回来了，其实大久保利通完全可以像其他人一样，做一个保守派，然后把这个千古骂名的鬼差事丢给后任者。说得难听点，对日本来说，不管是不是他，这事儿总得有人做；同样，不管多么坑老百姓，不管多么失民心，那些个资本主义原始积累之类的事儿，也都是必须要完成的，就好像你要考北大就必须得努力学习，人家在玩游戏你就得乖乖在家用针扎屁股读书，人家在打魔兽你就必须啃书啃得自己像魔兽。总之，这是一条避开了就无法到达目的地的道路。

但他并没有这么做，他选择了默默承担起这份骂名，扮演了这个黑脸的角色，然后默默着手这份脏手的工作。不管之后会发生什么，他都不在乎，因为他明白，这是他的责任。

且说大久保利通一死，标志着明治时代的三大元勋，也就是所谓的明治三杰，通通死光了。国家的栋梁在一年内全部垮掉，损失相当大，对于明治政府特别是管事儿的右大臣岩仓具视而言，眼下最重要的事情，就是立刻找出一名能够继承他们衣钵的后继人。

这个人选的标准比较高：首先，他得跟大久保利通生前是一个工作单位的，也就是内务省的，不然来个外行根本没法继续开展大久保内务卿的工作；其次，他的思想境界得跟大久保利通差不多，虽说不求啥都一样，但至少思维模式不能差太远，不然也不方便开展工作；第三，多少得有那么点威望，不求你如日中天，但也不能是一棵无人知道的小草；第四，能力要强，这个就不必多说了。

要说这四个条件完全符合的人还真有那么一个，这人究竟是谁我们等下再说，先把那几个暗杀者跑去自首的事儿给说完吧。

当时宫内省也收到了大久保利通的死讯，不过上下普遍都觉得跟自己关系不大，毕竟他们干的是宫内的活儿，管管天皇日常生活，穿了什么色儿的内裤，想去哪里走走之类，这种政治暗杀的恶性大事件，和他们没有半毛钱的关系。

可偏偏就有人找上门来拉关系了。

5 月 14 日上午 10 点，宫内省的同志们都在上班，突然就听到外面隐约传来阵阵大喊，仔细一听，发现似乎是从门口传过来的。

接着，就有人来报告宫内卿德大寺实则了：“大人，外面有人说要见您。”

他相当不以为意：“谁啊？干吗的？”

“不知道，他们只是在大声喊着要见您，问他什么事情也没说。”

“有多少人？”

“6个，为首的那个穿藏青色羽织，自称叫岛田一郎。”

按说，这事儿如果搁在陆军省，陆军卿西乡从道肯定是让人一排枪打过去，接下来该干吗干吗。毕竟他很忙，是个大忙人，整个陆军省的大伙也都忙，可问题是宫内省实在挺闲，整天没啥事儿做，除了管理天皇的私家财产和日常生活之外就算是休息时间了。大家都是闲人，特别是德大寺实则，是个大闲人，所以他决定，出去瞅瞅到底是谁吃撑了，跑到自己门口来吆喝。

结果还没等他走到门口，估计是岛田一郎看到有人出来，所以喊话的内容一下子就变了：

“我们是杀了大久保利通的凶手，特来自首的！请宫内卿大人来见我们！”

德大寺实则是公家出身，胆子比较小，一听这话当场就吓傻了，连忙命令手下：“快，快去叫警察！”

很快，警察就来了，把那几个喊口号的哥们儿用绳子一套，一排溜儿地给带走了。他们倒也不反抗，一路上还高叫着“我们杀了大久保利通，特来自首！”云云，引来了周围上百群众围观，场面一时极为热闹。

不过，到了警察局之后，他们反倒是不怎么开口了。面对警察的审问，岛田一郎就这么大模大样地往椅子上一坐，然后从怀里摸出一张写得满满的纸张丢了过去：“你自己看吧。”

这张纸上写的是什么我们待会儿再说，先来简单介绍一下暗杀团里的几个主要人物。

岛田一郎，加贺藩出身，也就是今天的日本石川县人，在戊辰战争的时候，他加入新政府军，和河井继之助的长冈藩干了起来。在战斗中，岛田一郎阴错阳差地捡到了对方遗弃的一堆军粮，故而立下战功，并在废藩置县之后，荣升日本陆军中尉。

但在1873年的那场政变中，他因为激进地鼓吹征韩征台而又没人理他，所以选择了辞官回家。到了家乡之后，岛田一郎组织起了跟佐贺征韩党性质一样的团体，取名为三光寺派。

岛田一郎原本是想趁着西南战争的当儿也雄起一把的，可没想到他的手下都不太愿意去送死，响应的人总共只有五六个，所以也就只能作罢了。

不过，虽说人数不够打仗，但搞搞恐怖袭击还是不成问题的。所以，自打西南战争结束，岛田一郎就一直琢磨着找一个明治政府的高官来杀杀，这人的官位越高越好，最好是太政大臣三条实美这个级别的。

正当他暗自在心中筛选该杀谁的时候，突然一个朋友找上了门来，告诉岛田一郎，说如果你要杀，就杀大久保利通。

这个人叫长连豪，也是个加贺藩士，就是之前提到的那个穿黑羽织的哥们儿。他从年幼的时候就对西乡隆盛相当倾心，一直把那胖子当成自己的超级偶像来看待，从1873年到1875年，长连豪先后两次跑去萨摩，定居时间超过14个月，为的就是能看一看自己多年来的偶像。

在那里，他结识了桐野利秋和别府晋介，并且跟他们的关系处得相当不错。

和很多人一样，长连豪同样也把西南战争的爆发原因归咎于大久保利通，再加上他特别喜欢西乡隆盛，所以对利通的恨也就又加深了好几层。

就这样，两个人决定合力刺杀大久保利通，干掉这个祸国殃民的奸贼。考虑到人手问题，所以他们又联络了同为加贺藩原藩士的杉本乙菊、胁田巧一和杉村文一以及中津野藩原藩士（岛根县内）浅井寿笃，总共凑足了6人，于5月14日一大早埋伏在了大久保利通去皇宫的路上，伺机动手。也就发生了前面开头说的那一幕。

再说岛田一郎递过去的那张纸，开头写了三个大字：斩奸状。也就是类似于檄文，主要作用就是说明一下我为啥要砍你，省得你死得不明不白，到了地狱里还要爬上来找我。

斩奸状总共列举了五条主要的罪名：

第一，不开国会，不立宪法，压抑民权。

第二，法令朝令夕改，任用官员也全凭自己喜好，没有个章程。

第三，大兴土木，修建那些不必要的华丽建筑。

第四，排斥有识之士，引起内乱。

第五，迟迟不修正和外国的不平等条约，简直如同国贼。

除了这五条主要罪状之外，其他的还洋洋洒洒地写了一堆，比如说大久保利通贪污腐败，中饱私囊；再比如说，他手下的谁谁谁，天天打老婆不算，还把老婆给杀了，大久保作为上司监管不力，所以该杀，等等。

如果一条一条来看的话，我们就能发现，其实这个斩奸状活脱脱的就是属于“满纸荒唐言”级别的。

首先，不开国会不立宪法，这跟大久保利通有啥关系？要知道他是倡导赶紧立宪的主要领头人之一，只不过因为岩仓具视觉得现在干这事儿还没到时候死活不肯，所以大家才各退一步，表示先来个预备立宪。你岛田一郎要是拿着这条去杀岩仓具视，那还勉强能说得过；杀大久保利通，那实在是张冠李戴了。

其次，朝令夕改，官员任用没有具体的章程，这可以说根本就不是什么错。当年日本处在一个刚刚进入维新的阶段，完全就是摸着石头过河，就算有一些政治法令上的反复也是非常正常的；至于官员任用，因为日本跟中国不一样，本身就没有啥国家规模的考试制度，这改朝换代了该用谁，不该用谁，当然是由当权者说了算，难不成还要特地来一趟石川县征求你岛田家的看法吗？

第三条大兴土木，由于他岛田一郎也没具体说造了哪个不该造的房子，所以我也没法分析是不是真的属于“不必要”，亦无法判断是否“华丽”，所以就此略过。

第四条说的很显然就是西南战争，这跟大久保利通的关系我们之前已经说过，非但不是大久保排斥那些萨摩的“有识之士”，相反正是因为太宠他们了，才酿成了悲剧。

第五条其实是因岛田一郎的无知所造成。要知道这修改跟外国人的条约哪有那么简单？你想改就能改的？事实上从明治初年伊达宗城跟英国人讨论贷款的时候就已经开始提了，只不过屡屡碰壁，怎么都谈不拢罢了。这事儿我们放在后面详细说，这里暂且不提。

再然后就是说大久保利通腐败，这个相当扯淡。事实上在整理遗物的时候，人们惊讶地发现，这位内务卿兼参议，日本实际政权的掌握者居然非但没有一分钱的存款，相反他还留下了好几张借条，数额总数高达 8000 日元。

大家惊讶之余继续追查了下去，想知道大久保利通为啥要借那么多钱，究竟用来干吗了。

结果还真的给他们查到了，在大久保家，人们又发现了一张汇款单，收款单位是鹿儿岛县县厅，旁边还有备注，要求县长将这笔钱用于学校建设上。

对此，大久保利通的女儿大久保芳子表示，钱肯定会还，由她来归还。

这事儿公布之后，整个日本被震撼了一回。大家感动之余，几乎全日本的官僚都自发地搞起了募捐，短短几天里大家就凑足了 8000 日元，然后亲自交到了芳子的手里，说你拿着这钱去还债吧。

然而，就当大久保芳子拿着钱来到各债主的家中时，大家的口径几乎都是一样的：

你这女人是谁啊？都没见过。大久保利通？那是干啥的？欠了我钱？胡说八道，我就从来没借钱给叫大久保的人过！

对于这些“心安理得赚黑钱”的商人来说，能够有这样的境界，是着实应该大大褒奖一番的。

事情搞到最后，明治天皇出手了。他亲自致电鹿儿岛县厅，表示大久保家过得挺苦的，你们就把拿了人家的那8000日元给吐出来吧，也好让人家家里人改善改善生活。

老大发话鹿儿岛方面自然不会不从，就这样，明治天皇以政府的名义派人把钱交到大久保芳子的手中，并且表示，这钱就是给你们家当生活费的，不做其他任何用途。

可以非常肯定、负责任地这么说：大久保利通在明治时代的那群官僚里，绝对是属于洁身自好、清正廉洁的一类。

最后那个官员打老婆的事儿，其实也不是什么某官员谁谁谁，人家有名有姓而且还挺有名，他就是之前出过场的黑田清隆。

话说这哥们儿平常在人前一直是以相当和善的面容出现的，可当他喝了酒之后，就会变身成为另一个人。曾经有一次黑田清隆坐船去北海道，途经津轻海峡的时候，喝高了的他先是对月当歌了一番，然后跑到船头的炮台上，抄起大炮对着对岸就连放了四五炮。不但把海岸边的礁石给打了个粉碎，还当场击毙一名路过打酱油的可怜平民。

这事儿后来当然是给了钱摆平了的，但也足以说明，这黑田清隆绝对属于那种我不是随便喝酒的人，我随便喝酒之后就不是人的类型。

这样的人当然是很容易出事儿的，就算不出事儿也容易有出了事儿的传闻流布街头巷尾。

然后在1878年3月的某日，突然在东京街头就传出了一个惊人的消息，说是黑田清隆趁着醉酒的当儿，把自己的老婆给砍死了。

事情的大致经过是这样的：这一天，黑田清隆上晚班去小酒馆里喝了个烂醉，回到家中趁着酒劲就拼了命地砸门，一边砸一边喊快来开门，人都死哪儿去了之类的话。然后他的夫人叫黑田清，匆匆跑过来给自己老公开门，却不想刚刚把门打开，就被黑田清隆一巴掌打了上来："贱人，开门这么慢！"

此时的黑田清其实已经是重病缠身——患了严重的肺病。面对丈夫的责难，她也不敢应声，只是唯唯诺诺地低下头来，表示以后再也不敢了。但黑田清隆却不依不饶，一边搡着他老婆进门一边又骂骂咧咧的，从大门口骂到卧室，但黑田清却始终不回一句，只是低着头静静地忍受着。

结果黑田清隆估计是醉得太厉害，随手就拿起了放在卧室里的武士刀："你为啥不说话？你在轻视我吗？"

黑田清还是不说话。

于是明晃晃的刀刃就对准了她："你再不说话老子就砍了你！"

接着就听到一声惨叫，一腔鲜血喷出，黑田清倒地当场死亡。

因为黑田清隆在说最后一句话时，其实已经在动手了。

这事是真是假至今已经无从考证，唯独可以确定的是，黑田清真的是在这个时候离开人世间的，因为这哥们儿平时给大伙的印象不太好，所以也就有了上述的传言。

这件事在短短的数日里传遍了整个日本，很多往往字都不怎么认识的人却都知道：黑田清隆杀了自己的老婆。

黑田清隆当时出任的是北海道开拓使，用今天的话来讲就是北海道特别行政区行政长官，所以这档子事情一出，在民间造成了极为恶劣的影响。老百姓们都纷纷议论说明治政府的人吃人饭不干人事儿。

于是明治政府急了，以伊藤博文和大隈重信为首的一票人为了向公众展示自己干人事儿的一面，联名上书要求大久保利通处罚黑田清隆，还世人一个公道。

但大久保利通却没有动手，而是向大家表示，虽说黑田清隆是个混蛋，喝醉了更混蛋，可绝对不是那种会杀自己老婆的主儿。对于这点，自己能以人格担保，所以还请大伙少安毋躁，让自己去调查一下再说。

说完这话后，他找来了警视厅扛把子川路利良，命令他立刻搞一个专案小组，限期查清原因。川路利良倒也一点都不含糊，当下拉了几个人直奔黑田清的墓地，直接就把她的尸体给挖了出来，开膛破肚解剖验尸，最后得出结论：黑田夫人是死于肺病，而不是外部的伤害。

按说这事儿就这么结了，可老百姓们根本就不买账。理由很简单：黑田清隆是什么人？萨摩系的主要成员，又是大久保利通的得力部下；川路利良是什么人？也是萨系的核心，同时他跟大久保利通的关系非同一般，可以说是心腹。这几个人搞出来的调查结果尸检报告，能信吗？你当我们傻啊？

因为黑田清隆这次弄得实在是民愤极大，所以大久保利通也不得不作出了妥协，将他坚持认为清白无罪的黑田清隆给免去了领导职务。当然，面子还是要给的，并没有直接撤职，而是让对方“辞职”。

对此，老百姓们的评价也就四个字：做贼心虚。要真不是你干的你辞个什么职呀？自然，在口诛笔伐黑田清隆的同时，广大日本群众对大久保利通的包庇也表现出相当不满的情绪，所以也就成了岛田一郎他们砍人的一条理由了。

这话说回来，不管黑田清隆是否真的杀了老婆，正所谓冤有头债有主，你直接找他商量去呗，跟大久保利通压根儿就没啥太大的关系吧？

要说大久保利通包庇纵容，那也是不怎么靠谱的，毕竟当时日本的警察体系就是萨系在把持着，司法验尸这种活，也只能让他们技术垄断了；不然的话，你总不能让管财政的大隈重信去解剖尸体，负责外交的井上馨来验伤吧？

总而言之，这份斩奸状就是他岛田一郎给自己找的一堆理由罢了。

所以，当法官们看完这堆胡说八道的文字之后，都相当不爽。太政大臣三条实美更是愤怒不已，表示不杀这几个人不足以平息他的愤怒之火。

当年 7 月 25 日，司法省作出裁决，也没多废话，直接就下令把这 6 个哥们儿拉出去一人一刀砍了拉倒。

27 日，暗杀者们被拖出了牢房，押赴刑场。在走出门口的那一瞬间，岛田一郎向着整个监狱高声喊道：“爱国的诸君，老子先走一步了！在那里等着你们，快来哪！”

然后其他房间里传来一片骂声。这是肯定的，因为有的人搞不好就是偷了个饭团犯了盗窃罪被拘留几个星期而已，你让人家快点过来是陪你一起死还是怎么着？

负责操刀的，叫山田浅右卫门吉亮，这是当时日本技术最高的刽子手。他们家代代都是干这玩意儿的，传到他，已经是第九代了，不过也是最后一代。

山田吉亮拿水浇了浇刀之后，便高高举了起来，然后问道："你还有什么要说的吗？如果有的话，就告诉我，一定会让你说完的。"

岛田一郎哈哈一笑："你觉得事情都到了这个地步，我还能有啥好说的？"

要说山田吉亮不愧是刽子手世家出来的高手，不仅活干净，而且素质也高。且说他本来是出于好心问问对方有没有最后遗言，结果人家却是嚣张一笑。这要换了别的刽子手，估计也就是原本砍你脖子的偏往你肩膀上先来一刀，让你痛一痛，知道一下厉害。可他却丝毫不为所动，面无表情地将高举的刀猛地往下一挥，非常利落地干完了这一票活。

岛田一郎身首异处，年仅 30 岁。

随着这哥们儿的死，大久保利通的故事到此也就告一段落了，所以我们现在就得把之前挖过的一个坑给填起来了，就是他的后继者究竟选中了谁。

这个人就是伊藤博文。

伊藤博文这个人其实是我们的老熟人了。

这哥们儿是一个完全符合大久保利通继承人每一个条件的家伙。大久保生前他就在内务省工作，两个人是一个系统的；至于思想，从他的一贯表现来看，我们就能知道，伊藤博文向来是紧跟大久保利通步伐的，比如在征韩论战的时候，又比如在要求立宪的时候；再说这个名望，伊藤博文虽说是小字辈，但好歹当年也是和山县有朋、井上馨两个一起被并称为"长州藩三名人"的家伙，属于名人级别的；最后的那个才能，我们现在就来仔细地说道说道。

严格讲来，其实伊藤博文并非武士出身。他爹叫林十藏，是个地道的农民，所以伊藤博文小时候的名字叫林利助，在 12 岁的时候，因为他们家实在是太穷了，故而林十藏把儿子利助给送到了城里的商店里做学徒，以赚点钱补贴家用。可就在这一年，十藏被他们村子里的一个中间叫水井武兵卫的给看上了，所谓中间，其实是家来的一种，也就是给大名家臣做家臣的武士，官方称谓叫作武家奉公人。不过在繁多的家来种类里，中间属于地位相当低的一种。

我们都知道，武士上街要佩刀，而且一般配的是一长一短两把，但中间走路上的话只能带一把短的，日本话叫胁差。他们的工作一般也就是给自己主人打个杂啥的，地位很低。但再怎么说，也勉强能算得上是武士。

且说这个水井武兵卫要林十藏做自己的继承人，也就是养子。林十藏心想反正家里也是一个穷，虽说你们水井家也不宽裕，但好歹比自己家要好，干脆就做你儿子得了，于是便答应了对方的请求。

可万万没想到的是，十藏在做了水井家养子不到两三年的光景，他爹水井武兵卫也被人给看上了。看上他的人叫伊藤弥右卫门，是个足轻。虽然地位也不高，但好歹也是大名直属小兵，属于真正的武士。

水井武兵卫几乎连想都没想，就改名叫了伊藤直右卫门，林十藏就这么从养子变成了养孙子，而利助就成了养曾孙，并在这个时候改名叫了伊藤俊辅。

既然做了武家的曾孙子，那再给商人当小学徒就不合适了，所以已经十四五岁的伊藤俊辅回了家，在熟人的推荐下，进了一所私立学校学习去了。那所学校，就是吉田松阴的吉田塾，并且改了名字叫伊藤博文（一说明治维新后）。

虽说也是堂堂松阴门下，但在学校的时候，伊藤博文的表现并不出彩，和木户孝允、高杉晋作这种后来成为日本历史上的巨星的人相比，他根本就什么也不算，属于那种不好不坏的类型，几乎就不怎么被大家所记住。

这时候的伊藤博文，唯一能做的，就是跟在自己的巨星同学的后面混：高杉晋作去烧公使馆了，他去帮忙捡柴火；木户孝允放人鸽子了，他就帮着打掩护；久坂玄瑞要暗杀谁谁谁了，他跑去踩点蹲点望风，等等。

1863 年，伊藤博文因为出身还算不错（松阴门下），外加高杉晋作等人的推荐，所以被送往英国留学。坐船坐了一个多月后，刚踏上英国的土地，他就被那种资本主义发达社会的景象给震住了。在四处走访了工厂，特别是兵工厂以及观摩了英国海军之后，原本是一个资深攘夷派的伊藤博文顿感自己以前实在是太傻了——居然会想到要杀光外国人，就凭这些个坚船利炮、工厂机器，外国人不来杀自己就已经很好了。

就在伊藤博文留学英国期间，他老家爆发了四国战争，也就是长州藩同时跟四个欧美列强开战。知道消息之后的他当即放弃了学业，连夜坐船准备回国，劝说自家的藩主毛利敬亲放弃这种愚蠢的战争计划。

事情的结果我们在前面就说过了：劝说失败。长州被痛打了一顿，接着屋漏偏逢连夜雨，又赶上了幕府的第一次征长，然后城池被砸，几个松阴门下出身的哥们儿也都死的死逃的逃。再然后就是高杉晋作觉得一直躲着也不是个事儿，打算起兵夺权。

当他要起来造反的时候，响应的人不是不多，而是没有。不管高杉晋作怎么说，都不曾出现一个愿意跟着他一起干的，其中山县有朋更是表示，这是找死，去了就回不来了。

两个人的性子都不怎么好，一个是大少爷，一个是连天皇都敢拿拐棍捅的主儿，所以当场就爆发了激烈的争吵，然后升级到对骂，时间长达半小时之久，谁也没能说服谁。

最后高杉晋作站了起来，大手一挥："谁愿意跟我一起的，站出来！"

底下一片沉默。

高杉晋作似乎早已料到了这种场面，于是便打算宣布散会，准备自己单干。

但就在这个时候，响起了一个声音："我陪你一起去！"

说这话的正是伊藤博文。

后来的事情我们前面都说过了，高杉晋作顺利执掌了长州的藩政，在这里也就不作重复了。而在这次铤而走险的夺权活动中，第一个站出来，也是在当时唯一支持高杉晋作的，就是伊藤博文。对此，高杉晋作深受感动，多次对伊藤博文表示了诸如从此以后你就是我的人了，跟着我吃香的喝辣的之类的意思，事实上，伊藤博文的确正是从那以后开始在整个幕末的舞台上崭露头角的。对此，他自己也曾深有感触地表示："如果说我的人生真的有值得夸耀的时候的话，那我想就应该只有那次第一个站在高杉身边的时候了吧？"

明治维新之后，因为伊藤博文曾经留学英国，英语水平过硬，所以先被安排到了外国事务局就职，跟着伊达宗城和英国人讨论起了借钱的问题。之后，他又被任命为兵库县的第一任县令。

按说，这种再普通不过的履历，在当年的明治政府里随便抓一把就是一大票，根本不足以成为伊藤博文后来脱颖而出的理由。事实上当官当了数年，他在政府核心心目中的印象依然没怎么变过：普通的松阴弟子，当年跟着高杉晋作混的人。

伊藤博文则表示，自己的名字就是伊藤博文，不叫高杉晋作的小弟，也不叫木户孝允的马仔。伊藤博文就是伊藤博文，全世界只能有一个。

但这不过是他一厢情愿的想法罢了，事实上这种认知并未因他的感觉而发生过丝毫的变化。真正将此尴尬局面打破的，是一封伊藤博文亲笔写的建白书。

且说在明治初年，伊藤博文深感国家前途未明，一片混乱，制度也相当不完善，有的地方甚至还不如幕府时代。所以他决定写一点什么东西给上面的人看看，起到一个谏言的作用。

明治二年（1869 年）一月，正当全日本铆足劲儿在跟榎本武扬死磕的当儿，伊藤博文的那份建白书也终于出炉了。

建白书主要是以建议的方式，总共列举了下面六条内容：

第一，为了维持天皇万世一系的统治，并做到和海外列强平起平坐且文明开化，日本必须要在天皇一个人的恩泽下，形成一个统一的国家。

第二，全国的政治军事大权应该集中在朝廷，要让诸藩将自己的士兵和人民归还给天皇，给予各藩主贵族的待遇，但从此之后所有的法令一律由朝廷发布，且做到全国一致。

第三，向世界各国打开大门，表示自己的诚信，展示自己的国威。

第四，赋予每个国民自由，国家对于士农工商的待遇应该做到没有任何差别，任何一个国民都能自由地选择自己希望从事的职业。

第五，让全体国民学习世界各国的先进技术和文化知识。为此要开设大学、中学和小学，并且不问身份，只要愿意，都让其接受教育。

第六，与各国展开平等和平的外交活动，并且努力发展对外贸易，绝对不能容忍在国内发生伤害外国人的事件，并且，要将全体国民对于外国的看法往正常、健康的方向引导。

看完这六条，我知道肯定会有人问我，这是不是后来哪个伊藤博文的粉丝为了给偶像歌功颂德自己编造出来的？

答案很肯定：不是。这真的是他在明治二年（1869年）的时候自己原创出来的，并非转帖。

写完之后，伊藤博文就直接送到了木户孝允手里，拜托他代为呈送给天皇。

按照常规，木户孝允本人自己是先要看一看的，不然你骂了天皇祖宗十八代给天皇看到了，自己作为代呈人也是要跟着一起吃官司的。结果才一看，木户孝允就表示兹事体大，自己不敢擅专，要不先送去给其他大人过目一下，最后才上呈天皇？

伊藤博文则相当大度地表示，你就尽管拿去给人看吧，反正也不是什么见不得人的东西。

这张伊藤博文自称为《国是纲目》的玩意儿，虽说仅流传于明治政府的核心内部，依然造成了相当大的轰动。岩仓具视收到建白书之后，立刻就决定开一个读信会——就是让一个人把建白书给读出来，其他人排排坐，听说书，这样既节约了复印的纸，也能节省互相传阅的时间。

朗读者最终由后藤象二郎来担任，听的人有好几个，分别是三条实美、岩仓具视、大久保利通、西乡隆盛以及广泽真臣。

不过由于里面提到的东西在那个时代，都是相当具有超前意识的，就连大久保利通这样的改革激进分子都一时间难以接受里面的一些内容，所以在听完之后，大家讨论了一番，集体作出了暂且把建白书给压桌脚的决定。

却不想这伊藤博文不但喜欢自我推销，还兼管售后服务。自打《国是纲目》交上去之后，他就天天打听上头那几位看得怎么样了。当听说建白书如石沉大海之后，伊藤博文亲自上门找到了大久保利通，说了一大堆，大致意思就是要他赶紧照着上面说的办。大久保利通很莫名：你算哪根葱？然后两个人吵了起来，最后岩仓具视跑出来劝架了，说你们都消停会儿吧，先都别吵。你，伊藤博文，也别做兵库县县令了，跟我出国考察去。

就这样，伊藤博文加入了岩仓使节团。在考察的途中，他跟大久保利通在船上进行了不少感情、人生观上的交流，两人不由得惺惺相惜起来，都觉得对方是日本新一代的人才。特别是大久保利通，虽说他并不同意《国是纲目》里的内容，但那是出于对大局的考虑，觉得操之过急，对这个东西本身是没有一丝一毫的反感；相反，他还觉得这些东西过两年一定可以实现，而且能够写出这玩意儿的伊藤博文着实不简单，有前途。回国之后，正逢征韩论战，两位老兄又站在了同一条阵线上，从朋友晋升为战友，关系自然也就更铁了。

再接下来，就是打台湾了。我们都知道，长州的木户孝允是持坚决反对的态度，萨摩的大久保利通却表示了赞成。

那么，身为长州出身，又是木户孝允老同学、老伙伴的伊藤博文，站在了哪一方呢？

答案其实很容易猜到——他要真站在木户孝允那边，还能让他当内务卿？

简单来说，伊藤博文这个人，不但能力很强，挑人的眼光也很不错，每次都不会站错队，而且每次重新选大哥之后都能让他上升一个级别：选了高杉晋作之后，他成为了长州藩的骨干；选了大久保利通之后，变成了日本国的核心。

值得一提的是，不仅在工作上这位老兄能耐十足，在感情上他也一样。其实这家伙是个恋爱高手，确切地说应该是恋爱超级高手，比当年的土方岁三更厉害一点。

话说当年岩仓使节团到达巴黎之后没几天，有一个成员就打算去买一把法国伞作为礼物带回家给自己老婆。当他进了一家铺子之后，就直接低头挑了起来，却不想没多久，便觉得自己背后一阵火辣辣的，抬头一看，发现店里的美女营业员正用火辣辣的眼神盯着自己。这位成员属于从旧幕府时代过来，比较正人君子的那种保守派武士出身，所以一时间被盯得有点不好意思，却也不知道说什么好，倒是那位巴黎姑娘相当大方，先开了口："先生，您是日本人吧？"

这也不是啥秘密，没什么好隐瞒的，所以他也很大方地回应道："嗯，在下是日本人。"

那个女孩突然就笑了，笑得相当妩媚："我知道日本人哦。"

那位成员觉得很奇怪，你知道日本人就知道日本人呗，笑啥，还笑成这德行。不过出于礼貌，他还是随口问了句："姑娘，您知道哪个日本人？"

原以为对方会说出诸如丰臣秀吉、德川家康这种答案，却不想那个姑娘突然脸一红，说道："伊藤博文。"

那个成员彻底郁闷了，怎么姑娘你还知道我们使节团的伊藤博文呢？你是怎么知道他的？

可不管怎么问，那位法国姑娘都不再回答了，只是笑着。

这事儿后来让木户孝允给知道了，毕竟是多年的老同学，他当场就知道是咋回事儿了："这你还不懂？伊藤那家伙，对人家姑娘献殷勤了呗。"

然后一边的伊藤博文只是一笑，并没有否认。

那个成员这才恍然大悟——原来如此，难怪人家不知秦皇汉武，唯独念叨着你伊藤博文。

曾经还有一次，伊藤博文生病了，高烧发到 40 度，这在 21 世纪医学高度发达的今天，都能算得上是一件要了命的事儿，更何况在医疗设施要啥没啥的那年头，简直就是等于宣告你要暴毙了。可伊藤博文却不慌也不怕，用已经被烧得变了形的声音对身边人结结巴巴地说道：“去……去找几个艺伎来……我躺着闷得慌……”

手下人听了第一个反应就是老家伙烧糊涂了，不过也不敢当面说，只得哄着骗着表示，自己现在就去叫，老大您安生地等着，不要急。

伊藤博文就这么躺着等，可左等右等一看怎么人还没来，急了，叫来了手下：

“怎么人还没到？你们是不是没去找啊？”

一看都到了这份儿上了，手下也就只能实话实说了：“大人，不是我们不叫，是你这身体……”

“现……现在就去叫！”伊藤博文虽说结巴，却一点也不含糊，“我还没烧糊涂呢，你们就敢糊弄我？”

为了表示自己的确不糊涂，他又说起了艺伎的名字，什么小百合之类，挨个给过了一遍，最终敲定了其中的两个。

这种拼死吃河豚的精神，在当时的花界被传为一段佳话。

故事说到这里，或许很多人都发现了这么一件事儿，那就是几个松阴门下的弟子，似乎都特别喜欢花界的女孩：高杉晋作死的时候是艺伎们专门来送葬的；木户孝允和艺伎出身的几松结为了连理；伊藤博文这厮打过交道的艺伎估计自己都数不过来，而且他的后妻伊藤梅子，也曾经是某青楼的招牌花魁。

顺便一说，这几个家伙的老师吉田松阴，当年也曾跟一个喜欢弹三味线的风尘女子有过一段风月之情。

什么样的师父出什么样的徒弟，这话我算是信了。

言归正传，且说伊藤博文上台之后的第一件事，就是私下宣布，他将准备召开国会。真正做到“万事决于公论”。

就在这哥们儿还在盘算着下议院开哪儿，贵族院人数定几个之类的问题时，日本南边又出了大乱子了。

第十一章 琉球的那些事儿

1878 年（明治十一年）6 月，明治政府重新提起了一件早在 1871 年起就已经说过很多次的事儿，即再次表示要把琉球的藩给废了。不过这次他们的手段也较之以往更为强硬，直接就宣布琉球藩改名为琉球县，并要求尚泰王即日起收拾行李，离开琉球去东京定居。

尚泰自然不肯，但他知道要论打架肯定不是日本人的菜，所以只能再次求助于清政府，说希望老大哥出面调停调停。

当时清朝说了算的依然是李鸿章，他在收到琉球方面的请求之后，立刻向明治政府提出了强烈抗议并进行严正交涉，坚决要求日本人停止将琉球收入囊中的行为。

当时这事儿归伊藤博文管，因为毕竟明治政府已经明确表态琉球是日本的一部分，那么自然得由内务部来负责全权处理这事儿。

但伊藤博文显然不想管这档子破事儿。在他看来，现在借着琉球问题去惹大清帝国是相当不明智的，要知道当年西乡从道带着人去打台湾，如果不是西欧列强中途介入调停外加李鸿章不想把事情给闹得太大，那么西乡从道他们很有可能就全部葬送在台湾了。

所以，在召开“如何对待琉球那些事儿”的御前会议上，他很直截了当地表达了自己的意见：跟之前一样，不了了之拉倒了。

这种形似乌龟缩头的提案很快就遭到了军界大腕们的反对，像陆军卿山县有朋、差点也能当上陆军卿的西乡从道以及后来也当上了陆军卿的大山岩，还有海军大辅川村纯义。总之一句话，但凡丘八，基本都不愿当缩头王八。

不仅如此，即便是文官，也有相当的一部分人持相反的意见。

比如外务卿寺岛宗则就表示，自己虽然不知如果为这事儿打起来能有多大的胜算，但至少在外交上，日本不会输。

对于他的话，伊藤博文表示怀疑，极大地怀疑。

因为后者明白，日本占琉球，是不折不扣的侵略行为，要想靠讲道理讲赢，那是没可能的。

所以他问道："寺岛大人，据我所知，美国人曾经和琉球签订过国与国之间的贸易条约。"

"是的，没错。"寺岛宗则点点头。

"那你可知这意味着什么么？"不等对方回答，伊藤博文自顾自地说了起来，"这就说明，西方国家承认琉球是一个完整的'国'，而非日本的'县'，既是如此，那你又如何敢断言在外交上有胜算呢？"

寺岛宗则笑了笑："伊藤大人，美国认可的并非是琉球独立国的地位，而是认可他们能够跟自己做生意的地位，事实上在美国人的眼里，琉球一直都不过是清国的属国罢了。"

伊藤博文一听这话就急了——属国那也是国啊，别把村长不当干部成不成？

而西乡从道也非常是时候地冒了出来，表示既然外交无望，那干脆就明抢吧。

于是伊藤博文彻底没了想法，看着眼前这一文一武，再也说不出话来。

而寺岛宗则却毫无压力地笑了起来：“伊藤大人，既然国际社会上普遍认为琉球是清国的属国，那么只要让清国承诺放弃它，不就行了？”

一听这话，伊藤博文也笑了，不过笑得比哭还难看：“寺岛大人，我让你承诺放弃你老婆，你干吗？”

在此关键时刻，西乡从道的二愣子声音又响了起来：“所以，还是得派兵过去！”

“不成。”寺岛宗则说道，“这个不行，不能抢，我们要尽量避免和清国在军事上发生冲突，只走外交这一条道。”

这天的会议开了三个多小时，虽然寺岛宗则信誓旦旦地要用外交来解决一切，但伊藤博文却一直都不知道他到底有什么办法让清朝放弃琉球，所以尽管对方一副胸有成竹仿佛大事已成的模样，但他还是表示，不能轻举妄动。

因为谁也不能说服谁，所以最终皮球被踢到了一直坐在首席观战的明治天皇脚下。在综合了大家的意见之后，天皇决定，强行夺取琉球，先把尚泰和他的王子王孙们弄到东京来再说。

1879 年（明治十二年）3 月 30 日，天皇下达圣旨，正式废除琉球国末代王尚泰，并且传令他和他的儿子尚典在接旨之后立刻前往东京居住。

4 月 4 日，明治政府宣布设立冲绳县，以取代琉球藩，并委任锅岛直彬为初代县令。

这道命令遭到了包括尚泰在内几乎所有琉球人的反对。尚泰一面派人去清朝再度求援，一面称病拒绝移居。对于这种情况，明治政府自是早已料到，表示既然软的不行，那就来硬的。同月，一支总数为 165 人的警察队伍以及熊本镇台的两个中队先后登陆琉球诸岛，内务部也任命了大小官员 41 人作为冲绳县的地方官。

军队和警察登岛之后的第一件事，就是把尚泰父子给“请”上了开往东京的轮船，然后进驻各地，正式展开工作。

对此，琉球人民普遍都很愤怒。

尤其是琉球诸岛中一个叫宫古岛的岛屿，上面的居民都将日本人视为侵略者，人人同仇敌忾，对日本人怀着一股刻骨铭心的仇恨。在当地出身的原官吏仲村亲云等人的组织下，全岛人民齐聚一堂，咬破手指签署了反对日本暴政的血书，血书的大致内容就是要求明治政府立刻释放被囚禁的尚泰王父子，并且撤回军警，让琉球恢复原状。

当然，大家也知道，光靠这种血书，是肯定不会起到什么实质性效果的，所以仲村亲云还做了另一手准备。

却说就在参加聚会的所有人都摁完了反对的血书，擦着手指上的鲜血准备回家去时，他大声喊道：“乡亲们，等等！别走！”

大家停住了脚步，很惊讶地看着他：“还有什么事？”

“这里还有一份东西，也请大家按个血印！”

众人很不解：你这家伙血多流不完写这玩意儿有瘾还是怎么着?

仲村亲云见状连忙解释：“刚才那东西，是写给日本人看的，现在这份，是写给我们自己看的。”

乡亲们不明白，为啥写给自己看的也要摁血印，于是大家又纷纷把头凑了过来，想看看上面写的是啥。

东西的内容比较简单：为了不让日本人的阴谋得逞，所以我岛全体居民决定进行一切抵制日本的行动，具体包括不给日本人干活，不接受日本人的官位，也不给日本人提供食物，如有违背誓约，那么本人斩首，家人则将被赶出宫古岛。

大伙看完之后觉得这主意真不错，毕竟日本人数量少，不可能单靠那41个官员管理全琉球，一定会采取以琉治琉的政策，到时候自己若来个非暴力不合作，那么对方自然也就没法统治这片土地，久而久之，也就只能乖乖滚蛋了。而对于后面写着的那两句惩罚方针，多数人也并不在意，毕竟当时大家对自己抵制日本人的信心还是很足的。

于是与会的所有人又折了回来，再在这份血书上摁了手印，大会在一片爱国爱岛的口号声中圆满结束。

不日，20名冲绳县警和一名县吏登陆宫古岛，他们先是在岛上设立了一个派出所，办起了公，接着又找来了当地一些有名望的，或者本身就是原地方管理的居民，希望他们帮助自己一起管理宫古岛，不过，因为大伙血誓在前，所有人无一例外地都称故不出。

对此，日本人一时间也没辙，毕竟你不出来当官总不能拿刀逼着你出来当，不过，办法倒也不是没有，比如时不时地给岛上居民一些小恩小惠啥的，再怎么说对于大多数老百姓来讲，只要没直接侵害到他们的切身利益，一般情况下都不会特别痛恨对方。像一个岛上大家签血书抗日这种大事儿日本人是不可能不知道的，但在他们看来，即便做了这种事，整个宫古岛也不会就此真的变成铁板一块，只要价码出得高，运作得当，那么总是会有人被吸引过来当内奸的。

结果还真是被他们算准了。话说宫古岛上有一个叫下地利社的25岁男子，在日本人每天送的各种礼物的诱惑下，终于答应县政府，出任宫古岛派出所的翻译兼杂役兼片儿警，在岛上帮助日本人。

不过因为当初签血书的时候下地翻译官也在场并且也摁了手印，所以愤怒的岛民们立刻按照约定将他的双亲和弟弟给赶出了宫古岛。本来还想再接再厉直接对这哥们儿下手来着，可因为他已经穿上了一身警装属于明治政府的警察编制队伍里的一员，怕万一做了他产生什么后遗症，故而一时间大家也是投鼠忌器，敢怒不敢言。而下地利社本人在知道家人被赶出了岛之后，自然也非常不爽，可面对人多势众的岛民们，他同样也只能是打掉牙齿往肚里吞。

就这样，双方互相憋上了劲儿。

只是这怒火压抑久了，终究是要爆发的。

且说在宫古岛上有一口井，叫蓝屋井，因为就在派出所边上，所以下地利社每天都会上那儿去打水。

当年7月20日，正当他和往常一样拎了个水桶走向那口井时，远远就看到了几个家庭妇女也在那里打水，于是下地利社便把木桶往地上一放，在边上排起了队。

那几个女人一看下地翻译官来了，立刻交头接耳窃窃私语起来，尽管声音很小，但下地利社还是清楚地听到了其中一个人说的一句话："下地这个狗东西，居然投靠日本人，应该抓起来活活砍死才对。"

长期以来一直处于大家敌视和白眼压力之下的下地翻译官，终于彻底爆发了。

他三步并作两步地蹿上前去，揪住那个说要砍死他的家庭妇女的衣领子，抬手就是俩耳光，一边打一边还骂道："我打死你个女人，让你再说！让你再说！"

边上的人顿时就看傻了，一时间也不知道是该逃走的好，还是该劝架的好，而下地利社在抽完对方耳光之后，似乎意犹未尽，又一把抓住了她的头发，直接拖往派出所，将其关押了起来。

于是，宫古岛岛民们的愤怒也就此被彻底引爆了。

7月22日，从四面八方赶来的1200名岛民手持包括菜刀、棍棒搓衣板以及木盆、扫把在内的各种家伙，会聚到了当地派出所的门口，大声嚷嚷着要里面的人立即放了那位妇女，并且把下地利社给交出来，由他们自行发落。领头的，除了之前提到过的那位仲村亲云之外，还有一个叫奥平昌纲的人，他是日裔，在旧琉球时代曾经当过宫古岛的父母官。

当时在派出所里当值的只有一个人，他的名字现在已然无从知晓了，不过人倒是相当勇敢，面对千余名愤怒群众，他抽了一把刀就跑了出去，然后和岛民们对峙了起来。

岛民们说，交出下地利社和那个女的，不然连你一起干掉。

这位县吏说，不行，那女的可以放，但下地利社怎么说也是隶属日本政府的警察，即便要处理也得经过日本的程序，怎能交给你们发落？

几句话不对付，双方便动起了手。要说岛民们其实还挺讲究战术的，大家先是拿着手里事先准备好的石块板砖，向着派出所噼里啪啦地飞掷过去，等把门窗全都砸破之后，又吹响了海螺，示意总攻开始。

一个人，一把刀，那是无论如何都不可能敌得过一千个人的，所以下地利社被毫无悬念地揪了出来。怒火冲天的岛民们先是将他五花大绑扎成了一个粽子，然后再拿绳子一系，开始牵着游街，一路上臭鸡蛋烂菜皮砸个不断。等大伙游得差不多，全宫古岛的垃圾也丢得差不多的时候，奥平昌纲一声令下，大家把下地翻译官给绑在了一根大柱子上，然后召开了千人公审大会。

“下地利社，你违背誓约，勾结日本人，罪当斩首！”奥平昌纲的声音庄严有力。

然后底下一片喊杀声。

此时的下地利社早已被臭鸡蛋烂菜皮砸得不省人事，自然是没办法为自己辩解些什么，只能乖乖地被绑着听判。

正当刽子手走上前来准备干活的当儿，底下也不知道是谁喊了一嗓子：“乡亲们，斩首太便宜这小子了，大家打死他吧！”

于是，成千上百的人蜂拥而上，拿着手里的家伙就朝下地利社的身上招呼过去，离得近的用棍子菜刀，隔得远些的则扔板砖石块，总之无所不用。而下地利社在开始的时候还不断地高声惨叫，渐渐地声音越来越小，最后就没声了，也不动弹了。

他真的被活活打死了。

打死了人之后的岛民们一不做二不休，在附近找了个天然的洞窟，然后把下地利社的尸体往里头那么一丢，算是完事儿了。

消息很快便传到了东京，自然又是一场风波。

仔细想来，其实冲绳县应该算是日本近代在海外的第一块殖民地。一听说殖民地的警察被打死了，东京方面立刻下达了逮捕凶手严惩凶手的命令。

不日，冲绳县警视部警视园田安贤二派出了一支 45 人的警察队伍，全副武装登上了宫古岛，表示要捉拿凶犯。

这事儿比较有难度，因为当时是一千多人一起动的手，到底是谁丢出了那致命的一砖肯定无从知晓，所以警察们只得改变策略，将目标转向了此次事件的主谋。

经过数日挨家挨户的搜查，警察们终于找到了那几份按过手印的血书，同时也初步锁定了主谋者——奥平昌纲、仲村亲云等 7 人。

虽然锁定了人，可对于如何处理这些人，东京方面又闹腾了起来。

当时的意见主要有两种：一种是坚决严惩派，他们觉得，这日本统治冲绳，好不容易弄来个内奸，结果却落了个这般下场。为了扬我国威，保证众内奸的人身安全和利益，为了以后能有更多的人来当内奸，一定要对凶手严加惩罚，杀鸡儆猴；而另一拨人则认为随便过过场子就拉倒了得了。在他们看来，下地利社的死虽然令人感到痛心和惋惜，可人死不能复生，你就算杀光全宫古岛上的人也没用。而且，你越是杀人，就越会引起民众的不满，民众越不满就越要反抗，他们不敢杀你日本人，但杀内奸的本事却绝不会小，杀到后来，谁还敢给你当内奸？所以，为了平息民愤，更为了能让冲绳人民觉得我们日本政府是宽宏大量的，所以应该尽可能轻描淡写地处理此事，做个样子得了。

负责最终拍板的，还是伊藤博文。他在听取了双方意见之后，最终选择了后者。

当年 8 月 2 日，法务省对此次杀人案进行了正式宣判：首谋者奥平昌纲，判处有期徒刑五年；其余从犯 6 人，分别处有期徒刑一至五年；再其余的那些跟着在人群里丢臭鸡蛋的，一律不问。

之后，明治政府生怕再引起类似的事件，所以开始对冲绳实行怀柔政策，比如时不时地给当地群众免个税，发点购物券啥的。而百姓们一来拿人家手软，二来也见识到了日本军警的厉害，所以还算给面子，不再跟明治政府对着干了，一时间倒也风平浪静。

而就在这个时候，此次事件中一直被当作局外人的清政府终于要有所行动了。

这是肯定的，都把自己的属国给变成县了，再不动弹动弹就该骑在自己头上拉屎了。

其实李鸿章也并不是每回都想跟日本这么人五人六地较劲，更不用说兵戎相见了，因为他不是一个喜欢把事情给弄大的人，可现如今这事儿似乎没什么和平途径可走，你要指望着日本人能客客气气地把吃进嘴里的肉给吐出来，那实在是太过天真了。

正当李大人纠结到底怎么办的时候，要说也是天佑大清，机会很轻易地就降临了。清光绪五年（1879 年）六月十二日，美国前总统格兰特访华，并在天津会晤了北洋大臣李鸿章。在见面会上，李鸿章先是简单扼要地说了一下琉球事件的大致情况，接着，他请对方亲自出面交涉，好让日本把吞进去的东西给吐出来。

格兰特相当仗义地答应了对方的请求，并且表示自己因为已经卸任，所以正在环球旅游中，中国之后的下一站便是日本，等他到了那里之后一定找日本人好好谈谈，这些兔崽子也忒不厚道了，才出道多少年哪就抢起自己老师父的东西了，这以后还想不想在国际社会上混了？

李鸿章闻言大喜，连忙请格兰特吃了很多中国的美食。

美国人给日本人留下的印象历来都是非常强悍且危险的，因为再怎么说，日本闭关200多年的国门，就是让老美给轰开的。所以当格兰特要来到日本帮着清朝来交涉琉球事务的消息传来之后，明治政府内顿时一片恐慌。除了西乡从道等几个横不怕死的二愣子打算真刀真枪地跟美国人过过招儿之外，其余人等基本上都产生了一种赶紧把琉球还回去的想法，而伊藤博文更是亲自找到了寺岛宗则，表示现在事情终于闹大了，您老兄看看该怎么着？

寺岛宗则不慌不忙，微微一笑：“我正等着这一天呢。”

伊藤博文的表情非常复杂：你牛，你真牛，那你去跟那美国的大总统谈谈琉球的那些事儿？

寺岛宗则依然笑容可掬，并且把一本不知何时从兜里掏出来的书在伊藤博文跟前晃了晃：“只要有这玩意儿在，绝对不会有问题。”

那本书的书名叫《万国公法》，也就类似于国际法。

伊藤博文好歹出过国，喝过洋墨水也懂外交事务，其实即便是个不懂外交的扫地老头，那也该明白日本吞并琉球这事儿到底是不是合法的，是不是正义的。所以他的表情更加复杂了，问寺岛宗则道你确信这玩意儿管用？

寺岛外务卿仍是笑着，但却不言语了，似乎是打算到最后一刻给大伙来个惊喜。

实在是逼得紧了装不了了，才说了一句："我和副岛种臣沟通过的，您就放心吧。"

当月，格兰特前总统果然来到了日本，并在东京的皇宫拜访了明治天皇，这是史上第一个拜会日本天皇的美国总统。众所周知，明治天皇是个比较开明的君主，对外国的人和事比较感兴趣，在见了如假包换的美国人格兰特后，非常高兴，当即表示朋友我请你吃饭，吃国宴。

宴会陪同在座的有太政大臣三条实美、华族会馆馆长岩仓具视、内务卿伊藤博文、外务卿寺岛宗则以及陆军卿西乡从道等人，大家一边吃一边聊，反正格兰特已经不是美国总统了，所以说话也没了太多的顾忌，什么都能说，比如跟素有风流之名的伊藤博文切磋一下恋爱经验什么的，一时间大家聊得都很开心。在此期间，格兰特还不忘给明治天皇戴戴高帽，说他是英迈雄伟之主，是能引领世界潮流的君王云云。

然而，在又喝了几杯之后，格兰特突然话锋一转，对明治天皇说道："陛下，听说贵国最近和大清在琉球问题上闹起了领土纠纷，我对此感到深深的担忧，因为贵国和大清是长期以来的好邻居，也是我们美利坚的好朋友，朋友之间，是不应该发生这种不愉快的事情的。"

明治天皇夹起一块生鱼片就往嘴里送："那么总统阁下，您意下如何呢？"

"我想从中进行调停，维护两国和平，您看如何？"

正当明治天皇要回格兰特的话时，宴席上却响起了一个声音："哦，那么总统先生打算如何维护这和平呢？"

"您是……"

“在下日本国外务卿，寺岛宗则，此次琉球事务，就是由我们外务省负责处理的。”

“寺岛先生，我的意思是，和之前台湾那时候一样处理，让大清补偿给你们一些已经导入到琉球建设上去的支出，然后就把那几个岛还给他们吧。”格兰特说道。

“总统先生，难得今天有这么快活的气氛，咱们就别破坏了，这个问题不如改天再说吧，我也正想好好请教您呢。”

话讲到这份上也没啥好多说的了，既然你都表示改日请教了，那就改日吧。

数日之后，寺岛宗则在外务省会见了格兰特，双方打过招呼之后，格兰特开门见山地表示，这琉球问题，你打算怎么办。

寺岛宗则摆出了一副有点小震惊的表情：“琉球本来就是我们日本的，什么叫打算怎么办？”

“琉球一直都是大清的属国，怎么就成你们日本的了呢？”

“琉球是大清的属国不错，可这都是过去的事情了。”寺岛宗则露出了微笑，“现在它是我们日本的冲绳县，关于这点，清朝也早就已经承认了。”

这下格兰特是彻底郁闷了：怎么这世上还有这等不要脸的人，吞了人家的领土不说，居然还敢大鸣大放地说是人家承认给他的，这真是见过无耻的，没见过这么无耻的。

不过这话当然不能说出来，毕竟自己是客场作战而且身份也不过是一介普通的美国公民，所以格兰特强压不爽，也摆出了一副笑脸：“阁下这么说，那是否有依据呢？”

“当然有了。”寺岛宗则呵呵一笑，“拿上来。”

话音刚落，立刻来了一个外务省的工作人员，双手奉上一份文书。格兰特一看，是明治七年（1874 年）日清两国就台湾那事儿签订的《北京专约》，同时还附了一份英语版，显然是专门为他准备的。

“总统先生，您看这第一条。”寺岛宗则说道。

格兰特将条约拿过，仔细地看了起来：“‘清国方面承认日本的出战行为是一种为了保护自家国民的义举动机，所以不应该再对其进行过多的指责’，这条有什么问题吗，寺岛阁下？”

“您要不再看几遍？相信以总统先生的眼力，绝对不会看不出这话是什么意思吧？”

格兰特真的又仔细地看了好几遍：“不好意思，寺岛阁下，这话到底有何深意，还请明示吧。”

“既然如此，那就由我方来解释好了。”寺岛宗则也随手拿过了一份英语版的，“上面写得很清楚，清国承认日本是出于‘保护自家国民’的正义动机才出战的，不是吗？”

“嗯，确实不错，可那又如何？”

“要知道，在那次事件中，遇难的人员有很大一部分是琉球的居民。事实上我们也是为了保护他们才出兵台湾的，而最好的证据就是，我们同样将遇难的琉球居民算入了要求赔偿的名单里面，向清廷索赔，然后清廷也是按照这份名单赔了钱给我们。如果他们不承认琉球居民是我日本国民，又怎么可能赔给我们日本钱呢？”寺岛宗则一边说着，一边又摸出了那本《万国公法》，“根据国际法规，国民和国土保持一致性，既然承认了这些国民为我方国民，那么他们居住的这国土，自然也就是我方的领土了。”

副岛种臣挖坑，寺岛宗则盖土，数个一二三四五，历时五年，把大清王朝给狠狠地坑了一把，两任外务卿的配合可谓是天衣无缝。

那边的格兰特已然是彻底无语了，他知道这一手虽然卑鄙，但着实漂亮，自己心服口服，无话可说。

几天后，格兰特离开了日本继续他的环球旅游去了，在此之前，他已经把跟寺岛宗则会谈的所有内容都发电报告诉了清廷，并且婉转地表示了自己爱莫能助的感情。

至于清朝方面，自然是对这个结果大为不满，尽管他们也知道自己被坑了，可显然并不打算认账。此后，中日双方对琉球问题又进行了多次磋商，不过因为双方诉求各自都离对方的底线相去甚远，所以一直都没能谈成。

显然，这种事儿光靠嘴上谈，是肯定不能成的。

然而，正在大清琢磨着怎么对付日本的时候，东北面的朝鲜半岛又出事了。

第十二章

大野龙方蛰

却说就在《江华条约》签订的那一年，也就是1877年，有一位年仅18岁的河南籍秀才参加了当年的乡试。

然后他落第了。

这也难怪，这哥们儿本就不是读书的料，就连那秀才出身，其实也是捐来的。

不过他并不气馁，决定三年后再接再厉。

清光绪四年（1878年），此人再度信心满满地踏进了考场，然后又再度两手空空地走了出来。

连续两次落榜，要换了一般的书生，多半也就该垂头丧气一番然后无可奈何地重拾书本再战三年。若碰到个傻里傻气的，就很有可能干脆直接拉大旗占山头造反了。

可这位河南少年却相当洒脱，一点也不郁闷，而是大笔一挥：大丈夫当效命疆场，安内攘外，岂能龌龊久困笔砚间。

接着，他做出了人生中最重要的一个决定：投笔从戎。

清光绪六年（1880品），此人来到山东登州，投了李鸿章麾下的淮军统领吴长庆，成为了一名职业军人。

由于吴长庆和他们家向来交好，尤其和他叔叔更是有八拜之交的把子兄弟，所以对于初来乍到的他，自然是非常照顾。

以上本是一个相当稀松平常的故事，简单概括也就一句话：一个河南人，考进士两次不中，便去从军，投了他叔的哥们儿。

而之所以要来上面这么一大段还硬要跟《江华条约》扯上关系，其原因有二：

首先，这主角不是一般人，他有名有姓，叫袁世凯。

关于袁世凯到底是好人还是坏人，是英雄还是国贼，此书一概不作讨论，我只说历史，不加评判。

其次，在袁世凯混进淮军的第二年，朝鲜就出大事了。

之前我们说过，签《江华条约》那会儿，朝鲜的大院君已经不在其位了，取而代之执掌政权的是以王后闵妃为首的闵氏一家。根据韩国历史书上的说法，这闵家人很开化，比较倾向于接触外国的先进事物，在跟日本签订条约之后，又跟美国和英国结成了友好通商关系，唯独跟中国始终保持距离，不为别的，只因为敌人的朋友就是敌人——既然大院君亲华，那么推翻大院君取而代之的闵氏一族当然不能跟大清走得太近。

于是日本终于得到了前所未有的好机会，毕竟英美等西洋列强都远在万里之外，手伸不了那么长，能够近水楼台先得月的，也只剩他们了。

短短的几年里，朝鲜开始了自己的近代化改革，先是开放了几个港口，再是弄了几个专门处理洋务的衙门，接着派人出国去日本考察，最后又在日本的直接参与下，组建了自己的第一支新式军队——别技军。这支队伍不光采用了日本军队的各种制度，并且还聘用了日本人为总教官，同时，别技军士兵的待遇，也要比旧军队好很多。不仅如此，闵家人为了能够负担起别技军那庞大的费用，还做出了大幅裁减旧式军队人数和减少他们军饷的决定。

如此一来，理所当然地就会引起很多人的不满了。

不过在最开始的时候，旧军的同志们仅限于搞一些小动作：被裁了的，摔碗砸锅；侥幸得以留下的，嘴里也不闲着，纷纷对新式军队予以最狠毒的唾骂，还给他们起了个别名，叫倭别技。

随着日子一天天过去，这种仇恨也越来越深。最初还只是背地里骂娘，但很快就发展到当面互相问候先人甚至小规模的大打出手。其实明眼人都明白，旧军队士兵和别技军士兵之间的矛盾，根本就是已经被逼退了的大院君和正耀武扬威着的闵家人之间的矛盾的另一种表达形式。而这矛盾不可调和且无药可解，同时也已经到了临界点，只要哪个不长眼的有意无意再给点把火，那么顷刻间就会火山大爆发。

这一天终究还是来临了。

1882 年（明治十五年）7 月 19 日，这一天，全罗道的一批粮食送抵首都汉城（今首尔），主管军人俸禄的官员们决定先把这批米发给武卫营和壮御营的士兵们，以作军饷。

武卫营和壮御营都是旧军编制，先给他们发米粮倒不是官员们宽厚善良，而是这两个营的士兵已经欠饷足有 13 个月了，考虑到再这么下去实在太过分，不得已发点米粮先意思意思。

只是这意思意思实在是太不够意思了。当武卫、壮御两营的士兵们拿到俸米之后，惊讶地发现米袋子里面除了陈谷烂稻之外，竟然还掺了沙子，而且数量还不少，夸张地说，并非米里掺了沙，而是在沙里放了米。

欠薪一年多，结果领了一袋沙，这事儿搁谁谁都受不了，更何况是那些血气方刚的丘八，所以两营士兵当即决定去米仓找发放这些粮米的官员们讨个说法。

结果管仓库的官员们并不以为然，非但不以为然，反而还出口谩骂那些士兵，并扬言要把闹事者全都抓起来下大狱，就这样，终于引起了众怒。

被彻底惹毛了的士兵们冲进了仓库，将能看到的一切器具都砸毁在地上，然后抢走了自己能搬得动的所有粮食。不过，尽管场面极为混乱而且士兵们都随身带了吃饭的家伙，但他们并没有杀人。

做完这一切后，这些人拿着抢到手的粮食一哄而散，谁也没有考虑后果，甚至想都没想会有什么后果。

毕竟俗话说得好，法不责众嘛。

可他们似乎忘了，这世上还有一句老话，叫枪打出头鸟。

负责缉捕罪犯的捕盗厅虽然不能把每一个抢了米打了人的士兵都给捉拿归案，但把带头闹事的给找出也并非难事。没一会儿，四张逮捕令就新鲜出炉了，上面印的四个名字分别是：金春永、柳卜万、郑义吉和姜命俊。

很快，全汉城的捕快们倾巢出动，不出两天就把四人全部擒获，经过简短的审问之后，有关部门作出决定：统统斩首。

原本以为没事儿了的两营士兵们再一次愤慨了，因为他们知道，今天抓了带头的，那明天就会抓帮忙的；抓了帮忙的，接着能抓望风的，这抓来抓去，很有可能哪天就抓到了自己的头上。

还有就是，如果真的因为干了坏事儿被抓起来砍头也就罢了，可那四个人是带着大家去讨回自己应得的那一份军饷啊，如果连索取劳动报酬也要被砍头，那这世道还有何公平可言？

既无公平可言，那要这世道何用？

为了挽救即将被杀害的同袍，武卫、壮御两营士兵决定聚众兵谏。

7 月 23 日，在金长孙的带领下，上万名士兵及其家属在汉城郊外集结，然后一起发难。大家先是占领了武器库，接着从里面拿了武器朝城内开始进发。

金长孙是被抓的那个金春永他爹，他们老金家世世代代都当兵，算是父子同营。

虽然说是兵谏，其实也就是武装游行而已。大家带着吃饭家伙从城外走到城内，晃悠了一整圈之后，又决定去找个地位比较高、比较靠谱的人，向他请愿一番，希望他给想想办法通通路子，让上头把抓走的那四个人放出来，这事儿就算这么结了。

于是，大伙找到了李景夏。

李景夏，时任朝鲜武卫营大将。这人在个人道德方面堪称人渣。

首先他在政治上属标准的三姓家奴，先是跟随半岛名门安东金氏混饭，后来安东金氏倒台，他又投靠了大院君，而大院君被闵家扳倒之后，他以几乎可以比拟风向仪的速度又转向了闵氏。因跳槽速度过于迅速干脆，故而在几次政治风波中他都奇迹般地毫发无损，不过也给自己带来了非常恶劣的口碑。

其次，他生性残忍，主要兴趣爱好是杀人。他在跟随大院君的那些年里，几乎就是一把屠刀的存在，但凡有跟老爷子过不去的，李将军必定亲自出场，或抓了送大牢，或直接秘密逮捕关进自家地下室，然后杀人灭口。

像之前我们提到过的被大院君弄死的8000朝鲜基督教徒，有一大半是死在他李景夏的手里。就连大院君本人也承认，这李景夏其实也没别的过人之处，唯独心狠手辣、可堪大用。

不过，再坏的人也总有优点，这李景夏尽管是墙头草爱杀人，可却治军有方，爱兵如子，所以士兵们都信他，求他给自己做主，救救那被抓的四个人。

这当然是没用的。

作为资深的墙头草，李景夏很明白如果在这个时候贸然带着手下去找闵家要人会是什么后果。可对于眼前这些自己亲手带出来的子弟兵他非常同情，更何况那么多年来大伙都是一口锅里吃饭的战友，不为他们做点什么实在不太好意思。

万般无奈之下，李景夏想出了个折中的策略：带头请愿这活儿自己就不干了，转而亲手写了一份给闵谦镐的建言书，主要内容就是士兵可怜，您看我薄面，给他们一条生路得了。

写完，交给金长孙，然后表示祝你好运。

闵谦镐是闵妃的堂兄，当时朝鲜数一数二的实力派人物，只是为人贪得无厌。据坊间传闻，他是个大贪污犯，不仅收受贿赂，还克扣军人军饷、中饱私囊。武卫、壮御两营一年多没拿到手的薪水，据说根本就没有拨给别技军，而是直接进了他的口袋。

当士兵们来到闵谦镐家门口的时候，才明白过去的那些传闻，全然不是传闻，而是事实。

首先映入他们眼帘的，是这帮泥腿子丘八一辈子都不曾见过的华丽大门。正当大伙准备上前去敲，门却从里面被推开了，然后走出了一个人。

这家伙不是别人，正是当时带头鞭打辱骂金春永他们的那个管仓库的，此人还有一个身份，那便是闵谦镐的家仆。

正所谓仇人相见分外眼红，原本看到那华丽程度几乎跟王宫有得一拼的闵府时大伙心里已经是不爽万分了，现在又跟这狗腿子狭路相逢，而且对方还是孤身一个，自然是万万不能轻饶了。

也不知是谁在人群里发出了一声喊，接着几百名士兵瞬间冲了上去，把那家仆团团围住，然后你一拳我一脚地打了起来。由于大伙吃的就是这碗饭，出手非常专业，所以也就那么一会儿的工夫，那位管仓库的闵家家仆便被打死在了大门口。

原本是去请愿的，现在却打死了人了，这下该怎么办?

这是一个非常愚蠢的问题，因为此时此刻聚集在闵府门口的士兵们早就杀红了眼。在杀完人之后，这些失控的人一不做二不休地冲进了闵家，一阵大肆劫掠之后，又放了一把火。

而闵谦镐眼瞅着火从家起，却也无能为力，只好收拾细软带领家眷赶紧翻墙逃走，避避风头。

说来也奇了怪了，就在这个当口，天上突然就下起了瓢泼大雨。此时的汉城已经有两三个月不曾下过一滴雨，于是众人一看这情形，顿时欢呼雀跃，高喊此乃天意，天要洗我冤屈。

喊完闹完狂欢过后，大家的脑袋开始冷静了下来。

不对啊。本来是来为兄弟请命的，尽管带了武器可只打算文斗从没想过武斗，可现在居然又杀了人又放了火还劫了人的宅子。

更要命的是，劫的还是当朝权贵闵谦镐他们家。

最要命的是，这帮劫宅子的丘八，完全没有后台。如无意外，他们在事后必死无疑。

怎么办?

正在士兵们急得上火的时候，金长孙提出：“我们是不是该去找大院君？”

当时大院君已经不当老大很多年了，退隐后居住在云岘宫里头，只不过一直有小道消息称老头子虽然整天过着遛鸟喝茶打太极拳的清闲日子，但从来都没有放松过对朝政的密切注意，所以这些武装游行的士兵觉得去把这老爷子请出山让他当自己的靠山，兴许还能有一条活路。

于是大伙说干就干，放下手里刚从闵家劫来的金银珠宝，便直冲云岘宫去了。

结果大院君虽是接待了他们，可还没听完他们的话，就捶胸顿足，拍着大腿喊道，毁了毁了，你们这帮奴才把爷给毁了。

“老夫本是一介退隐之身，国事早就与己无关，你们何苦要把我再拖出来往火坑里推？”他一边喊一边甚至还挤出了几滴眼泪，“当今王上仁慈，王妃贤惠，怎能把你们逼至如此田地？必是尔等心怀不轨，图谋暴乱，现在事发，又想拉老夫入伙，拖老夫下水！”

金长孙等人完全没料到居然会是这般情景，一下子也都愣住了，不知道该怎么接他的下文。

而大院君也不知道对方已然词穷了，继续装模作样地在那里干号，可直到嗓子号哑了都快发不出声儿了，对方也没答话，他这才反应过来，原来是冷场了。

这下麻烦了，如果一直这么冷下去，最终的结局只有一个：金长孙他们无奈离去，然后瞬间被镇压，自己则继续留在冷宫过离休老干部的寂寞生活。

于是老爷子只能抹了抹鼻涕，自圆其说起来：“也罢，也罢。老夫虽人已隐退，可心系天下，要不我先派几个得力手下，帮你们维持一下军纪吧，切莫伤了无辜的百姓。”

这等于是答应了金长孙的请求：出面主持大局，充当乱军的靠山。

于是，原本杂乱无章只知在街头巷尾放火砸抢的乱军渐渐变得有秩序起来，很快，连目的都非常明确了——那就是杀入王宫，消灭闵氏，然后再把全朝鲜所有的日本人都人道毁灭。

而随着这些行动展开的同时，大量的手工业者、小商人、城市贫民等汉城普通市民加入了这次行动，使兵变迅速转化为社会矛盾总爆发的民变。

在大院君的总策划之下，朝鲜军民分三路展开暴动：第一路，袭击捕盗厅和义禁府，释放被关押的金春永、柳卜万等士兵和其他犯人，还有一个叫白乐宽的读书人，他由于上疏反对开国政策而被闵家逮捕。救出同袍后士兵们又顺路跑去捣毁了闵台镐、韩圭稷等外戚权贵的府邸；第二路人马袭击了别技军的营地，因为事发突然而且人数众多，所以别技军几乎是在完全没有反应过来的情况下就被打得全灭了，同时死在乱军里头的还有日本教官堀本礼造。别技军的覆灭使得闵家人手里唯一一支能够镇压动乱的军事力量彻底消失，从而失去了自行平定此事的机会；最后一路人，直接去了日本公使馆，嘴里喊着消灭倭寇的口号，并和警备人员发生了激烈的战斗。最终朝鲜人人多势众，完全占领了公使馆。日本驻朝公使花房义质只能带着几十个人一路放枪一路跑，一口气逃到仁川然后跳上了一条英国商船，这才被全须全尾地送回了日本。

但很多留在朝鲜的日侨就没那么好运气了，他们被乱军捉拿之后，清一色地被统统杀死。

杀完别技军和日本人之后，三路大军会合一处，浩浩荡荡地攻进王宫，准备彻底消灭闵氏一家，其中闵谦镐在王宫里跟大伙狭路相逢，结果被活活打死，据说连肠子都被打出来了，可见平日里民愤极大。而闵妃则化装成宫女趁乱出逃，算是侥幸留得一条性命。

闵氏政权就此算是土崩瓦解了，于是云岘宫的大院君一看时机已到，便终于从幕后走到了台前，开始重新执掌朝政。

这次兵变因为发生在壬午年，所以也称壬午兵变。

不过因为闵妃终究未死，而且朝鲜开国也开了八九年，闵家实力深厚，所以在外避难的闵妃又召集了自己的人马，随时准备反攻倒算。

朝鲜兵变的消息很快就传到了东京和北京，日清两国高层在第一时间内作出了同一个决定：出兵。

日本出兵为了两样，次要目的是救出水深火热里的侨民，首要目的则是趁此捞个在朝鲜驻兵的机会。

而大清出兵其实主要是维稳，维护藩国内部稳定，至于防范日本，倒是次要的。

一个是攻，一个是守，显然后者难度比较大。

难度更大的是，当时北洋大臣并不是李鸿章，而是张树声。李大人这会儿因丧母而正在丁忧期间，实在不方便做事——这也是为何清朝并没有想到将严防日本扩大势力作为首要作战目标的缘故。

不过清廷在一番考虑之后，还是派出了一个比较豪华的阵容。先是由丁汝昌率四艘军舰走水路赴朝鲜打探，接着又命令正在山东的吴长庆带三千人马走陆路平定朝鲜的动乱，并严防日本势力渗透。

丁汝昌那一路跟我们要说的关系不大，这里就不多提了，单说吴长庆那边。

在接到军令之后，哥们儿顷刻间就摆出一张苦瓜脸。

不是装的，是真的。

要知道，出兵打仗并非是带了家伙上阵砍人那么简单的。那么多人出去拼命，得有粮食吧，这粮食的筹备运输以及路程消耗计算，都是苦活儿，得有人干；此外还有行军路线的安排，一路上要走多少天，到了朝鲜先干什么后干什么，碰到日本人应该如何应对等等，都是必修的功课。

吴长庆是三军主帅，管不了那么细，这些事儿理应都该由他的幕僚来完成。前提是如果有幕僚的话。

时为光绪八年（1882 年），这一年，恰逢秋闱。

所谓秋闱，其实就是乡试，因为在每隔三年的 8 月举行，正好是秋天，故得此名。

吴长庆手底下的那些幕僚，此时此刻十有八九都回了老家参加科举博取功名去了。剩下的人，要么就是家里实在离山东太远不方便回去的，要么就是回去考了也必然没希望的。

好在幕府总务，也就是幕僚们的头儿没回去，虽然也快是光杆司令了，但总聊胜于无。吴长庆只得跟他商量，说你要不在军官里找几个能识文断字的，临时凑个班子，把幕僚的活儿给顶了？

总务想了想，说我举荐袁世凯，这家伙虽然八股文章读得不怎么样，但做起事来倒是刻苦认真，干练有条。

吴长庆表示你用袁世凯张世凯都是你的自由，总之这事儿交给你了。

不过不管怎么说他终究算是袁世凯的世叔，所以数日之后吴长庆碰到那总务还是多问了一句，说这袁世凯干得怎么样了？

总务当时就毫不掩饰地竖起了大拇指，说这袁世凯果然了得，原本五六天的活儿，他一个人三天不到就给干完了，而且干得也很好。

而那幕僚的总务，其实也不是一般人，他就是后来考取了状元又开了一系列工厂，被誉为中国民族资产阶级第一人的实业家张謇，他对袁世凯的评价一直都不错，说他是谢幼度一类的人物。

谢幼度就是谢玄，东晋朝淝水一战指挥八万晋军打败前秦苻坚八十万大军的那个谢玄。

一切准备停当之后，大军就出发了。

当时中国跟朝鲜并未互通铁路，从山东去朝鲜只有坐船，吴长庆、袁世凯、张謇等人自不必说，同时跟着一起去的，还有朝鲜驻清大使，叫金允植。

要说这金大使也真是好心态，自己国家都闹成那德行了倒是一点都不急，上了船后就四处晃悠找人聊天，找着找着就找到了袁世凯。而袁世凯也是个很能说的人，于是这算是找对了眼，两个人在舱内侃起了大山，一开始的时候还说一些比较温馨的话题比如家有几亩田地里几头牛之类，但很快，谈话的重点就被转移到了这次去朝鲜的任务上。

金允植问袁世凯说，袁大人你可有什么打算？

袁世凯说，不用任何打算，等上了岸，就应该让我带着几百轻骑直接冲入汉城。

金允植说，袁大人你是不是太急躁了？现在的朝鲜风起云涌的，指不定你那几百轻骑就遭到谁谁谁的袭击然后死在哪旮旯里了，倒不如稳扎稳打，先上岸，然后静观事态，见机行事。

袁世凯连忙摇头说，此万万不可。

金允植很顺口地就问，为啥不可？

“如果因见机行事而导致速度放慢的话，恐怕日本人会抢先我一步。”

其实早在此时袁世凯的心里就已经一万分地清楚了：平定朝鲜内乱，不过小事一桩，真正的敌人，其实是日本。

据说后来金允植对他作出了如下的评价：豪慨似宗悫，英达类周郎。

宗悫，南朝名将，自幼立志乘长风破万里浪，这也就是成语“乘风破浪”的由来。

周郎，就是三国东吴大都督周瑜周公瑾。

8 月 20 日，吴长庆部抵达朝鲜南阳马山浦港。本来按照吴长庆的打算，是想趁着晚间月黑夜高的时候先派一营人马上岸探探路，结果命令是下了，可本该去的那个营却毫无动静，叫人下去一问，原来是营官推托说晕船走不动，去不了。

俗话说军令如山，平日里没病没灾的时候尚且如此，更何况现在正是兵贵神速的时候，可这营官就是推说自己和自己的弟兄们正上吐下泻、腿发着软走不动道儿，吴长庆一时半会儿也真拿他没办法。就在这个时候，袁世凯自告奋勇地站了出来，表示自己愿意带一小队人马前去探路。

在获得许可之后，他便立刻带人出发了。

其实早在行船途中，袁世凯就趁着跟金允植闲扯的工夫对南阳港的地形做了充分的了解，准备工作做得非常到位。上岸之后，没费多大功夫，他不仅选定了适合大部队登陆的最佳地点，同时还安排了一整套行军方案。更让吴长庆感动的是，在探完路之后，为了能让部队在第一时间出发，袁世凯一个人光着脚踩着泥石路飞奔回来，一口气跑了好几里地，紧接着，连歇都不歇一会儿，又自任先锋，为大军引路。

南阳港离汉城说远不远，可说近却也不是顷刻就能到的。在数日的行军过程中，本担负着戡乱王师名声的吴长庆部非但没碰上箪食壶浆的好事儿，反而还恶评如潮。这主要是因为部下在国内养成的恶习在朝鲜的国土上盛开了鲜花：要么偷鸡摸狗要么调戏妇女，这还算小的，更有甚者干脆跑人村子里明着打劫外带打人。一时间，大清的声望一落千丈，朝鲜人民普遍觉得这日本鬼子来了好歹还发两块糖，这宗主国的军队来了怎么着也得发个泡菜吧，结果不但不发，连泡菜坛子他都抢，太坏了。

吴长庆为人比较厚道，总觉得是多年的老部下实在不好意思搞肃清，就在这时候，袁世凯又跑了出来，主动表示只要肯给旗牌令箭，自己愿意整肃军纪。

那个时代拿着旗牌令箭整军纪的手段比较简单粗暴，主要就是杀人，谁违反了，就砍谁脑袋。袁世凯在奉了将令之后，花了一上午抓了十几个招猫逗狗的士兵，再花了一顿饭的工夫，选出了罪行最严重的七个，再花了一下午，当着全军的面，砍下了他们的脑袋。

这一天，袁世凯很忙，连午饭都没吃，这让在周围围观杀头的朝鲜老百姓非常感动，所以在今天的朝鲜史书上我们还能看到这样的记录："他（袁世凯）为了整顿军纪，竟然到了废寝忘食的地步。"

经过此次的杀鸡儆猴，吴长庆部的纪律瞬间大为好转。当月23日，部队抵达汉城，不过还是晚了一步。

早在16日，逃回日本的驻朝公使花房义质就从本土带了一千五百人卷土重来，杀到了汉城之外，并于19日进入城内，和大院君展开谈判。

谈判的主要内容是要求赔偿日本侨民被杀被抢的损失，以及增开通商港口，还有就是以防这样的事情再度发生，要求给予日本在朝鲜的驻兵权。

但大院君除了愿意赔给被砍死的日本侨民一些丧葬费意思意思之外，其余的一概都没有答应的打算，可毕竟日军兵临城内，要一口回绝似乎也不太明智，于是就采取了拖延战术，反正拖一天是一天，耗着呗。

不得不说在这事儿上面花房义质处理得相当之"二"。要知道，壬午兵变实际上是一次暴乱，就当时的时代背景而言根本不具备合法性，换言之，大院君的上台本身就是歪门邪道，组建的新政权也并不合法，结果你花房义质跟一个不合法的执政者谈事儿，哪怕谈出大天来，都是名不正言不顺的。

话说"二不单行"，花房公使"二"完这一茬儿之后，又干了一件更"二"的事。在谈判无果的情况下，他向大院君下达了最后通牒，表示给你三天，你要么答应，要么开战，反正我们大日本帝国早就准备好了。

这本是很常见的威胁，也没什么不对的地方，可关键是，他花房义质下完通牒之后，居然带着那一千五百人马在22日退出了汉城。

是的，他走了。

尽管我知道花房义质的本意是想以这种方式传达谈判破裂的信号，而且这种类似情况历史上也不少见，但是，正所谓此一时彼一时也，别人退出城外以示决裂并准备全面开战的情况通常只发生在一对一的时候，就是只有两家，没有第三方插足，可现如今这朝鲜半岛上除了朝鲜人和日本人之外，还有第三方中国人在城门口刀枪出鞘地候着呢。

连续两个昏招，给大清造就了一个后发制人的好机会。

23日，吴长庆部开入汉城，没有碰到任何阻挠。

紧接着，清廷的命令也送到了——支持现任国王的统治。

现任国王是高宗，高宗的统治就是依靠闵氏政权搞开国开放，换句话讲，尽管大院君多少还算是个亲华派人士，但大清却并没有认可他这场政变的意思，相反，还有驱逐他的打算。

这显然要比日本那边的手段高明了不少。

不过话虽是这么说，但真做起来也没那么简单，毕竟现在大院君身边还有数千精锐部队，饶是你吴长庆再能打，可终究是身在异乡，孤立无援，要想在这种情况下靠硬拼的方法赶走朝鲜执政者，几乎没有可能。

来硬的不行，那只有来巧的了。

25日吃过午饭，吴长庆登门云岘宫，亲自拜访了大院君，寒暄之后，两人便就最近的局势交换起了意见。吴长庆表示，清廷一直都认为，国有长君，社稷之福，现在朝鲜大乱，正需要您这样的老成持重之人来主持大局，力挽狂澜，我们对于你的统治，是一万分支持的。

这话说得很自然，因为在外交方面，大院君确实是亲华派，在老头子本人的思维里，也认为自己应该是清廷方面最满意的朝鲜统治者，所以他并没有感到有任何不对的地方，而是把吴长庆的这番赞誉全盘笑纳，还很谦逊地装了装样子，说吴大人过奖，老夫也就是个消防队员，来应个景救个火罢了，虽然年纪一把了可绝不敢当什么长君，这朝鲜，终究还是我儿子的。

两人谈得很开心，临别的时候，大院君一副惺惺相惜的模样说道，来而不往非礼也，我改日前去大人的营地回访吧。

吴长庆跑云岘宫来扯着嗓子白话了一下午等的就是这句话，连忙回答说择日不如撞日，您干脆就明天来吧。

大院君没有多想就答应了。

26 日，老爷子坐着轿子来到吴长庆部营地，刚一进门，迎面走来了袁世凯，先冲着他行了个军礼，确认是大院君本人之后，立刻就是一嗓子："来啊，请大院君上轿！"

大院君连忙摆手说老夫刚刚下轿怎么又要上轿，你这是什么规矩?

可不由他分说，顷刻间周遭就围上来五六个精壮汉子，也不管敬老尊老传统美德，摁着他的脑袋就塞进了另一座轿子，接着，抬起来一溜小跑就朝港口奔去了。

这一天，大院君被送上了隶属大清，开往天津的军舰登瀛洲号。之后，他受到了清廷的审问，又被软禁在了保定府，直到数年之后，才得以回归朝鲜。

再说汉城那边，虽然是把大院君给绑走了，但吴长庆他们却一点都不敢放下心来，毕竟城内还有传说中的数千精锐朝鲜士兵。对此，袁世凯的建议是，做两手准备：第一手，加强戒备，严防那些士兵发难；第二手，派人以最快的速度去寻找虽然宣称已死但肯定还活着的闵妃下落，找到之后，马上带回来重新掌权。

事实证明第一手准备是多余的。

在一听说大院君被打包运去天津之后，他的那几千精锐立刻表示坚决拥护清政府的这一伟大决策，自己愿意听从吴长庆调遣，服从国王高宗，在闵妃以及闵家人回归朝廷之前，维护朝鲜的和平稳定。

而那第二手，其实也是多余的，因为当闵妃一听大院君被赶走了，正躲在乡下避风头的她还不等人找，就主动冒了出来联系到了吴长庆，然后顺理成章地重返王宫，继续娘娘生活。

而当时跟着一块儿逃亡的仆从们，也都没受亏待，各个鸡犬升天，飞黄腾达了一番。

29日，袁世凯率军在汉城范围内进行了一次大清扫，抓获了170余名参与兵变的朝鲜人，其中11名被判处死刑，这其中包括了金长孙和那个从监狱里捞出来的儒生白乐宽。

就此，壬午兵变镇压完毕。

一个星期，就用了一个星期。

如果从大院君被抓走开始算的话，那么前后不过三天。

这电光石火一般的速度，简直让人反应不及。

我指的是日本人。

花房义质彻底傻了眼，原先他退出汉城外还吆三喝四人五人六地放了狠话，说只给你三天期限，结果三天过后，大院君也别说跟你谈了，连人都被运中国去了，于是之前扯了半天什么赔偿日侨损失开放通商口岸统统都成了扯犊子。

更让他感到担忧的还不止这些，要知道这一回闵妃归政，完全靠的是吴长庆的力量，那么日后原本亲日的闵家人势必会转而亲华。事实上也确实如此，在归政数日后，朝鲜高宗就提出，这新军还是要练，不过这一回，我们不请日本人了，就让大清帮着练吧。

不过，毕竟这次兵变是朝鲜理亏在前，而且闵后他们的亲日之情也非一日能消，所以日本的一些要求还是得以满足了，比如攻打日本公使馆的朝鲜人被全部判了开刀问斩；再比如，日本终于获得了在朝鲜的驻兵权。前者无所谓，后者很重要——这就意味着中国和朝鲜之间上千年来的宗主藩属格局，真的算是被打破了。

眼看着一切都被搞定，和平再度降临，于是大伙也就各回各家各找各妈了，不过为了以防万一，清日两国各自都留了一支部队在朝鲜，大清留的自然是吴长庆部，不过吴大帅因有事要调回，于是便选了一人顶替他主持大局。

那个人，便是袁世凯。

第十三章

中原鹿正肥

留袁世凯带领吴长庆部，原因有二：第一，在这次平变过程中，他确实表示出众，没有话说；第二，是李鸿章的意思。

李大人尽管在老家丁忧，但对朝野情况了如指掌，包括朝鲜兵变，也无一日不听取从各路汇集来的情报，在听说时年不过23岁的袁世凯有如此骄人表现后，当即下令行赏，封其五品顶戴，同时授意吴长庆让他把袁世凯留在朝鲜好生锻炼。

其实李鸿章跟袁世凯他们家也算是故交，袁世凯的叔祖父袁甲三，当年就是淮军的大将。

袁世凯留下来的任务有两个：第一是主持庆军军务，守卫朝鲜，这是大清留给他的；还有一个，则是朝鲜王室拜托的，那就是帮着训练一支新式陆军。

这对青年才俊袁世凯而言着实算不上什么难事儿。他先是招了一千名以农夫矿工为主的力巴（外行），然后结合西洋兵法跟淮军操练经验对这群人加以训练，很快，就把这些老百姓给训练成了一支有模有样的近代化军队了。

1个月后，朝鲜政府专门举行了一场阅兵仪式，其实也就是汇报演出。结果袁世凯带出来的新军让高宗大为满意，不仅嘴上赞不绝口，还在事后应袁世凯的要求给这支部队增添了最新式的西方武器。

据说本来还准备封他当朝鲜新军大元帅的，只是当时袁世凯不过五品顶戴，受这个职位实在不妥，就连李鸿章闻讯之后也专门拍电报去汉城，于是这才作了罢。

此事虽然真伪有待甄别，但朝鲜王室对袁世凯的器重和赏识，却是不假的事实。

虽然袁大帅练兵练得很好，防务工作也做得不错，但半岛依然很不太平。虽然壬午兵变已经成为过去式了，可并不意味着就此天下太平能高枕无忧了，相反，此时的朝鲜依然处于混乱之中，甚至说是在一个随时能爆发的火山口也不为过。

当时朝鲜的小朝廷里头可谓是派别林立繁花似锦，主要有三类人：第一类叫守旧派，也叫事大党，他们坚定地认为应该奉清朝为宗主国，同时实行闭关政策，驱逐一切外来势力。这伙人的老大本来自然是大院君，现在大院君不在了，取而代之的是闵妃的堂兄闵台镐。

这闵家的人之所以会调转枪头来变成守旧党，主要还得归功于壬午兵变那会儿花房义质干的好事儿。这哥们儿不镇压乱军也就罢了，居然还跟大院君谈得火热，结果还是庆军够义气，抓了那老头不算还迎回了闵妃，这样一大帮原本亲日的朝鲜权贵彻底丧失了对日本原有的好感，转而变成了亲华派。

第二类，叫中间派，他们亲华也亲日，提倡在维持和大清的宗藩关系的同时，也向日本乃至其他列强学习先进的技术，以壮大朝鲜国力，这类人的代表，就是袁世凯的那位好基友金允植。

第三类，叫开化党，也叫亲日派。

你不要以为开化党名字叫开化党就是文明开化的党派了，他们有二十四字真言为口号——外结日本，内行改革，联日排清，脱离中国，宣布独立，实行君宪。

为首的，是一个时年不过三十出头的年轻人，叫金玉均。

金玉均，出身贵族安东金氏，也就是墙头草李景夏一开始投靠的那家。明治十五年（1882 年），31 岁的金玉均出访日本考察，在庆应塾也就是日后的庆应大学里混过一阵子饭，结识了日本著名教育先驱福泽谕吉，并受到了后者的赏识。回国之后，他开始致力于日朝两国的留学交流，还创办了朝鲜的第一份报纸《汉城旬报》。

顺便一说，办《汉城旬报》的启动资金为 17 万日元，由福泽谕吉全额赞助。

虽然金玉均在日本第一次考察的日子只有短短的小半年，但却受到了各界人士的待见，甚至可以说是热烈欢迎。

比如日本初代外务大臣井上馨，就一次性拿出将近一百万日元的巨款，让金玉均作为活动经费，声称可以“随便使用”；还有一个叫后藤象二郎的哥们儿更牛逼，他是直接打算从法国领事馆借几艘被淘汰但还能开的军舰送到朝鲜，并帮助开化党们训练士兵。不过这个看起来和听起来都很“二”的建议最终在伊藤博文的拼死反对下没有实施。

正因为在日本受到了前所未有的盛情款待，金玉均开始倾心于日本的明治维新，认为朝鲜要想走向近代化，非得依照日本模式不可。

要依照日本模式，首先自然就得摆脱中国。

而要摆脱中国，第一步要做的，就是让亲华的权贵们消失。

事情要一步一步地做，饭要一口一口地吃。很快，金玉均就开始了自己的第一步。

壬午兵变之后，闵妃集团的一大批人都倒向了大清，就连闵妃本人也开始变得不那么亲日了起来。针对这种现象，金玉均果断地为自己找到了另一座靠山，那就是国王高宗。

高宗名叫李熙，是个跟光绪差不多的可怜孩子，小时候被压制在父亲大院君的手下，好不容易长大了，又讨了个强势的老婆闵妃。国家大事要么是亲爹说了算要么是老婆做主，基本上没他什么事儿，这让李熙感到非常苦恼。

其实他是个很有志向的人，小时候读《孟子》，读到周文王以百里地为基业夺天下的时候，曾大拍一记桌子，然后长叹一声道："百里之地尚能得天下，更何况我朝鲜三千里乎！"

不管能力怎么样，至少他内心是非常渴望拥有权力的。

金玉均正是利用了这一点展开了自己的行动。比如他时不时地会进宫拜见高宗，然后编排一些国外君主主要是明治天皇大权在握励精图治的故事，说得对方心里直痒痒，恨不得马上就借助开化党人的双手来实行亲政。于是双方一拍即合，在高宗的帮助下，大批开化党人进入朝廷担任要职，然后再利用职务之便，创立了治道局、警巡局、博文局、邮政局等近代设施和机构，接着又引入西方农场和先进农业技术，并派遣留学生赴日，同时利用朝鲜唯一的报纸《汉城旬报》作为喉舌，宣传开化思想。此外，开化党也意识到了武装力量的重要性。朝鲜政府曾经派出100多名贵族子弟去日本学习军事，称为"士官生徒"。开化党对这些士官生徒进行广泛动员，并将他们和一些支持开化党的年轻人编练成1000多人的新式军队。

很快，开化党的势力就迅速壮大了起来，大有一副彻底压倒事大党的派头。

也就在这个时候，另一件大好事发生了。

1884年（明治十七年），闵妃跟清廷之间产生了矛盾，主要原因是她认为大清方面很有可能释放自己最讨厌的人——大院君。事实上清朝也正是打算这么做的，毕竟那老头不能种地不能做工的养在自己这儿多费粮食，还不如早些放回去，该谁的孩子谁来带吧。

这样当然就惹恼了闵妃，可她又不能不让大清放人，毕竟大院君怎么说那也是朝鲜人啊，于是，心怀不满的闵娘娘开始向开化党人靠拢，开化党跟事大党之间的实力对比也就此发生了倾斜。到了当年的 8 月，开化党基本上在朝中已经占据了绝对的优势。

同时，朝鲜民间也逐渐掀起了一股反清的浪潮，这主要源于两件事的发生。

第一件，一个叫崔泽英的药房老板在晚上关门的时候被人开枪打死，据目击群众称，这凶手穿着清军的军服。

但奇怪的是，虽然药房老板被打死，可药房里的钱财和值钱的东西，却丝毫未动。

对此，袁世凯表示这必然是有人栽赃，待我查明真相之后再说吧。

但显然开化党人就没打算让他查明真相。事件发生的第二天，《汉城旬报》就展开了大肆的宣传，以舆论的手段挑起民众的反清情绪。

另一件，是李范晋诉讼案。

李范晋是武卫大将李景夏的儿子，他跟另外两个兄弟一起，将家里的三处房产卖给了清国华侨修中华会馆。其实中国人本身并不需要房子，只要那三块连着一起的地皮而已。这事儿本来说得好好的，买家都把其余两套房子买到手了，结果临了那李范晋发扬了一把他爹的墙头草风格，突然之间变了卦，说自己的那套房产不卖了。

三处房产，李范晋的那套在正中，他要是不肯卖，那么另外两套买了也白费，所以那位要造会馆的华侨三番五次跑过去千求万求，又说好话又要加价的，可李范晋就是不肯卖。于是那华侨被逼急了，带了三十几个大汉，趁着夜深人静闯入李家，把李范晋绑到商务署，其实也就是类似商会性质的地方，先是一顿好打，接着问他卖不卖房子。

李范晋不愧是将门虎子，这身上都被打得胖了一圈儿了却还是不松口，死活不卖。

于是那买主只好退一步，表示如果你愿意在你家里修条路，连接左右两块地，那也可以。

凭良心讲你要是在我家当中插一条道我还不如把那房子卖给你呢，所以这条李范晋也没同意。

打也打过了，狠话也说过了，毕竟对方是李景夏的儿子，也不方便把他就这么给弄死，实在没辙了，那个华侨只好去打官司了。

话说在壬午兵变之后，中国跟朝鲜签了一些条约，其中包括拥有领事仲裁权，也就是在朝鲜的土地上，只要涉及中国人的法务纠纷，就能用大清的法律来解决。

很快，大清驻朝公使馆就作出了判决——判李范晋有罪。虽然房子不能强行没收，但还是让李家另外两个兄弟把之前收到的房钱吐了出来。同时，再对朝鲜王室施加压力，下了一道旨意，将李范晋的官职撤销，贬为平民。

这件事情引起了朝鲜民众的极大愤慨。

其实早在此事发生之前，清朝就利用领事裁判权和最惠国待遇等特权在朝鲜干过不少天怒人怨的事，最著名的莫过于用北洋水师当货船走私高丽参。却说这北洋的军舰在不打仗的时候通常用来当货船跟商船使，不是运东西就是卖东西，甚至还有利用军舰特权涉嫌毒品交易的传闻，从后来发生的一些事情上来看，或许这并非仅仅是传闻。

总之一句话，从壬午兵变之前到之后，袁世凯拼了小半条命在朝鲜苦心经营起来的大清光辉形象，现在全毁了，取而代之的，是朝鲜老百姓怨声载道。

排华情绪的产生，使得日本势力得以趁虚而入，这对开化党来讲当然是美得很，只不过美中不足的是，他们又开邮局又搞农业还组建军队，这钱很快就不够用了。于是金玉均跑出来对高宗说，自己在日本有路子，干脆找他们贷款，不多贷，三百万日元足够了。

高宗一听说日本人肯借钱，自然非常乐意，连忙命金玉均赶紧坐船渡海，尽快把这三百万给弄回来。

金玉均确实在日本有路子，而且明治政府也确实答应过他，说如果你们亲日派在朝鲜搞改革需要钱，可以尽管来问我们大日本帝国要。虽然我们日子过得也不特别富裕，但三五百万日元还是可以借给你们的。

只不过这答应只是口头答应。我们知道，口说是无凭的。

等到金玉均真的跑到日本要求借钱了，明治政府突然就变卦了，推三阻四搞了各种借口总之就是不肯给钱，就连他最敬爱的福泽谕吉老师也对他爱理不理，于是小金同学没辙，只好两手空空，灰溜溜地滚回了朝鲜。

这件事情非常不幸，一来搞改革的资金链断了，要去弄钱，很麻烦；二来会给守旧派以口实，让他们趁机攻击开化党跟日本人都是一群不靠谱的东西。

然而，不幸中的万幸是，守旧派当时正在搞货币改革，而且搞失败了，引发了一场通货膨胀，在老百姓心目中的地位又一落再落，压根没工夫再来对金玉均没借到钱一事说三道四。

不过话得说回来，无论是近代化改革失败还是货币改革失败，其实最终受苦的，还是朝鲜老百姓，这一点，金玉均非常清楚。

其实他本来是个和平主义者，梦想是借助日本的力量实现朝鲜的近代化，在这个过程中，尽管必然要跟守旧派发生冲突，但终究不过是庙堂上的口舌之争，无论如何，大家仍是同朝为臣。

但自借钱失败之后，金玉均明白了，日本人其实靠不住，他们不过是想打着帮助朝鲜进步的名义占点便宜，小恩小惠还行，真要大宗援助，那是断然不干的。

而货币改革失败一事，也让金玉均明白了，守旧派做的事情，根本就是在折腾这个国家，朝鲜要想有未来，就不能有守旧派，这些人，只能全部消灭。

自此，他的梦想改变了，变成以自己的力量，实现朝鲜的近代化，同时将守旧势力一扫而光。

通俗地说，就是金玉均想要发动一场政变，通过政变达到让开化党直接掌握国家政权的目的。

其实随着时间的推移，有这种想法的人在开化党里头也不止一两个，很快，一个政变计划就被炮制了出来。计划拟定实行于1884年（明治十七年）的12月4日，大致内容如下——因为这一天是朝鲜邮政局的落成仪式，是全朝鲜的大事情，所以各路大臣，即便是守旧派的头头脑脑们也会来参加剪彩以及之后的宴会，所以可以借此机会，将他们一网打尽，或擒获，或诛杀。

而具体的办法是，在落成典礼或是之后的宴会时刻在汉城各处放火，制造混乱，然后趁乱将前来救火和正在吃席的守旧派大臣全部弄死，接着再入宫谎称清军作乱，让国王写下求助日本的命令后去日本公使馆搬救兵，之后将国王转移至景佑宫，同时由日本军队跟金玉均他们训练出来的一千多新式军队一起防守，最后以高宗的名义宣布全国改革。

景佑宫并非住人的地方，而是供奉朝鲜历代国王画像的。这个地方很狭窄，从军事的角度上看比较利于防守，故而选它作为国王的容身之处。

计划制定完毕，有人觉得不妥：平壤城内清军尚有一千多人，万一这么闹将起来把清军引来如何是好?

这虽然确实是个问题，但也难不倒聪明过人的开化党人，很快就有人想出了对策——守旧党仰仗的，确实是大清，而大清部队在朝鲜能打的，其实唯袁世凯而已。我们干脆在起事之前把这袁世凯给做掉，不就方便多了吗?搞不好这清军也跟当年大院君的人马一样，群龙无首不战而降了。

金玉均表示这个可以有。

1884 年（明治十七年）11 月 19 日，金玉均进宫拜会高宗，痛陈一番天下大势，指出日清两国必有一战。若战，则清国必败，所以，我们朝鲜应该未雨绸缪，搞个万全的对策，那就是在两大国决战之前，先抱紧了日本的大腿，利用日本的力量来建设朝鲜。同时他还夸下海口，说明治政府十分看重朝鲜，如果我们愿意跟他们结为一伙，那么他们必定会全力支援。

高宗嘛你是知道的，就是那么一可怜见的孩子，从小被欺负，社会经验基本等同于零，居然真的相信了金玉均说的话。当时他就写密诏一封，着金玉均自行勾画万全之策，同时给予他“便宜行事”之权，就是说让他金玉均全权操办朝鲜的未来大事。

得了密诏，金玉均又去了日本公使馆，找到日本公使竹添进一郎，希望他能够为朝鲜的政变出一把力。

这也是没办法，当时开化党能够依靠的，也只有日本了。

不过，竹添进一郎虽然口头上表示了支持开化党推翻旧制度建立新世界的态度，但当金玉均问他索要实质性援助的时候，他却开始闪烁其词，实在是求得紧了，才说了一句，我们大日本帝国愿意出售三百支步枪给你们。

没错，是出售，要付钱的。

金玉均顿时不满了起来，质问竹添进一郎是不是真心支持开化党政变，如果不支持的话，那么自己也就不这么玩命了，就这么把太平日子过下去吧。当然，从此以后，日本别想再从朝鲜捞着更多的好处了。

竹添公使一听这话连忙保证自己支持开化党之心天地可鉴，说我和你一样坚决，请不要怀疑。

这才把金玉均给哄好了，双方又开始友好地讨论起那步枪几块钱一把。

12 月 1 日，一切都基本准备停当。这一天，开化党派人去清军大营下了两张请帖：一张给袁世凯，另一张给提督吴兆有，说是明天中午请他们去下馆子吃饭。

吴兆有是淮军将领，当时吴长庆调离的时候，带走了一半的人马，又把剩下的一半人分成了三部，由袁世凯、吴兆有以及另一个叫张光前的各统一军，但三军的总调度权，归吴兆有所有。换言之，这位吴提督才是真正的驻朝清军总指挥，只不过袁世凯比较出挑，所以朝鲜方面更为倚重他罢了。

吴兆有生性稳重，在收了请帖之后，当下就拿去垫了桌角，他很明白在这种形势下，一贯跟清政府对着干的开化党突然派人来请吃饭，那叫鸿门宴，去了是要出人命的。

袁世凯尽管对两天后将要发生的一切一无所知，却也知道这顿饭里头的猫腻，可是在想了想之后，他仍然决定赴约。

吴兆有作为上司，还是比较尽心的，当他得知袁世凯准备去吃饭的时候，不辞辛劳地亲自跑到他家去劝阻，说小袁啊这不能去，反正你也不差这一口吃的，何苦为了一顿饭而丢了自己的性命呢？

可袁世凯却非常毅然决然："吴大人，难道您就没有想过，如果我们两人一个都不去的话，那么等于是告诉了开化党我们怕了。如此一来，他们日后必定会更加肆无忌惮，得寸进尺。在下认为，就算是明知送死，也必须要去一个人。"

这话说得很有道理，吴兆有当即表示认同，说那么袁大人你就去吧，祝你一路平安，吃好喝好。

第二天，也就是约定的日子，袁世凯一大早连早饭都没吃，就带着几个随从出了营门，赶赴办宴会的那个饭馆。

随从们都感到很奇怪：不是说是去吃午饭的吗？

等一行人进了饭店的门，离宴会开宴还有一个时辰，而且也不是饭点，所以店里几乎没什么人。而袁世凯则很淡定地来到了一张桌面前坐了下来，然后叫来店家，说上酒菜。

上完了酒菜他举起了筷子，一连吃了一个多小时，把满满一桌子的东西几乎全都吃完了，等到金玉均他们赶到的时候，只看见了满桌的光盘子跟打着饱嗝的袁世凯。

袁大人一看到金大人来了，连忙站起了身子，用西洋礼节跟他紧紧地握了握手，说久闻阁下大名，今日总算得以相见，谢谢，谢谢了。

说着，还把一样东西塞进了金玉均的手里。

金玉均做梦都没想到居然会是这个局面。他原本计划的掷杯为号，刀斧手齐出将其剁为肉酱的场景非但没有如期进行，反而是连刀斧手都还没来得及埋伏好，那袁世凯居然已经吃完喝完了，而且还很从容地跟自己握了手，打了招呼——这简直就是他在埋伏自己嘛。

目瞪口呆的金玉均眼睁睁地看着袁世凯松开了自己的手，又眼睁睁地看着他上了马，再眼睁睁地看着他绝尘而去，一句话也说不出来。

蓦然回首，发现饭店老板正笑容可掬地站在身后，再一看自己手里，不知什么时候被塞了一份账单，而且还数额巨大。

金玉均这才明白，袁世凯干吗一见到自己就点头哈腰地连说谢谢。

同时他也彻底醒悟了过来，俩人就不是一个级别的，居然还想着暗算人家，真是做梦。

但事已至此，也就只能按照原计划进行，大清万一插手，也只好走一步算一步了。

12 月 4 日，朝鲜汉城邮政局落成。当天傍晚，开化党骨干、邮政局总办洪英植设宴款待参加落成典礼的朝鲜诸大臣，明面上是宴会，实际上是打算借此机会掷杯为号、刀斧手齐出，把守旧派大臣杀他个干干净净。

日本公使竹添进一郎没来，他收到请帖之后表示自己生病了，去不了，很残念（很遗憾）——这也是当然的，这哥们儿对马上要发生的事情了如指掌，无非是白刀子进红刀子出的武打戏罢了，自己一个公使，去不去没啥区别。

而另一位贵客，清国的袁世凯，也没来。这位兄台虽说也收到了请帖，而且金玉均等开化党是发自内心地希望他来然后陪着守旧派大臣一块儿共赴黄泉，但袁大人显然不是那种赶着上门让人砍的类型。12 月 2 日那次事件，让他已经隐约察觉到开化党似乎要铤而走险干一票大的，故而在次日收到请柬之后，特地命人前去打探日本公使的消息。在得知竹添进一郎明明一副吃嘛嘛香的样子却依然称病的情报之后，也立刻找了个由头躲在家里不出门了。

这一天，清国方面派出的代表只有一个——中方总办朝鲜商务委员，叫陈树棠。此人纯粹路人一个，这也是实在是没人去了把他派出来装装门面，说起来也算是大清支持过朝鲜近代化了。

当晚 6 点，宴会准时开始。气氛相当奇怪，大清代表陈树棠，守旧派代表闵泳翊，开化党代表金玉均各自坐在自己的位子上，只顾着吃菜喝酒，却始终一言不发。之后不久金玉均本人开始不断小声地跟日方代表——日本公使馆书记岛村久用日语交谈，但其余人等依然闷头吃饭，很少有人言语什么。

吃了大概几十分钟，突然就有人冲了进来，说大事不好了，着火了。

起火点是位于邮政局边上的民房，所以大伙一听这事儿，顿时就慌乱了起来。

金玉均则非常淡定地继续在那里跟岛村久吃菜聊天，因为这火就是他叫人给放的。

还有一个人也没慌，那就是闵泳翊，时任右营使兼军务总办，算是兵权在握之人，此人堪称是朝鲜近代史上罕有的好汉。

他是闵台镐的儿子，闵妃的亲侄，可谓是出身贵胄，18 岁就中了科举，同年被封三品官位，这在朝鲜历史上都是相当少有的。无论是高宗还是闵妃，对闵泳翊的态度，只能用一个词来形容——“绝爱”。

根据史书上的话来讲，叫作“两殿绝爱之，言无不从”。

在政治立场上，闵泳翊其实本是开化党，他不但去过日本，还去过美国，朝鲜引进西方技术搞农业这个业务，就是他主办的，就连我们现在正说着的这个邮政局的落成，实际上也有他的一份。

只不过由于家庭出身跟所处地位的关系，闵泳翊更倾向于闵氏一族和大清。所以他尽管干着开化党的事儿，但却有着一颗更能和守旧派共鸣的心，从而也成了这次政变中金玉均他们最想除掉的人之一。

再说宴会当日，一听说着火，闵泳翊当即就摔下碗筷站了起来，表示自己要去救火。

此话正中金玉均的下怀。根据他的计划，在着火之后，不去救火的都是提前知情的开化党，前去救火的必然是毫不知情的守旧派。等他们冲到火灾现场之后，再趁着混乱一刀一个，完后丢进大火里烧成灰，大事便算成了。

只是人算不如天算，这闵泳翊话都没说完便带着人拎着水桶冲出去了，其他的守旧派大臣还在宴会厅里拿着手里的酒杯筷子，他们早就慌得不知道该怎么办了。

看着这群废物，金玉均一时也无话可说了。

而那闵泳翊带着人马冲到现场，一脸盆水还没来得及泼出去，迎面就冲来了一个日本人，手提武士刀，上来就是一划拉，直接命中闵泳翊的大腿，顿时，他血流如注，倒地不起。

接着，那日本人意犹未尽，再走上一步照着对方的头部又是一下，补刀完后，觉得这厮基本上算是完蛋了，于是便又向下一个目标冲去。

这个日本人叫总岛和作，他不是一个人，跟他在一起的还有几十名从日本来的武装分子跟几百名开化党人。这帮人都早已在火灾现场全副武装埋伏完毕，只等猎物送上门来。

只不过他们砍得早了，前来救火的就闵泳翊一人，其余的大臣都还在宴会上，而且，当他们听说着火地点虽然在附近可不过是民房之后，便顿时没了救火的意思，仍然该吃吃，该喝喝。

所以总岛和作那伙人等了老半天都没等到第二拨人。虽然不知道究竟出了什么岔子，但他还是当机立断，决定直接冲去宴会场，把该砍的人统统砍死。

因为走得急，故而这群人没有发现被砍得都快挂了的闵泳翊什么时候不见了踪影。

而席上的大伙此时仍在吃香喝辣中。正进行得快到高潮的当儿，冷不防就来了一个浑身是血的人，他是被人扶着撞进来的，前脚刚刚踏进，那被砍瘸了的后脚还在门外都来不及往里搬，就拼尽全力扯了一嗓子：“快逃！有刺客！”

说完，这人便昏了过去，再也没了反应。

此人正是闵泳翊。却说这哥们儿被砍倒在地后，趁着那几个开化党正商量着怎么砍下一拨人的时候，奋力爬到了众人视线的死角，再朝着邮政局方向匍匐前行，准备通风报信。本来照他那个速度爬到第二天天亮都未必能到的，幸而半道上碰到几个自己手底下的士兵，这才被人架着，赶在了开化党人之前回到了宴会厅。

闵泳翊的那一嗓子如同一颗炸弹，众大臣顿时摔筷子的摔筷子，砸碗的砸碗，纷纷站起身子谴责刺客的残忍无道，顺便活动活动坐了好久都快坐僵了的身子骨。

做完热身运动之后，大家以生平最快的速度冲出了门外，然后各自逃回了自己的家。

金玉均等开化党人也跟风其中——闵泳翊虽然回来报信成功了，可他并没有说出这刺客来自何方，受谁指使，而且现在也已不省人事，一时半会儿是不会再开口说话了，所以尽管邮政局暗杀计划失败了，但却并未满盘皆输，至少还有扳回的余地。

在整理了一番情绪之后，金玉均开始继续行动。

他先来到王宫，先找了一个外号高大嫂的宫女，给了她两斤火药，让她去王宫墙外引爆，接着，又面见高宗，声称大清的部队要袭击王宫，请殿下赶紧移驾景佑宫。

前面也说过了，景佑宫本是放画像的，不住人的，又窄又小，所以高宗不肯去，同时又对金玉均的说法起了怀疑，表示这日子过得好好的，哪会有什么人来袭击王宫呢?

正说着，远处传来轰隆一声巨响，是那高大嫂顺利引爆了火药。于是金玉均一下子就来劲了，说殿下你看，这不是清军来炸王宫了吗?

这要换了大院君估计直接俩耳光就甩上去了，可高宗这辈子就没什么社会经验，还真被那轰隆一声给吓住了，以为真有人要来袭击自己，一下子就慌了，忙问金玉均说怎么办，我们该怎么办?

金玉均非常冷静地表示殿下不必惊慌，臣万死也会保您平安，这样，我们先移驾景佑宫，然后再让日本人来保护咱，您看如何?

此时的高宗早已没了主意，只能是金玉均说啥就是啥了，慌乱之中，还用铅笔写了一道圣旨，内容就一句话：日本公使来护朕。意思就是同意让日本人来做自己的护卫，写完之后，立刻带着自己的王妃王子们朝着景佑宫方向跑去，而金玉均也迅速地将这道旨意交给自己身边一个叫朴泳孝的人，让他赶紧去找竹添进一郎。

就在高宗移驾途中，左营使李祖渊、前营使韩圭稷、后营使尹泰骏和大殿宦官柳在贤一同来了。这四个人都是守旧党，前面三个跟右营使闵泳翊一起组成了汉城四个方向的卫军，等于是整个朝鲜首都四大军事力量的掌控者，而柳在贤则是高宗身边的近侍，相当得宠。

高宗一看柳在贤是从宫外方向走进来的，于是连忙问外面发生什么事了，是不是有清军杀来了?

柳公公表示很奇怪，哪有什么清军？倒是那闵泳翊，被几个不知什么地方来的家伙给捅了好几刀，目前生死不明呢。

其余三人也表示，没看到什么清军，也没有人袭击王宫。

眼看这事儿就要被拆穿了，突然，宫外又传来了数声巨响，跟之前一样，也是高大嫂点的火药。

金玉均瞬间就嘚瑟了起来："王上，他们知情不报，欺君罔上，理应斩首！"

这个罪名相当厉害，四人自然承担不起。由于他们也没办法解释这爆炸声到底从何而来怎么回事，只好连声赔罪说自己走得急没看清，现在愿陪大王一块儿去景佑宫，请饶恕则个。

就这样，一伙人走到了景佑宫，刚刚落脚，竹添进一郎就带着两百名日本士兵也赶来了，接着，这两百士兵和开化党人自己训练的新式陆军五十名一起，总共二百五十人将宫殿团团围住。

正在高宗觉得自己安全有了保障稍稍松了一口气的当儿，金玉均走到了左营使李祖渊跟前，说你看到了吗，现在王上由日本人在守着，你身为朝鲜将军，不觉得可耻啊？

这话说得很在理，所以李祖渊连连点头表示知耻，又问金玉均该如何雪耻。

金玉均想都没想就说，你们三人立刻回到各自营地，率本部兵马前来护驾，我想办法再把这些日本人给支走。

三名将军觉得言之有理，便结伴走出景佑宫朝着各自军营行去，结果还没出王宫大门，就被早已埋伏好的开化党人一拥而上全部砍死。

然后，金玉均假传王旨，召守旧派大臣中的领袖闵台镐、赵宁夏、闵泳穆速到景佑宫议事。这三人跟前面三人的命运一样，刚刚踏进王宫，便是迎面十几把大砍刀，落了个血肉模糊身首异处。

第二天（5日）早晨，开化党又砍死了大太监柳在贤，至此，守旧党的几个主要首脑全部命丧黄泉。

杀完人后，开化党人开始搞起了政治改革。先是革命成功大封官，但凡是追随金玉均的开化同志，几乎各个都得了高官厚禄，接着又把几个平日里关系不错的中立派也拉拢进了新政府当大官，比如那位金允植就名列其中。

接着，金玉均以高宗的名义，向全国发布了十四条政令，以昭告天下，我们改革了。

这十四条政令因为篇幅问题我们就不详细地一条条说了，只列出最重要的，也就是当头第一条——要求清廷立刻交还大院君，从此废止对其朝贡。

这就是摆明了要跟中国断交，然后投入日本的怀抱之中。

不过正所谓人生在世不如意事十有八九，这十四条政令笔墨未干，都还没来得及让全朝鲜领会其伟大精神，12 月 6 日下午，大清的军队就杀上门来了。

领兵大将，自然是袁世凯。

话说在 4 日那天晚上，那个商务委员陈树棠跟守旧派大臣们一起逃出了邮政局，然后连家都没回就直奔兵营，将自己这一天的所见所闻原原本本地告诉了吴兆有跟袁世凯，接着，袁世凯立刻带一队人马火速赶往了邮政局。

可等他跑到之后，那里早就空无一人，就连周围也寂静一片，本来正烧着的民房也早就扑灭了火，除了黑乎乎的几块焦炭处跟地上一摊目测是闵泳翊流的血之外，什么也看不到了。

袁世凯在勘查了现场之后，又带队巡视至王宫，一路上什么都没发现，宫里也进不去，于是再带着弟兄们满汉城溜达了一圈，同样一无所获，折腾到了东方既白，只好收队回家了。

第二天吃过午饭，袁大人打算找几个跟自己关系要好的朝鲜大臣探探口风问问情况，结果派了好几个使者出去，都直接吃了闭门羹，回来报告说那几个大臣都不在家，家里人称是受了王上的召唤去了宫里，可至今都没回来。

就这样一直搞到当天下午，总算是碰见了一个在家的，那就是好朋友金允植。金允植一看庆军的士兵来了，马上就知道为何而来，于是连忙让那士兵带话给袁世凯，让他自己多多保重。

于是，袁世凯终于明白，原来大家都死了。

在了解了这几天种种翻天内幕以及那十四条政令的第一条内容之后，袁大人虽然当时就想领军入宫，但考虑到那有日本士兵两百人，倒不是怕打不过，只是真打起来，那很有可能就要演变成两国之间的战争了，所以他一开始还是选择了一步比较谨慎的棋：亲自走了一趟王宫，想要面会高宗，说服他同意由清军来保护朝鲜王室的安全。

结果他连王宫大门的门把手都没摸到就被赶了回去——这是当然的，金玉均怎么可能放他进去。

回到营地之后，袁世凯当机立断，决定出兵镇压开化党，但遭到了所有人的反对。吴兆有认为，出兵王宫，必须要等北洋军令，但当时中朝之间军令往来靠的都是北洋水师的军舰传送，一来一去少则几天多则几礼拜，要真有这工夫，高宗估计早就被绑到日本去了，所以袁世凯对此坚决反对。但紧接着，陈树棠向他转达了英美德这三个西洋国家的意见：要求大清尽量克制，避免武力。最后，就连好朋友金允植也觉得，清军最好按兵不动，不然真打起来，万一伤着王上怎么办?

所以最后商议的结果就是不要轻举妄动，看看再说。

即便是袁世凯，也不得不当面表示服从众议。

可是到了晚上，他召集了自己手下的五百清兵和五百名在朝鲜练出来的新军，然后亲手逐一向他们分发了总计 600 两的黄金。发完之后，他下达了军令，说是次日太阳一升起，我们就杀到王宫去，把日本人给赶走。

不过这事儿做得不怎么保密，让吴兆有给知道了。吴提督是惊得半夜跳起直冲袁世凯大营，差点就跪下叫他祖宗了，表示什么都好说只求袁爷您别轻举妄动。因为中华民族自古以来就有不求有功但求无过的传统美德，你袁世凯要闹将起来，闹得好也没人会赏你什么，可要闹出乱子来，那上面问罪下来头一个开刀问斩的，必然是自己这个统帅全局的提督。

但袁世凯去意已决，并且亲口向吴兆有承诺表示："如果因为挑起此次争端而获罪，那么将全部由我一人来承担，绝不连累大人您或是其他什么人。"

话说到这个份上，吴兆有明白拦是肯定拦不住了，只好说那我跟你一块儿去吧，多点人手好办事。

于是，就出现了之前的那一幕——开化党人还没来得及庆祝革命胜利，袁大人就杀上门来了。

竹添进一郎一听到这个消息，头一个反应就是准备撤退。

袁世凯＋吴兆有＋朝鲜新军总共两千人，自己才有两百个人，不撤退还能干吗？更何况，现在跟大清开战绝非明智之举。

金玉均一看自己的靠山要撤，连忙一把扯住他的袖子："竹添阁下，您不能离开。"

他很明白，一旦没了日本人当后台，就凭自己做的这些个破事儿，判个五马分尸都算宽大处理了。

纠缠了半天之后，竹添进一郎同意自己现在不走，三天之后再撤军，同时又允诺借三百万日元给金玉均用作日后开化党人的活动经费。

只是这计划赶不上变化快，两人才刚刚商议待定，清军就已经分三路攻入了王宫。其中，袁世凯的部队是从王宫正面的敦化门进来的，一进去就碰到了日本军队，当即双方就展开了一阵枪战。日本人因为人数太少，外加当时论作战能力也的确无人能比他袁世凯强，所以是节节败退，以至于竹添进一郎闻报之后，退意更为坚定，也不管刚才承诺金玉均的那暂缓三天了，直接就跟高宗说，殿下，我们要不去东京避难吧？

高宗虽然没社会经验，但毕竟不傻，事已至此已然是看明白了个大概，当场就拒绝了竹添公使的建议，说自己哪儿都不去，就在这宫里头待着。

就在这两个人扯淡的当儿，传令兵来报，说袁世凯已然攻到脚跟前了，怎么办？

还能怎么办，逃呗。

此时金玉均跟竹添进一郎也不管高宗肯不肯去东京了，拉起他就走——不管去哪儿，只要这哥们儿在身边，那就是个绝好的人质。

一路上，金玉均不断威逼利诱，劝说高宗先去仁川，再图长久，但刚刚还劝高宗去东京的竹添进一郎却又反复无常了起来，先行打起了退堂鼓，表示自己不玩了，要回日本公使馆去了，跟着你们太苦逼，又是炮弹又是枪子儿，回了公使馆好歹还有外交豁免权，袁世凯不敢把自己怎么样。

金玉均一听这话顿感在理，马上就松开了紧拽着高宗袖子的手，迅速拉住竹添进一郎的袖子说，公使阁下，我跟你一起去吧！

高宗显然是不可能跟着一起去的，于是两位绑架犯也再顾不上人质，双方就此分道扬镳。金玉均跟竹添进一郎去了日本公使馆，国王高宗则继续在汉城北面的关帝庙里安歇了下来，当天晚上，攻下了王宫赶走了所有日本人跟开化党的袁世凯派人找到了他，将其送回宫里，让他重新坐上了宝座。

之后的数日，朝鲜半岛对开化党跟日本人展开了总清算，尤其在汉城，市民看到日本人就打。竹添进一郎本来还以为躲在公使馆里啥事没有，没想到老百姓怒火中烧哪管你外交豁免，直接拎着菜刀擀面杖就来砸使馆，不得已，这哥们儿只能逃往仁川，再从仁川坐船撤回日本。

当然，这一路上，金玉均是紧紧跟随，一步也没落下。

而回到宫里的高宗也没闲着，在 12 月 10 日，发旨昭告天下，宣布金玉均等开化党人为乱臣贼子，借他国之兵，挟持君父，罪不容诛。

宣布完之后，就开始大清洗。尽管主犯已经去了日本，但从犯们却是一个都没跑了，不仅自己被抓住砍头的砍头下大狱的下大狱，就连九族都没能幸免，短短数日，光是开化党的家属，就有一百余人被处死在汉城。

事情到此，也就差不多了，唯一想多说几句的，是袁世凯。

我记得我曾说过的，在这本书里，我们对于袁世凯之后的种种事情一概不予涉及不予评价，只就事论事，发生了哪件就说哪件。

在本次事件中，袁大人那当机立断的行为实在是可圈可点，怎么给好评都不为过，要不是他，估计亚洲的近代史就很有可能要重写了。

因为公元 1884 年是甲申年，所以这事儿在历史上人称甲申事变。金玉均他们从 12 月 4 日坐天下坐到 6 日下午，历时三天，故而朝鲜人称三日天下。

消息传到北京和东京之后，两国震撼，撼完后，双方决定谈谈。

谈判的地点约在了中国的天津，算是北洋的大本营。中方代笔自然是北洋大臣李鸿章，而日方代表，则是已经不干内务卿而改当了宫内卿的伊藤博文。

这是两位世纪巨人的初次会面。

第十四章 两雄初会

伊藤博文是在1885年（明治十八年）的3月14日抵达天津的。到了之后，他先去了一趟北京，接着又于当月31日回到了天津，开始着手准备谈判事宜。3天后的4月3日，伊藤博文在天津的日本领事馆和李鸿章展开了会谈。

伊藤博文时任宫内卿，就是负责皇家事务的大臣，用大清的话来说就类似于内务府总管，故而李鸿章一开始并不以为然，当着伊藤的面就很不客气地问道："此乃外交事务，派宫内总管过来，算是什么意思？"

这话听起来确实不怎么友好，但伊藤博文却面无表情，相当淡定地回道："宫内卿负责料理皇家事务，所以本大臣这次是代表我大日本帝国天皇来和你谈判的。"

对于伊藤博文的这个回答，李鸿章虽然不快，却也无可奈何，只能是不再纠结，抬手说大家坐，先喝茶，再谈事儿。

谈事儿，当然不是漫无天际地瞎扯，根据事先的互相照会，双方将围绕着以下议题展开热烈的讨论：

第一，撤军问题。

考虑到两国在朝鲜各有驻军，今后很有可能再度引发跟这次一样的军事冲突，这要多冲突那么几次，必然就要爆发战争了，这是清日高层都不愿意看到的，所以，干脆就撤军吧。当然，两国高层心底里的真正想法，是盼望着对方撤军而自己维持原状。

第二，赔偿问题。

汉城王宫一战，日本士兵伤亡40有余，明治政府认为清国不宜而战抢先开火，这才是悲剧的根源，故而要求赔偿。

第三，朝鲜问题。

这其实是由第一个问题而衍生出来的新问题，毕竟这地方不太平，除了清日两国，还有西洋列强虎视眈眈着，比如北方的俄国，要是在双方都撤军之后，朝鲜又起了乱子，那该怎么办？是由清日两国共同管理，还是任由他去？

照例的寒暄之后，先由李鸿章开了口："关于撤军一事，老夫今日想听阁下的答案。"

伊藤博文回答道："如果贵国先行撤军的话，那么我们尽管拥有在朝鲜驻军的权利，却也可以不使用。"

"如此说法，老夫可以认作是日本政府作出的承诺吗？"

"当然不行，我的上述观点并非定论，而是要视将来朝鲜情况斟酌而行，或许是全部撤走，或许是只撤一部分，或许是一兵不撤。"

"那贵方的意思就是只让我大清撤兵，你们日本却自行而定，是这意思吗？"

"我们从来都没有干涉贵国撤不撤兵的打算，只不过大清如果撤军了，那我们日本也可以考虑自己撤军的事宜。"

几个回合下来，无论是李鸿章还是伊藤博文都已经明白，只想着叫人家单方面撤军的如意算盘是不可能实现了，但继续两国就这么驻军驻下去也确实不合适，所以尽管现在还在僵持着，但实际上大家心里都清楚，这结局必然是双方撤军。

这事儿其实就算是内定了，于是话题立刻被移到了下一个，也就是赔偿问题。

这次，是由伊藤博文先行开口："中堂阁下，朝鲜暴乱之际，我国竹添进一郎公使是应了朝鲜国王之请，率军护卫王宫的，结果贵国将领却率军强行攻打，造成我军人员伤亡，贵国对此，是不是该有个说法？"

说法就是赔偿，讲得客气而已。

对此，李中堂一脸的无辜："两军交战各为其主，死伤在所难免，责任自在双方，你日本却要我大清单方承担全部，是不是过分了点？更何况，当时场面混乱，到底谁先动的手，尚未有定论，所以追究责任要求赔偿，为时过早。"

"中堂阁下，即便如您所说，究竟谁先动手尚是未知数，可当时王宫，我军奉命驻守，处于'防'的地位，而贵国军队处于'攻'的态势，这总是事实吧？"

李鸿章点了点头："攻守虽是事实，但伊藤大人有所不知，我大清的军队，也是应了朝鲜国王之命前去勤王护驾的，并非师出无名。"

这个貌似是真的，据说守旧党里有个人叫沈相薰，甲申政变当天正好在王宫轮班当值上夜班，被金玉均他们给遗忘了，于是趁此机会，也不知道从哪儿搞来了一张闵妃的小纸条，上面写"速来救驾"四个字，然后带给了袁世凯。

对此，伊藤博文的回答是有没有证据，那张小纸条现今何处？

接着，他又表示，在甲申政变中，清军还杀害了很多居于韩城的平民，关于这点，也要求清政府做出赔偿。

关于这两个问题，李鸿章逐一做了解答：第一，证据嘛，本来是有的，但是呢，在一片混乱中好像被弄丢了，不过这也不算什么大事，没有物证也有人证，你可以回头去问闵妃，问问她是不是写了这张纸条，她要说没写，你随时可以来找老夫，我们再作一番计较；第二，清军杀日侨，此乃污蔑我王师形象的无稽之谈，没什么好讨论的。

这倒是实话。事实上前面也说了，政变之后，汉城全城仇日，老百姓拿着菜刀擀面杖看到日本人就杀，而清军非但没跟着一起砍，反而还救助了不少城里的日侨，用船护送他们去了仁川，这点日方也有承认，所以除非吴兆有、袁世凯他们有双重人格，一面救人一面杀人，不然说清军在甲申政变的时候屠杀日侨，确实不怎么靠谱。

而且李鸿章在断然否定之后，还加以解释："我们的人跟朝鲜人从面容肤色上很难区分，或许是受害的日本人看错了，同时也有可能是一些旅朝华侨中的败类参与了打砸抢，那么这就属治安事件了，没有必要放到今天这个场合来讨论。反正不管怎么样，我大清的士兵是不可能参与杀害日侨的。"

因为李鸿章态度非常坚定，而伊藤博文此刻手头上也的确没有清军杀日侨的确凿证据，故而这个话题只能到此为止，于是他只好再度调转枪头回到从前旧话重提，要求李鸿章就率先攻击驻守王宫的竹添进一郎部给予说法和赔偿，而李鸿章则仍是老一套的太极神拳，见招拆招地以力化力。就这样，两人从上午一直磨嘴皮子磨到了中午，李鸿章表示该开饭了，先吃饱了再说。

于是两人移至饭堂，享受天下第一的中华料理，席间山珍海味不断，伊藤博文吃得非常高兴，因为只顾着吃，故而在饭桌上没有跟李鸿章展开任何有营养的对话。

4 月 5 日下午，第二次会谈在老地方展开，这次谈话的主要议题还是围绕着 3 日没说完的话展开，也就是日方要求清政府就先动手对竹添进一郎部发起进攻而造成的损失进行赔偿。

由于李鸿章没有主动赔人钱的习惯，所以还是一套太极组合拳对付了一整天，两个人一个要求赔钱，一个声称两军交战互有损伤，绕了无数圈都绕不到一块儿。

不过，因为伊藤博文确实缠劲十足，所以最终李鸿章也不得不表示，大清方面愿意就此次两国武装冲突的个中细节再进行调查，同时也承诺，一旦调查发现大清确实存在着日方所说的那些过错，则清廷一定照价赔偿，绝不赖账。

虽然这一看就知道仍是托词，但怎么说也算是个让步了；而且，话说到这个份上，李鸿章等于是在告诉伊藤博文，老夫已经给予你余地让你回国好去交差了，别再不知好歹地死缠烂打了，不然的话，不光你想要的东西一样都得不到，就连原本能给你们日本的东西，也会被取消。

伊藤博文很明白，他更明白的是，两国之间的外交，其实是基于国力之上的，现如今的日本就国力而言还不能跟大清相提并论，再这么纠缠下去，也没有任何意义。

于是，这个话题就到此为止，双方自动地进入了下一个议题——朝鲜的未来。

这话听起来貌似有些莫名其妙，要说朝鲜的国运就该由朝鲜自己来决定，什么时候算是你大清跟日本的事儿了？可没法子，那时候的现实情况就是大鱼吃小鱼、小鱼吃虾米，清日两国惹不起两眼发蓝的西洋列强，只能欺负欺负朝鲜，在这半岛上割肉夺利。

而从双方的实力来看，日本比较弱这是众所周知的，但大清虽然强一些也强得有限，而且此时此刻在越南他们正跟法国人开着战，没法搞两头对付，所以无论哪方想要吃独食都不太可能，于是只能是各退一步双边互惠了。

4 月 18 日，李鸿章和伊藤博文各自代表清日两国签署了《中日天津条约》，内容不多，总共三条：

1. 清日两国共同从朝鲜撤军，四个月内完成。

2. 清日两国不往朝鲜派遣军事专员或是军事顾问。

3. 将来如果朝鲜碰到需要清日两国任何一方出兵的情况，在出兵之前，一方必须以书面通知的形式照会另一方，同时，在完成军事任务之后，即刻撤退，不作驻留。

此外，李鸿章另行一文，允诺中方将对在朝鲜王宫武装冲突一事做彻底严密的调查，当然这个说过也就当调查过了，之后再也不曾有下文。

就此，这场史称甲申政变的破事儿就算是到此结束了。

就政治方面而言，清日两国算是打了个平手，一个失去了在一千多年来的藩属国国土上驻军的权利，而另一个则挨了一顿打也失去了刚刚得到的驻军权，大家都吃了些亏。

至于社会影响，大清方面其实还好，没什么太大的动静，关键是日本那边，那真是朝野震撼，尤其是对于中国不赔偿日本在朝挨打损失这一做法，各界愤慨异常。比如福泽谕吉，他就撰文一篇，声称在西洋文明如同麻疹一般四处蔓延的当今时代，日本何其不幸居然摊上了中国和朝鲜这两个拼命阻挡文明开化的“恶友”，若是再跟这帮家伙继续交往下去，估计西方列强都会把日本看做中朝两国一样的顽固不化的国家，所以，为了国家的前途着想，日本应该脱离和中国以及朝鲜的关系。不过，也不能就此将他们抛弃不管，应该要在适时的时候，拉这俩倒霉孩子一把，帮助他们走上文明开化的道路。

不过，帮归帮，但从此以后日本的国家定位则必须要是与西方列强在一条船上，换言之，别把自己当亚洲国家，得当作是欧洲的。

这就是那个著名的“脱亚入欧”论的简单概要。

长久以来很多人都对此理论愤恨不已，对此我觉得有必要说两句。

虽说我确实不喜欢这种跑人家家里帮助人家致富的行为，但作为政治家，一个日本的政治家，福泽谕吉首先要考虑的自然是日本的“利益”。帮助邻国闹革命说白了就是想在革命成功之后在其他国家获取最大的外交和贸易优惠而已。那年头不管哪个国家几乎都是这么干的，你真要说下流无耻那也只能是全帝国主义的下流无耻，别老拿一个手指头指着日本或是福泽谕吉说事儿，要知道当年袁世凯奉命跑朝鲜平乱那也不是为了中朝两国人民友谊的万古长青，清政府只是不愿意把好不容易跟了自己千把年的小弟给弄丢了而已。毕竟谁都明白，朝鲜一旦有失，那大清太祖爷龙兴之地，泱泱中华的东北门户可就豁然大开了啊。

除了福泽谕吉，还有一个人也很不高兴，那便是伊藤博文。这哥们儿此次前往天津谈判，毛都没捞着一根，那么多日本兵日本人就算是白白死朝鲜了，这场完败，他是铭记于心，一日也不曾忘却。

只不过眼下显然不适合报仇，因为伊藤博文很清楚，李鸿章之所以底气那么硬，是因为他手里有大杀器。

那就是北洋水师。

说起来，这支舰队的组成还和日本有着莫大的干系。

且说当年西乡从道攻打台湾之后，清廷就清楚地认识到了日本以后兴许会成为天朝大患，对此，恭亲王奕䜣提出了“练兵、简器、造船、筹饷、用人、持久”等六条的紧急机宜，原浙江巡抚丁日昌也上奏了《拟海洋水师》章程建议建立三洋海军，李鸿章则提出暂弃关外、专顾海防的方针策略。在洋务派的一致努力下，海防论调压倒塞防，使得朝廷最终下定决心，要搞一支海军力量出来。

清光绪元年（1875 年），时任直隶总督兼北洋大臣李鸿章创设北洋水师，负责山东海域以及黄海北部防务，据点为山东的刘公岛。

同年，李鸿章向英国订购战舰四艘，清光绪四年（1878 年），又在英国订购了扬威和超勇两艘军舰。不过因为对这两艘船不怎么满意，所以在第二年李中堂转而改向德国人买船，也订了两艘，便是著名的定远和镇远。

截止到甲申之变那会儿，虽然最强的定远和镇远还差几日才能交货，但整个北洋水师已经基本成形了。

反观当时的日本，因为比较穷，在国力方面完全不能和大清相比拟，所谓海军，也不过靠的是幕府时代留下来的几艘小破船，根本就不具备叫板的资格。所以他们能做的，只能是韬光养晦。

1885 年（明治十八年）12 月 22 日，明治政府发布了第 69 号太政令，同时也是日本的最后一道太政令：废除太政官制，设立新官制，即内阁官制。

从这一天起，不再有太政大臣、左右大臣这样的官职了，随之一起的，什么陆军卿、海军卿、外务卿等也将被陆军大臣、海军大臣、外务大臣等名字给代替，而在这内阁之中，地位最高的，是一个新官职，它叫作内阁总理大臣，也就是今天所谓的日本首相。

关于总理大臣这个职务的具体职责，天皇也作了相应的规定，仔细数来总共有七条：

第一，总理大臣是内阁之首，负责向各大臣传达天皇的旨意并对此进行监督执行。

第二，总理大臣负责内阁诸大臣的考核评定。

第三，如有必要，总理大臣可以对内阁内任何大臣进行处分。

第四，总理大臣是各科法令起草的监督员。

第五，各部大臣在处理政务时，须随时向总理大臣报告进展情况，唯独海陆两军大臣只需向参谋本部报告即可。

第六，当某大臣突发意外而无法参与工作时，总理大臣应在下任诞生之前，临时担当起该部大臣的工作。

第七，各部大臣下发本部法令时，须经内阁大臣批准。

规矩定完了，下一步就该是好好想一下，究竟该由谁来担任这个总理大臣的职务呢?

当时的最佳人选有两名：三条实美和伊藤博文。

前者多年以来位极人臣，一直处于一人之下万人之上的地位，而且也是出身名门，爵位同样很高，是公爵。

这里有必要说一下，日本的爵位是从 1884 年（明治十七年）7 月 7 日才开始有的，总共有五种，从高到低分别是公、侯、伯、子、男五爵。

虽说在出身地位以及资历方面占据了不少的优势，但三条实美也有一个很大的劣势，那就是他长期以来基本上不怎么说话，说了话也不怎么算数。每次开御前会议这哥们儿除了代表天皇宣布会议开始了之外，就再也没什么露脸的机会了，不管什么重大决议，他基本上除了举手就剩下拍手，尽管每条太政令的最终负责人都是他这个太政大臣。简单说来，这家伙在政府内其实没什么特别大的作用和威信，有他没他都一个样，纯粹招牌一块，跟前不久刚刚过世的岩仓具视完全就是两类人。

而另一位种子选手伊藤博文则不一样了。他是不幸横死街头的维新三杰之一大久保利通的继承人，担当了内务卿要职，是明治政府一切事务运作的操盘手，而且胸怀治国大略，又是新萨长联盟的盟主，不过唯一的缺憾就是这哥们儿的出身太低，实在太低了。

三条实美的三条家，是藤原家的嫡流清华藤原家的一支，在日本从古到今都属于贵族中的贵族，而伊藤博文他们家其实就是个农民，论家世那简直就是一天一地，根本无法相比。再说爵位，明治十七年（1884 年）封爵的时候，伊藤博文虽说功劳显赫，但也不过是伯爵而已，离三条实美的公爵还差了两个档次。

就总体来看的话，两个人的优势和劣势基本互补，也就是说伊藤博文有的三条实美没有，伊藤博文没有的三条实美反倒有一堆，所以天皇一时间也不知道该选谁比较好，只能下令各大臣过来开会，借用群众的智慧来选内阁总理。

会上的讨论气氛还是一如既往的热烈，每个人都发表了自己的看法，每个人却也都说服不了每个人，整个会场一直都处于“三条实美还是伊藤博文”的选择拉锯战之中。

“等一下，诸君。”从外务卿变身为外务大臣的井上馨自打进场之后就一直没怎么说话，现在总算是开了尊口，“大家安静一下，听我说两句。”

全场一看这家伙要说两句了，不用问也知道，肯定是向着伊藤博文的。

不过大家还是饶有兴趣地想听听他究竟能说出怎样打动人心的话来支持自己的盟友。

井上馨还是和以前一样，脸上挂着一种相当独特的笑容说道：“从今往后，作为国家元首，如果看不懂红电报的话那就会很麻烦的吧？”

红电报指的就是外国来的外交照会公文，多为外语原文写成，故而要想看明白的话必须得有相当的外语功底。

当时明治维新已经进入了第十七八个年头了，西化思想深入人心。政府高官人人都以西化为荣，就连三条实美这样旧公家出身的人也穿上了西服打上了领带，所以这话一出来，大家也都一时说不出什么反驳的话来。于是，又一个声音响了起来：“这样的话，那么内阁总理大臣的位子，只有伊藤博文可以担任了。”

说话的人，是内务大臣山县有朋。

要说伊藤博文的外语能力还是相当强的。当年国际世界上流行大致两种语言——英语和法语。他去英国留过学，所以英语能力自然不错；法语也没得说，当年在法国都能给人漂亮妹妹献殷勤了，肯定不弱。所以如果以考外语选总理的话，那多半就是伊藤博文了。

底下的三条派一听就闹开了，正在大伙准备反驳几句的时候，从头到尾就没说过一句话的三条实美开口了：“井上君说得很不错，这个总理大臣的位子，的确由伊藤君担任比较好。”

既然这位老兄发话了，那么包括天皇在内的所有人都再也没了二话。于是，在一片和谐的气氛中，明治天皇拍板表示，由伊藤博文担任日本内阁的第一任内阁总理。

再说伊藤博文上任之后做的第一件大事却并非急着跟洋人打交道，而是创设了帝国大学，也就是现在的东京大学，本来还打算再接再厉再弄几个大学凑一大学城的当儿，结果却出了意想不到的情况。

李鸿章叫板来了。